UNE LÉGENDE NOMMÉE LIBAN

Graveurs de mémoire
Collection dirigée par Jérôme Martin

Cette collection est consacrée à l'édition de témoignages et récits personnels divers contemporains.

Déjà parus

Nguyen Phuoc (Jean-Luc), *L'empereur Thanh Thai (1879 – 1954) Souverain du Vietnam de 1889 à 1907. Une histoire perdue d'avance*, 2022.

Leprince (Christine), *Anita raconte. Sur les traces d'une émigration espagnole (1906-1928)*, 2022.

Perrier (Gérard), *Espoirs, révoltes, voyages… Modestes réflexions d'un soixante-huitard pour l'avenir du monde*, 2022.

Rivoal (Stéphanie), *Ambassadrice par effraction*, 2022.

Chaigneau (Michel), *Même toi ! Né d'un viol*, 2022.

Brajtman (Abram), *De Varsovie à Samarcande. L'odyssée d'un Juif polonais pendant la Seconde Guerre mondiale*, 2022.

Conesa (Serge), *Le défi de la pierre, Mes ancêtres espagnols en terre albigeoise*, 2022.

Kalumvueziko (Ngimbi), *Congolia II, Des histoires congolaises, des souvenirs et des chants qui parlent (suite)*, 2022.

Iger (Anne-Claude), *Le chapitre manquant*, 2022.

Damour (Louis), *J'ai vu brûler mon sang. Souvenirs d'un Créole de Saint-Philippe (Réunion). Entretien avec Franck Adani*, 2022.

Ces dix derniers titres de ce secteur sont classés par ordre chronologique en commençant par le plus récent.
La liste complète des parutions, avec une courte présentation du contenu des ouvrages, peut être consultée sur le site www.editions-harmattan.fr

M.J. Kojack

UNE LÉGENDE NOMMÉE LIBAN

Un centenaire dans la tourmente
1920-2020

© L'Harmattan, 2022
5-7, rue de l'Ecole-Polytechnique, 75005 Paris
http://www.editions-harmattan.fr

ISBN : 978-2-14-030381-4
EAN : 9782140303814

« Les légendes sont des rêves inachevés »

« Rien ne sert de courir, il faut partir à point. » Avait écrit Jean de La Fontaine. On continue à écrire des diatribes. On continue à lancer des insultes. On continue à matraquer les politiciens de qualificatifs les plus avilissants. Remplis de l'espoir d'un réveil des consciences, et d'un redressement d'une situation tragique. Mais rien ne semble modifier une attitude endiguée dans les circonvolutions naturellement moulées de notre esprit. Des intellectuels, des politiciens, des hommes d'affaires chevronnés en sont venus à la conclusion que la formule libanaise avait malheureusement épuisé son potentiel. Donc qu'il était futile d'essayer de raviver un moribond réduit à un squelette et dont tous les organes avaient déjà été incinérés, sans espoir de réincarnation.

La faillite politique du nationalisme maronite accablé par des divisions intestines primordialement dictées par des tractations tribales et des loyautés douteuses, maintenues bouillonnant par un discours déconnecté avec la réalité, véhiculé par des individus dont l'entendement ne pourrait survivre un dialogue avec la raison, empêchait le Phoenix de renaître de ses cendres. La communauté millénaire, dont l'histoire est celle de la nation, avait perdu la capacité d'orienter le discours nécessaire à la reconstruction de la république, mais aussi la volonté de recouvrer sa dignité devant l'asservissement intéressé et amorphe de ses plus éminents membres, plus préoccupés par leurs ambitions personnelles que par le bien-être de la nation voulue par leurs ancêtres. La servitude à des pouvoirs occultes et une docilité amorphe devant des considérations nuisibles engageraient cette communauté sur la route de l'extinction, du moins politiquement.

La faillite morale du sunnisme politique, dont les énergies avaient été dissipées par l'association avec des prépondérances transitoires en quête de prérogatives étatiques, avait dégénéré en une débandade et un état de confusion identitaire, réduisant sa capacité d'imposer une orientation concrète à un itinéraire trouble et désorienté. Le Sunnisme, en proie à des conflits internes et soumis à des menaces externes, s'accroche à un Liban autonome, orienté vers ses valeurs originelles, réticent encore de déclarer l'adhérence à son attrait immanent. La Mare Nostrum sunnite, à la suite des antagonismes étatiques et des différentes tendances idéologiques, compliquées par une histoire récente de terrorisme et de divergence idéologique, n'est plus aussi navigable que par le passé.

La faillite conceptuelle du libanisme chiite ne devrait avoir rien de surprenant, sachant que le Liban avait ignoré complètement cette communauté en permettant l'installation d'une zone-tremplin captivée par une présence palestinienne militante contre Israël, à la suite de l'accord du Caire de 1969. Rien d'étonnant non plus, quand ce qui a été appelé « le réveil du chiisme », une communauté dégradée dans plusieurs blocs sunnites, avait tout de suite compris l'avantage d'exploiter l'opportunité d'intégrer le concept de la Révolution islamique iranienne, lui permettant ainsi de répandre les concepts islamiques chiites et de restaurer sa dignité. Le chiisme libanais avait glissé vers l'aliénation, dérobé par une entité dont la loyauté résidait dans un système de croyances développé par un extrémisme théocratique fantaisiste, mais en même temps envoûtant et opprimant dans son application. Le Liban allait rentrer dans cette mêlée géopolitique, entrecoupée de périodes de violence, sinon perturbée par des assassinats. Le chiisme libanais avait débordé les frontières de la bienséance. Les circonstances de la guerre civile en Syrie allaient lui donner le pouvoir de devenir un pôle d'attraction politique incontournable, accaparent sunnites et chrétiens dans un giron politiquement ambitieux, mais importé. Ainsi, une des communautés minoritaires tenues coites par leurs divisions et leurs incertitudes avait acquis un ascendant sur le reste. Le chiisme prêché par l'Iran, et adopté par un segment de la communauté, avait défiguré l'image du Liban, maintenue jusqu'à présent immuable malgré la longue période des conflits et des occupations.

La faillite spirituelle de la montagne libanaise, personnifiée par le choix de Kamal Joumblatt de s'allier avec les islamo-progressistes et la Résistance Palestinienne en vue du contrôle total, continue à peser sur l'orientation libanaise du pays, à travers les girouettes de la communauté druze sous l'influence de son dirigeant actuel dont le charisme et l'intellect cachent le paradoxe de cette dichotomie. Pratiquant la politique de survie dans un univers qu'il considère comme dystopique, utilisant un manège d'alliances et de dissensions, le leader druze, dont la communauté s'attache à un esprit fécondé dans les sentiers de la montagne libanaise, n'arrive pas à franchir complètement le Rubicon, évitant de s'éclabousser si le radeau risquait de chavirer.

La belle époque du Liban avait agi comme une brume épaisse et sournoise qui avait camouflé le chaudron où bouillaient toutes les menaces et toutes les idéologies. Une image fallacieuse du Liban avait émergé. Ce magma incandescent allait finalement éclater pour ensuite compromettre le panorama. La génération contemporaine de cette période, enivrée par la nostalgie d'un passé miraculeux, voudrait reconstruire la décalcomanie d'un Liban éteint. Il serait pénible, mais réaliste de ne plus faire appel au passé pour édifier le futur. Alors, quels fondements qui pourraient servir à amarrer les piliers, seraient à sauver du naufrage ?

Il est inconcevable de croire qu'une association, même logistique, entre les quatre protagonistes déjà cités, pourrait aboutir à une reconstruction de la République sur des bases saines et solides. Il est évident que l'obstacle majeur est la présence armée et agressive du duo chiite. Leur histoire, depuis le crime commis contre les contingents américains et français par l'attaque à la bombe suicidaire en 1983, jusqu'à l'explosion du port de Beyrouth le 4 août 2020, entrecoupée par une litanie d'assassinats ciblés, ainsi que d'autres épisodes belliqueux témoins d'une agressivité machiavélique, est une indication qu'un arrangement à l'amiable est utopique. Et toutes les tractations en cours, inclus les interventions des États-Unis, de la France, ne pourraient mener à une solution favorable. Un règlement géopolitique régional ou un accord sur le nucléaire pourrait diminuer la tension ou l'insolence, mais sans pour autant éliminer l'engagement idéologique d'une population aguerrie au conflit, endoctrinée dans le mystère de l'au-delà, et dont les ambitions débordent les frontières consacrées. Si elle en est capable et inspirée, seule la communauté chiite, subordonnée à l'emprise politico-religieuse des partis politiques, mais dont un grand nombre a affirmé la primauté de leur libanité, pourrait renverser la donne, en se désengageant de sa docilité traditionnelle. En un mot, prioriser la libanité sur les alliances religieuses ou idéologiques. Mais en est-elle à ce point, malgré les exemples et sacrifices pénibles ? Malheureusement, l'esprit grégaire à intonation religieuse de la communauté, favorise un mouvement collectif indiscernable du manège des moutons de Panurge.

Le problème libanais a dépassé l'encerclement religieux des collectivités identitaires. Une démarcation nette s'est installée entre deux tendances contradictoires et opposées à tel point qu'on envisage difficilement une entente cordiale. Un si petit pays en dimension et population, avec une dispersion communautaire entrelacée, devient impossible à diviser ou à fédérer. Cette bipartition culturelle, fragmentée en compartiments dissidents, découpée en clivages discordants, risque de conduire à une déflagration qui atomiserait le paysage en une disparité méconnaissable.

La faillite politique du communisme avait laissé un vide idéologique que l'Islamisme avait cherché à remplir. L'absence d'une couverture autoritaire avait ouvert le champ vers des actions belligérantes, ainsi que le besoin de fabriquer des ennemis susceptibles de rentrer dans le jeu. La guerre civile du Liban aurait pu agir comme une soupape permanente pour désamorcer les conflits à répétition de la région, si ce n'était l'avènement inattendu de la Révolution Iranienne, qui a non seulement perturbé l'équilibre, mais est entrée en conflit doctrinal immédiat avec l'occident. Si le communisme prétendait être une idéologie totalitaire séculière, la Révolution Iranienne avait tout de suite adopté une démarche despotique armée d'une envergure théocratique ne laissant aucun doute sur ses intentions ultimes. Le renouveau chiite libanais, au moins sous sa forme politique, avait épousé ce narratif. S'attelant à son discours, plusieurs entités politiques mineures continuent à clamer la résistance militaire contre Israël, en justifiant leur loyauté par la dévotion à une cause arabe demandant justice pour les Palestiniens, oubliant que plus de la moitié des états arabes avaient déjà signé la paix avec l'état juif, et que les autres ne demandaient pas mieux que de le faire, attendant patiemment leur tour, espérant une résolution équitable de la cause palestinienne, qui avait préoccupé la psyché arabe pendant plus d'un demi-siècle, alors que l'état concerné par cette tragédie n'avait rien à voir avec le plaidoyer palestinien avant d'en faire un panégyrique théophanique pour justifier l'imposition de sa politique dans les affaires des pays de la région. Cette confusion des sentiments avait créé un climat surréaliste où les manœuvres rationnelles avaient perdu droit de domaine, pour être remplacées par une fixation mentale unique, un trouble obsessionnel compulsif, variable selon les protagonistes, qui semble gérer la politique libanaise à travers les dédales de la déconfiture d'un pays qui n'avait jamais vraiment pris forme.

La culture de la mer qui avait accompagné l'histoire de la Phénicie, et ensuite du Liban, l'exil dans la nature escarpée et rude de la montagne, le retranchement à l'abri de l'oppression ottomane, la protection de la France et la générosité de sa culture, avaient développé un sens inné, intégralement viscéral de la liberté, en dehors de toute affiliation religieuse. Cependant, l'ascendant culturel d'un segment de la population ne peut à lui seul maîtriser la conviction idéologique d'un groupe décidé à transformer la matrice fondamentale en une dépendance paradisiaque, d'autant plus qu'un nombre incalculable d'individus de tout bord, parvenus dans les hautes stratosphères du pouvoir, ou restés simples adhérents, ont aisément rejoint la pente glissante du discours irrationnel et de la pensée volatile, surimposant le médaillon libanais à la fresque des pays épris par l'euphorie du combat, autour du noyau iranien, plus explicitement, les pays du refus, de la résistance, de la contestation, un agglomérat de régimes dont la seule unité se résumait autour d'un canevas d'un diagramme triangulaire : le despotisme, la mendicité et l'adultération. Le combat menant au martyre et le martyre au paradis. Le Liban, au lieu de porter la flamme de la liberté, s'est contenté de vivre dans le chaos. Son image, copiée avec une plus grande volupté dans les pays avoisinants, se transportant dans un monde nouveau érigé comme une sculpture moulée sur le fond d'une tempête de sable, s'estompait graduellement pour ne plus être reconnue pas ses fidèles.

Comment sortir de ce dilemme culturel qui a divisé cette terre depuis presque 10 siècles, mais qui n'arrive pas à trouver un équilibre propice à une entente judicieuse et acceptable à la collection de toutes les peuplades qui se divisent le terrain et l'imaginaire ? La mémoire de cette période, entrelacée de moments pénibles et déterminants, appartient plus au folklore qu'à la réalité historique. Par quel phénomène inexplicable, le côtoiement des années durant n'a pas pu aboutir à une coexistence pacifique, mais à nourrir une zizanie toujours présente, prête à déchirer le rideau de la décence. D'ailleurs, toute la région levantine souffre de ce malaise. La Syrie, croyant échapper à cette dichotomie conflictuelle à travers une longue période d'autoritarisme brutal, sombra dans une guerre civile suicidaire dont l'issue reste toujours incertaine. Depuis la haute antiquité, envahir une terre, c'était adopter ses coutumes, mais c'est aussi se convertir à sa religion, et souvent violer ses mœurs ou ses traditions. Quand la Syrie occupa le Liban durant presque 30 ans, l'habileté démoniaque du régime syrien allait se servir de tous ses atouts pour façonner la société libanaise à l'image d'un Moyen-Orient analphabète, plongé dans les ténèbres et adepte de l'ignorance. L'Arabisme, auquel certains affichent la fierté de vouloir appartenir, sans jamais le définir, n'a jamais percé comme une idéologie dominante, mais comme une formule à constante variable, manipulée selon la nécessité de l'intérêt national ou partisan. On pourrait dire que l'Arabisme est aussi divers que les peuplades qu'il cherche à définir.

L'Arabisme mercantile, dont l'intérêt était de rester en dehors des conflits, et de garder à distance les fauteurs de troubles. L'Arabisme martial, victime des guerres, mais qui s'était rangé dans un nouvel ordre dans l'espoir de survivre. L'Arabisme militant, qui en apparence veut continuer la lutte, mais dont les intentions ont un double diapason. L'Arabisme séditieux, affilié à un pouvoir profane attaché à une hégémonie divine. L'Arabisme intégriste, dont l'intention est de revivre et de reconstituer l'Islam du VIIe siècle.

Quand un Libanais parle du Liban en tant que pays arabe, on ne sait pas si la personne en question a pris la peine de consulter la raison avant d'émettre son opinion, ou bien s'il est un adepte mordu du Panthéon du Chaos dont les quatre sombres divinités étaient constamment préoccupées à semer le désordre et la dissension. On pourrait être accusé de haute trahison quand la question est de savoir si l'entité chaotique et spongieuse de l'Arabisme, une bien faible idéologie, infiltrée tour à tour par la religion, le baathisme, le syrianisme, le sionisme, l'iranisme, le paganisme, le communisme, et récemment par le barbarisme, pour ne citer que les plus communs, est destinée à persévérer, ou à jeter du lest. À quel Arabisme appartient-on ?

L'incandescente image du Liban est en train de s'éteindre lentement, absorbée par un Arabisme mal défini, malmenée par des cultes qui croient détenir chacun la vérité universelle. La valeur du postulat libanais n'a pas été appréciée ou respectée ni par les Palestiniens, ni par les Syriens, ni par les Arabes, ni par les Iraniens, ni surtout par son propre peuple. Un témoignage historique que la région tout entière n'est pas encore prête à faire le plongeon dans une nouvelle dimension. Depuis la Première Guerre mondiale quand le blocus maritime et terrestre turc et allié avait contribué à la famine du Mont Liban, le Liban n'a pas cessé de servir le rôle d'un laboratoire humain pour les résolutions des conflits par violence interposée. Les résultats préliminaires ne sont pas en faveur d'un équilibre archimédien. L'Occident, le fief ancien de la Chrétienté, accourait dans le passé non lointain pour sauver ou soutenir les chrétiens d'un pays qui diffusait une saveur différente dans la région. L'âge moderne libéral a modifié cet algorithme, aidé par une évolution rétrograde de l'éducation. L'âge de l'ignorance, illuminé un moment par l'Islam, a été remplacé par l'âge de l'obscurantisme. L'arabisation progressive et inévitable du Liban avait ôté toute saveur à une image intrinsèque unique compatible avec l'essentialisme libanais, ajoutant un autre niveau de dissociation avec ses racines culturelles et réduisant l'intérêt dans sa spécificité perdue. Au lieu de maintenir son rôle comme la porte vers l'Orient, le Liban était devenu une tare parasite et lourde à digérer. La cécité sunnite aussi bien que l'imprévoyance maronite sont à l'origine de cette décadence.

Il est malheureux de penser que la paix au Liban ne peut être possible sans un accord préalable régional ou international. Intellectuels, politiciens ou journalistes ont développé chacun à sa manière une théorie du désaccord, justifiant toute faillite gouvernementale sur une instance diplomatique, une rivalité internationale ou régionale, l'attente de négociations, la visite d'un diplomate ou la synchronisation d'alliances en devenir ou en dissolution. En un sens, tout cela est vrai, et est encastré dans l'esprit des Libanais de tout bord, conditionné ainsi par un discours répétitif délivré avec conviction les induisant à accepter leur sort, ébloui par toutes les conjonctures géopolitiques rabâchées à longueur de journée par de prétendus experts dans leurs domaines respectifs, servis avec une telle autorité que le peuple ne trouve plus d'autre possibilité que de se soumettre à un destin tracé dans les coulisses des chancelleries, les bureaux des éditeurs ou les couloirs des centres névralgiques du pouvoir. Les divisions internes, rendues encore plus insolentes par des loyautés douteuses et lourdes de menaces, se sont traduites par un Liban vulnérable à des ambitions extrinsèques, et continuent à empêcher la naissance d'une entente rationnelle et constructive. La théorie des complots a fait du Liban un terrain fertile où les grandes puissances mais surtout les puissances régionales se rencontrent pour tester leurs intentions et mesurer leurs capacités. Pour une raison ou pour une autre, nul des protagonistes n'en est sorti indemne. Les États-Unis et la France ont payé cher un effort pour avoir utilisé une diplomatie militaire émasculée dans une région où la raison du plus fort est toujours la meilleure. Israël s'est brûlé les doigts. Les Palestiniens se sont fourvoyés en abandonnant leurs positions. La grande perdante, la Syrie, convaincue que la déception et le leurre étaient des préceptes diplomatiques, s'est trouvée enchevêtrée dans une guerre civile brutale, et qui, malgré son expérience libanaise, n'arrive pas encore à comprendre les raisons de sa propre débâcle.

Tant d'erreurs et tant de misères se sont abattues sur un peuple en train de s'amollir, et si quelqu'un osait demander un jour les raisons de ce déclin, il n'y a qu'une réponse : personne n'a pris suffisamment le temps de chercher à comprendre son âme. Elle aurait pu être une inspiration pour bien de nations. Elle se résumerait en 3 mots : libanité, laïcité, neutralité. Au Liban, on ne fait pas de la politique. On est féru de mythomanie.

Le Liban, une naissance dans la tourmente

Depuis sa création, le Liban souffre de turbulences géopolitiques chroniques. Malgré cette condition précaire, il s'est vautré dans des périodes de torpeur béate intercalées de somnambulisme souvent suggéré ou imposé. Chercher à comprendre, à pénétrer son agonie à travers un niveau de réflexion au-delà des débats intarissables et stériles, et déchiffrer l'acheminement pénible du pays des Cèdres, est une mission laborieuse, probablement ingrate qui risquerait de déplaire à certains, ou de laisser d'autres insatisfaits et perdus dans les labyrinthes de la méfiance. Ce qui suit n'est pas un livre d'histoire, mais simplement, une ébauche modeste de traquer l'histoire de la faillite intellectuelle d'un peuple, pourtant doué et énergique, dans tous ses éléments, sachant que certains des ressorts qui ont amené le Liban au bord de la ruine sont incompréhensibles, presque surprenants, mais où la bouffonnerie s'est alliée avec la corruption, le mensonge a soutenu l'ambition, la duplicité a accompagné le discours et l'orgueil a embrouillé la raison. Une chute vertigineuse, déplorable, malgré des avertissements multiples, directs ou indirects, des mises en garde constantes, a pris le peuple au dépourvu, et l'a entraîné vers la déconfiture et la désintégration. Un état de torpeur l'avait rendu inerte et détaché de la réalité. Un état d'ébriété l'avait rendu réceptif à des considérations insalubres. En un mot, il avait été dupé par des dirigeants ignorants et véreux, dont les intentions étaient pour le moins qu'on puisse dire, problématiques. La pensée devrait chercher à aller au-delà d'une simple analyse des circonstances et d'une opinion dirigée par une appartenance identitaire ou religieuse. Les prédictions politiques basées sur la spéculation contemplative ne sont pas du ressort de la rationalité, et ne peuvent traduire l'émotion d'une histoire complexe et tragique, dont les répercussions ont été ressenties par tout un peuple. Pourquoi en sommes-nous là ?

Les piliers de la nation, l'éducation, le système financier, le système judiciaire, le tourisme, le système de la santé se sont effondrés l'un après l'autre à tour de rôle. Sans aussi oublier l'émoussement graduel de la liberté d'expression, de la sécurité, et enfin de la voix du peuple. Seules, les forces de l'ordre, l'armée donnent l'impression d'une semblance d'état, alors que toute la structure du gouvernement ne fonctionne plus, malgré la présence des dirigeants élus de la République dans les hémicycles du pouvoir, occupant toujours les sièges de leur autorité.

La veille du 22 novembre 1943, la nation libanaise s'était endormie, enivrée par un Nouveau Pacte National qui garantissait sa destinée comme une nation indépendante et souveraine, reniant son allégeance à l'Occident, tout en rejetant sa dévotion à l'Orient. C'était supposé être une épopée glorieuse sur les routes caravanières de la prospérité.

Cette nuit-là avait probablement été envahie par des cauchemars sordides et visitée par des ombres coupables et pleines de contritions. Le matin suivant, la mante d'une balance fragile planant sur la nation nouveau-née venait à s'effriter, laissant le pays glisser d'elle-même vers la désintégration.

À part une courte période, qualifiée comme l'Âge d'Or du Liban, l'Histoire ne sera pas magnanime envers l'équipée du pays. Tourmenté par ses mythes et ses contradictions, celui-ci avait sombré dans le délire de ses espérances et de ses illusions.

La différence entre fiction et réalité traversait une brume épaisse. À la suite de la défaite de la Porte Sublime, sous le mandat français, le Grand Liban allait naître de la pensée de la communauté maronite, anxieuse de vivre dans un état viable à prédominance chrétienne, ouvert vers le monde arabe sans toutefois rompre ses liens avec l'occident, mais surtout avec la France, en partenariat avec la communauté sunnite, ne réalisant pas que l'indépendance des états appelait nécessairement le rejet de tout protectorat occidental dans un paysage à majorité musulmane frustrée de n'avoir pas eu droit à la reconstruction d'un empire arabe qui s'était trouvé fragmenté en plusieurs états sous la dépendance et l'instigation des puissances coloniales. La présence d'un état juif né dans la tragédie envenimait encore plus la rancœur de la population. Devant la France et l'Angleterre affaiblies par deux guerres successives, et malgré leur victoire, l'association avec des gouvernements subordonnés allait effectivement faire démarrer toute une série de rébellions, aboutissant à un changement radical de l'orientation du panorama régional, dont la composition menaçait la structure du Liban, un état binaire, favorisé par le colonialisme mandataire.

Dès sa naissance, doué d'une nature remarquablement variée, gratifié d'une population éduquée et libérale, le Liban a voulu tout de suite rentrer dans la mythologie. La Phénicie, d'ailleurs jamais un empire ou un pays, mais une série de villes-nations maritimes qui avaient survécu aux pieds de la chaîne de la montagne libanaise, était une mémoire lointaine de la conscience populaire. Le Liban en a fait quand même une Philosophie. Nombreuses sont les légendes nées sur les rivages du pays. Rien de moins que le dieu de la beauté et du désir, Adonis, enfant d'un amour incestueux, dont la mort et la résurrection représentent la décomposition hibernale de la nature et son réveil au printemps. Mais aussi, l'enlèvement par Zeus de la princesse Europa, qui a donné son nom à un continent. Ou encore, Cadmos, qui aurait introduit l'alphabet à la Grèce antique. Sans oublier Carthage, la grande rivale de Rome, symbolisant l'esprit global et débordant de la civilisation phénicienne, mais aussi son intransigeance devant l'adversité ou sa résilience durant le siège de Tyr par Alexandre le Grand, protégeant jalousement ses dieux. Un héritage culturel précieux, qui pourrait asseoir sur un trône toute une nation.

Malgré une période d'hellénisation prolongée, le Christianisme, puis l'Islam ont détrôné les mythes grecs en les remplaçant par des révélations divines imposant une affiliation exclusive et totalitaire, et dont l'influence considérable rendrait difficile de gérer l'autonomie d'une identité distincte, spécifique à cette nouvelle entité politique. Un seul choix mythique restait disponible, celui d'une création unique, « un roc flottant sur des nuages », d'une telle beauté que, lorsqu'elle s'est miroitée dans l'azur, elle est simplement tombée amoureuse de son reflet, à tel point qu'elle avait négligé l'essentiel, celui de trouver un refuge ou de repérer un protecteur au cas d'une explosion cosmique. Un degré excessif d'infatuation, révélateur d'une immaturité émotionnelle, pénétrait tous les niveaux d'une société étroite et restreinte attachée à un folklore religieux déterminant et despotique, à un fétichisme associé à l'appel de la prière ou au son du clocher, conçus comme une barrière culturelle et une affirmation identitaire, plutôt qu'un recours symbolique à la miséricorde divine ou à une divination de l'aspiration humaine, simplement assujetti à un mode de vie étourdi et enjoué, inattentif à une dispersion culturelle et domestique excessivement variée, à courte distance de conflits sous-jacents qui écorcheraient vif l'esprit le plus averti.

Principalement, la mythologie libanaise s'est construite autour des concepts religieux dogmatiques, manipulés par les différentes communautés, sans aucune évolution de la pensée ou sans un appel au changement, toujours influencée par des pouvoirs extrinsèques, souvent considérés comme des totems protecteurs bénéficiant d'une dévotion qui confirmait l'absence d'une réflexion indépendante et de la culture inféodée de la mentalité politique. Promu comme une démocratie consensuelle, le Liban a gardé le même processus électoral pendant des décennies, votant selon les mêmes principes claniques ou communautaires, avec des variations transitoires, pataugeant dans un vide spirituel et un intellect insipide.

En l'absence d'une aspiration nationaliste collective ou d'une harmonie culturelle, tantôt capitonnée par une dictature ottomane, tantôt rassasiée par une puissance coloniale, la nation libanaise s'est développée dans une dualité culturelle tenace qui l'a dépouillée de sa personnalité, en la forçant à adopter une orientation dominée par une ethnie captivée par la religion. Une coexistence ombrageuse en résulta, aboutissant à un état de mythomanie, compensé par une sublimation de la raison politique, dissimulant un dédoublement du caractère, résultant en une compétition politique et sociale, génératrice de rivalités et de conflits armés, enrichis par un arsenal vestimentaire et paramilitaire bien fourni, ajoutant une écorce d'auto-admiration et de suffisance émotionnelle à l'attitude autistique prédominante. Bientôt, l'autarcie intellectuelle, habillée de la mante de la vanité et armée de sa morgue, en découvrant l'avantage de la violence au service du pouvoir, se dotait des atouts nécessaires pour avancer son argument et éliminer les avantages providentiels d'un dialogue.

Le réveil du Liban à une réalité inattendue a été brutal. Nul, dans le pays du Cèdre, au climat si doux et si avenant, à la nature si accueillante, ne pouvait croire à un comportement humain dépouillé de scrupules et de sagesse. Ou du moins, nul Phénicien.

Les alliances politiques et les loyautés idéologiques choisies au pur hasard des intérêts personnels représentaient la procession funéraire d'une nation qu'on avait incinérée à petit feu. La communauté maronite, la gérante de la Chrétienté libanaise, imbue d'un essentialisme validé par une pérennité historique, s'était effritée en plusieurs clans antagonistes, en passant par des guerres endogènes et la lutte pour le pouvoir. Ayant conservé une culture sociale archaïque, elle a négligé d'évoluer politiquement dans le nouveau cadre vulnérable et religieusement fluctuant du Moyen-Orient, en adoptant des loyautés diverses. Persuadés de pouvoir sauver la Chrétienté libanaise d'un destin funeste, le Mouvement Patriotique Libre, sous l'influence de son fondateur, General Michel Aoun, ainsi que le parti du Marada, se sont alliés avec le régime syrien, dont les actions et intentions sont toujours restées néfastes envers son faible voisin, puis au régime de la République islamique à travers la milice mercenaire locale prénommée Hezbollah, ou le Parti d'Allah, tout en restant rivales sur le plan politique et civique, par ambition politicienne, et sans saisir l'envergure aléatoire de leur participation à une idéologie distincte et impénétrable, alors que d'autres, comme les Forces Libanaises ou le Courant du Futur, avaient cherché refuge tantôt en Arabie Saoudite, tantôt en France, sans pour autant y trouver les garanties nécessaires pour maintenir le pays en dehors de la tourmente. Cette indécision maronite, structurée sur la cupidité et la corruption, politiquement maladroite et débile, avait enlevé l'atout majeur d'un message unifié et crédible, et rendu inaccessible une harmonie convaincante pouvant influencer le cours d'une intervention favorable, laissant les pays indulgents et amis dans l'incertitude d'agir en faveur d'une protection valable et permanente. En fin de compte, ce délabrement politique ne laisserait pas d'autres choix à l'ennemi comme à l'ami, que d'accepter le fait accompli d'une autorité, même adverse, mais capable de maintenir l'ordre et la stabilité.

La dichotomie d'un monde musulman mal à l'aise dans sa peau ajoutait un niveau d'anxiété existentielle à l'insécurité d'une nation fragilisée dans sa structure originelle. L'agressivité sunnite, matérialisée par l'expansion d'une éducation religieuse fondamentaliste et de restrictions sociales draconiennes, à travers la construction de mosquées et de madrasas, le support financier d'Imams cultivant un discours extrémiste à travers le Moyen-Orient, l'Asie et l'Europe, avec l'intention de diffuser l'Islam Wahhabite aux quatre coins du monde, rendue encore plus subversive par son adhérence au terrorisme palestinien et au djihadiste afghan, percutait le 11 septembre 2001, contre une réalité massivement pénible qui allait transmettre des ondes de choc douloureuses à travers une société obnubilée par une suffisance religieuse, infatuée par un discours douteux et irrationnel, souffrant du même narcissisme autodestructif, la rendant capable seulement de faire appel à la violence pour compenser sa carence intellectuelle. Des entrailles de cette débâcle, l'Islamisme allait s'échapper et se répandre sous différentes configurations, pendant que le plus nuisible des prédateurs se préparait à envahir le panorama. L'acte terroriste devenait une tare sociale, mondialement crainte, devant l'attitude irrationnelle de la pensée musulmane, préoccupée désespérément à nier toute relation de violence à la religion de l'Islam, contrairement à toute évidence, s'éloignant par conviction ou par lâcheté de la nécessité d'étaler le dossier onéreux d'une religion encore prise dans le tourbillon de l'éternité en sublimant le martyre comme la conquête favorite du paradis aux dépens de l'altérité mécréante, dans l'attente d'établir le règne de l'Islam sur un monde corrompu, qui avait dévié du chemin tracé par l'appel divin. Le Liban en était un exemple frappant. Au Moyen-Orient, la cible de la perversité religieuse n'avait pas de spécificité particulière, les victimes pouvaient être aussi musulmanes que chrétiennes. Ce qui était décevant, et souvent incompréhensible était la complaisance de la communauté sociale ou religieuse, souvent accompagnée de justification et d'acquiescement envers une attitude jugée publiquement contraire à la religion de l'Islam, mais jamais combattu, timidement dénigrée, et certainement jamais accompagnée par un examen de conscience autocritique, appelant à une révision de la charte islamique.

Les antécédents d'une dichotomie non sectaire du Liban ne sont pas nouveaux. Pour un pays gouverné par le communautarisme, les idéologies prenaient souvent la préséance sur la religion. La chute du communisme fut suivie par la débâcle des partis léninistes-marxistes, en faveur de leur insertion dans les orientations religieuses salafistes ou fondamentalistes, dans le sillage du Parti communiste iranien, le Toudeh, qui, après avoir pris une grande part dans la révolution iranienne de 1979, s'est trouvé happé par l'intégrisme des Mollahs, pour devenir un adepte quasi indéfectible de leur démagogie. L'histoire des partis séculiers levantins, comme le Parti Populaire Syrien ou le Baath, allait connaître le même envoûtement. Au Moyen-Orient, la lutte entre le Marxisme et la Religion n'est en dernière analyse qu'une vue de l'esprit, sans aucune manifestation palpable. Le concept totalitaire des deux entités, groupant des courants religieux de tout bord, allait converger vers une seule destination, l'appropriation géopolitique de toute la région. Le Liban en est le tremplin idéal.

D'aucuns pensent que l'affrontement avance, nourri par des connotations religieuses, intellectuelles ou politiques, alors que l'essentiel avait déjà été développé depuis bien longtemps par Platon dans le dialogue de la « République », en hiérarchisant le conflit dans sa véritable dimension, en d'autres termes, la dissension du pouvoir et de la connaissance. L'exercice du pouvoir exigerait le savoir et la maîtrise de soi, alors qu'en réalité, rare est ce niveau de compétence. Les deux visages de l'intégrisme musulman avaient simplifié la dépendance en considérant que la noblesse de la guerre est l'ultime espace permettant l'ascension au martyre dans le sillage du Prophète. Le culte de la mort prédomine dans la culture, comme il avait prévalu initialement dans l'ère initiale de la Chrétienté.

Soutenus par les États-Unis et la France, et indirectement par Israël, les partis de droite, à majorité chrétienne, avec un contingent musulman, surtout sunnite et faiblement chiite, conscient de leur attachement tardif à l'entité libanaise, commencèrent à réaliser que leur condition précaire pouvait aboutir à une désintégration ontologique, sinon à l'effacement de la nation à laquelle ils avaient aspiré. Les erreurs de parcours qui ont contribué à ce désarroi étaient irréversibles. Les connaître, c'est peut-être une première étape sur le chemin de la rédemption. Ce à quoi, ces quelques lignes, écrites avec douleur et humilité, aspirent.

Le procès

Trois mois avant la fin de mon séjour aux États-Unis, le 13 avril 1975, la guerre civile au Liban s'était officiellement auto-déclarée inévitable. Effectivement, pour répéter après Thucydide, la période de paix connue n'était qu'une intermission durant un conflit sous-jacent traînant depuis peut-être deux siècles. Une mauvaise gestion gouvernementale, la présence armée palestinienne sur le territoire libanais, plusieurs épisodes militarisés, l'inimitié entre les différentes confessions, rendaient inévitable une déflagration, ignorée seulement par un peuple naïvement confiant dans la bonté humaine. Pour qui avait sonné le glas ce jour fatidique, quand la fusillade nourrie qui a canonné un autocar de passage avait arraché la joie à tout un peuple, et l'avait rendu esclave de la violence, de la haine et de la peur ? Il faudrait encore plusieurs années avant de publier le nom de la victime qu'on venait juste d'assassiner, alors que les oraisons funèbres, dépouillées de leur contenu véritable, remplissaient les ondes radiophoniques et les éditoriaux, détachées complètement de l'ampleur morale de la débâcle. La mort était instantanée. Les agonies les plus absurdes sont celles qui durent toute une vie. Mise à part le nom, Liban, l'épitaphe sur la pierre tombale ne mentionnait rien d'autre. Quelqu'un avait taillé une date de naissance d'une main maladroite. Comment en est-il arrivé là ? Ce qui suit est l'itinéraire spirituel d'une faillite déontologique.

Avec ma famille, je m'apprêtais déjà à plier bagage et à prendre le chemin du retour vers le Liban après un séjour de cinq années dans les institutions américaines à parfaire mes compétences, un retour tant voulu, et auquel j'aspirais depuis bien longtemps. Je m'étais attaché à ce pays immense et accueillant, et je me retrouvais hésitant et malheureux de devoir le quitter. Ma petite famille montrait la même anxiété d'un nouveau départ, mais notre âme languissait de retrouver le Liban.

Devant les événements qui venaient d'éclater et qui remplissaient la première page des journaux, on m'avait offert une position, qui m'aurait permis de patienter en attendant que la situation se décante. Personne ne croyait que les troubles risqueraient de s'élargir ou de durer. Ça ne pouvait pas arriver. Après tout, c'était le Liban, et si quelque chose de grave pouvait arriver au Liban, il se dissiperait bientôt comme par miracle. Rien de sérieux ne pouvait durer. Après tout, 6 000 ans d'histoire, carrefour des civilisations, proie d'armées conquérantes, riche en aventures et mythologies, et le voilà toujours en train de tenir tête à un autre défi.

J'allais refuser. « Je veux être sur place pour savoir ce qui se passe » était mon argument, un maigre étalage d'arrogance et de défi. Et pourtant, j'avais ignoré l'histoire, ou plutôt, je connaissais mal l'histoire du pays. C'était une histoire camouflée, décantée, filtrée, même fabriquée pour ne pas offenser les sensibilités communautaires. En termes plus modernes, on l'aurait décrite comme politiquement correcte, nécessaire qualification pour soutenir la thèse de la cohabitation et de l'intégration. C'était une histoire modifiée pour créer une identité commune, souvent mêlée à des concepts mythiques, mais qui évitait de décrire honnêtement les événements perturbateurs pouvant jeter le doute sur la validité de la formule libanaise. Je me rappelle avoir lu dans mes livres d'écolier que

« nos ancêtres étaient les Gaulois », mais jamais nulle part n'étaient relatés les épisodes concernant les antagonismes souvent meurtriers entre les différentes communautés religieuses, dont on avait ressenti les secousses sismiques tardives vaguement ressuscitées durant la période nassérienne. Comme si garder le silence pouvait gommer l'événement ou refouler la rancœur. Quant au Christianisme oriental, presque absent du curriculum scolaire, malgré la présence d'une dynamique chrétienne, en réalité soumis à l'absolutisme de l'autorité centrale, confiant d'occuper des positions-clés où il trouverait son salut, se blottissant sous leur protection de peur d'être la victime collatérale d'une querelle fortuite, il était réduit à applaudir la dictature ou une démocratie consensuelle, selon les circonstances, à observer les artifices du culte, et à suivre le protocole folklorique des incantations interminables et monotones. Les conquêtes arabes, suivies de l'Islamisation de la société, avaient réduit les communautés chrétiennes du Levant à des ilots isolés, apeurés et impuissants, encerclés par un océan musulman, particulièrement houleux et instable. Certains aventuriers, dans leur naïveté romantique, s'étaient préoccupés à vouloir sortir de la coquille religieuse et appliquer des préceptes séculiers, sans toutefois impacter l'ensemble de l'idée dominante, pour se soumettre finalement à son despotisme.

Notre jeunesse au Liban était si pleine de joie et de féerie qu'il était difficile de ne pas croire à son pouvoir magique. On était convaincu que la boue ne pouvait résister aux rayons du soleil et qu'un orage ne pouvait déraciner les vignobles. Et pourtant, j'avais connu les couvre-feux de la guerre de 1967, quand l'aviation israélienne avait décimé les armées arabes, la destruction en 1968 de la flotte aérienne civile garée nonchalamment sur le tarmac de l'aéroport de Beyrouth, les abus des milices palestiniennes, puis les événements tragiques qui avaient conduit à l'accord du Caire, quand le gouvernement libanais avait délibérément cédé sa souveraineté à la Résistance

Palestinienne. Et pourtant, Moshé Dayan était devenu un héros dans notre petit cercle, à la suite de son audacieuse attaque. Un copain de classe d'origine juive nous avait finalement avoué que son vrai nom était Moshe, et non Maurice, comme il nous avait fait croire. C'était la période de l'insouciance, mais surtout de la dichotomie culturelle entre les différentes strates de la société. Devant les abus de la Résistance Palestinienne, croire à la valeur des revendications n'avait pas été unanimement accepté. En fait, le blâme de l'intransigeance militaire d'Israël retombait sur le mouvement palestinien, voulant reconquérir la Palestine en utilisant le territoire libanais, un pays fragile et jeune par sa constitution, et qui aurait voulu rester en dehors de ce conflit qui s'était imposé à travers des circonstances malheureuses.

La détermination sunnite à vouloir s'engager politiquement dans le sillage de la Résistance Palestinienne aux dépens de l'entente nationale était incompréhensible, et on l'aurait crue transitoire. Mais une accumulation de plusieurs strates de déficiences collectives, politiques et sociales, un sentiment d'incompétence culturelle, l'attachement à un Arabisme factice, devaient peser lourd sur l'âme sunnite pour créer un sentiment de culpabilité incontrôlable, dont il était nécessaire d'y remédier. La présence des camps de réfugiés, au-dessous du seuil de la pauvreté, leur carence à pouvoir empêcher Israël d'achever sa victoire, leur acquiescement à une entente nationale sous l'égide d'une autorité chrétienne, représentaient autant de lacunes dans le concept islamique de la transcendance religieuse. L'émoi causé dans le camp chrétien, plus conscient des intempéries de l'histoire et une mémoire fragilisée par des événements douloureux subis sous les autorités ottomanes, ne pouvait avoir la même intensité dans l'engagement militant que leurs compatriotes.

À travers la télévision américaine, on avait assisté avec horreur au massacre des Jeux olympiques de Munich en 1972, et comprit vaguement les implications du raid de la rue Verdun à Beyrouth par un commando israélien quand trois leaders palestiniens furent éliminés, suivi de la mini-guerre entre la Résistance Palestinienne et l'armée libanaise accusée d'avoir laissé le champ libre aux Israéliens de pénétrer la périphérie sacrée de la Résistance. Préoccupé seulement par ma famille et ma carrière, ces péripéties dramatiques à caractère explosif perçues comme des épisodes d'une série télévisée dont la signification lointaine m'avait échappé, avaient à peine effleuré mon entendement. Mon esprit, angoissé par les engagements quotidiens onéreux de ma carrière, n'avait pas absorbé suffisamment tout ce matériel et disséqué ainsi toutes ses conjonctures. On aurait cru vivre dans une dimension parallèle à une réalité fâcheuse, mais passagère, que le monde fût divisé entre deux matrices qui ne pouvaient se rejoindre, en attendant qu'une solution achève un équilibre immatériel, où les intentions, désincarnées de leurs carcasses idéologiques, religieuses ou politiques, pouvaient restaurer un simulacre d'un monde idéal, toujours à portée de la main. On était persuadé que, dès notre retour, on retrouverait l'univers innocent et puéril de notre jeunesse. J'avais pourtant assisté à un reportage télévisé sur les combats, et en particulier, les bombardements par l'armée syrienne de l'armée libanaise pour l'empêcher d'avancer contre les forces palestiniennes, un signe de mauvais augure, pourtant resté indéchiffrable par un esprit détaché de la réalité. Rien ne pouvait gâter ma perspective optimiste et béate de la condition libanaise. J'étais confiant que la situation n'avait d'autres choix que de se rétablir.

Le Liban, porte vers l'Asie et carrefour de civilisations, privilégié par une histoire qui remonte vers une antiquité perdue dans le temps, gratifié d'un climat doux sur la côte, mais vigoureux dans les montagnes, bref un joyau géographique dans un Moyen-Orient connu pour ses terres arides et son soleil brûlant, devait certainement être un domaine immobilier favori. On ne gâche pas un investissement aussi avantageux.

Est-ce que j'étais le seul à croire à cette fantaisie ? La voiture que j'avais achetée juste avant notre départ, ainsi que tous nos bagages et attirails étaient déjà en pleine mer, quand des conflits armés avaient éclaté pour la troisième fois consécutive, paralysant toute activité, et nous empêchant de prendre l'avion. On était bloqué. Sans voiture, sans logis et avec le peu de bagages qu'on avait décidé de garder. J'appelle une amie américaine, lui explique la situation. Elle nous emmène chez des amis à Boston, qui avaient offert gracieusement de nous héberger, en attendant que la situation se décante, ou du moins on l'espérait, car malgré tout notre optimisme, on commençait à avoir des doutes.

L'esprit de la nation américaine est déjà en vacances durant la dernière semaine de juin, en préparation des festivités du 4 Juillet. L'été du nord-est des États-Unis est en général court, et parfois sujet à des chaleurs torrides et suffocantes. Alors que les New-Yorkais se dirigeaient vers les Hamptons, les Bostoniens prenaient la route de Martha's Vineyard. La brise maritime adoucissait le climat. Du Liban, les nouvelles étaient rares et succinctes. Décidément, l'intérêt médiatique concernant les événements était plutôt tiède. L'Amérique était surtout préoccupée par le départ des troupes américaines du Vietnam, puis par la conclusion de la guerre qui s'était soldée par la chute de Saigon. Durant notre séjour, on avait assisté au scandale du Watergate, et à toutes les séances du débat sénatorial. Un spectacle fascinant du procès d'un gouvernement sous les yeux du peuple, et qui avait abouti à l'abdication et au départ du Président Nixon, un homme dédaigné par la majorité du peuple américain, malgré une carrière hautement productive en diplomatie.

Ce qui m'avait toujours surpris, c'était le peu d'intérêt que l'Américain portait à la politique. Autour d'une bière ou d'un hamburger, c'était en général une conversation centrée sur le sport, en particulier durant les différentes saisons sportives en passant du Baseball au Basketball ou surtout au Football américain, culminant dans le Superbowl, un événement unique, à mi-chemin entre le sport et le spectacle. Négliger le sport en Amérique, c'était rester en dehors de la société, en marge d'une culture progressive, qu'il fallait toujours rattraper, moins par l'éducation que par la perspective de l'avenir. Une éducation sportive était absolument nécessaire. En 1975, c'étaient les Pittsburg Steelers, qui avaient gagné le 9e Super Bowl. La vérité était que la Guerre du Vietnam, le scandale de Watergate, le départ d'un Président déchu, avait à peine effleuré l'esprit américain, solidement ancré dans la conviction de son aboutissement, et encore moins ébranlé son optimisme et son bon sens. Le Super Bowl effaçait en général les moments de doute ou d'hésitation. Si le monde trouvait une pause nécessaire pour un moment de réflexion, l'Amérique, elle, avançait ininterrompue et sans arrière-pensée, seulement concernée par un meilleur lendemain. Doué d'un pouvoir mythique, le sport avait pris la dimension d'un culte qui, par un phénomène social transculturel, avait transcendé les complexités inhérentes à la religion, la spiritualité ou la philosophie, et certainement la politique ainsi que la diversité raciale et ethnique, en offrant à la société américaine une fascination cathartique. L'unité produite par ce culte est phénoménale, et représente un des piliers de l'harmonie morale de cette nation.

Le Président Ford, dont le tempérament modéré et paternel, presque antagoniste à celui du Président Nixon, était l'homme du moment, moins pour ses capacités intellectuelles, mais parce qu'il portait en lui les ingrédients capables de diluer les doutes issus de cette période tourmentée de l'histoire américaine. Pour désamorcer une mouvance vers des valeurs incertaines, il incarnait la disposition nécessaire et opportune pour cet intervalle agité de l'histoire du pays, dans l'espoir de gérer une phase de transition après une guerre qui avait duré 20 ans, et qui avait quand même défiguré une certaine vision de l'Amérique. Le festival de Woodstock était pathognomonique de la détresse culturelle du pays. C'était un Président non élu, même pas comme Vice-Président. Il avait simplement remplacé le Vice-Président Agnew, qui avait dû démissionner à la suite d'un scandale de corruption. Et devant l'agitation d'une génération anti-culturelle, traumatisée par la guerre du Vietnam, Gerald Ford était l'homme de la rédemption. Malgré les grands gestes de la politique nixonienne, l'ouverture vers la Chine, la politique des petits pas au Moyen-Orient, conduite par l'immense personnalité de Henry Kissinger, le départ de Richard Nixon était un moment d'un grand soulagement.

L'Amérique, préoccupée par ses propres démons, ne pouvait faire cas du Liban. Les coups de fil, pas plus instructifs. Cependant, un court reportage sur la situation libanaise dans le magazine hebdomadaire « Newsweek » concluait que le Liban était au bord d'une guerre civile. Une conclusion choquante, difficile à croire pour un esprit ayant toujours refusé de croire au désastre, et pourtant versé dans l'histoire récente d'un Liban en proie à des débordements politiques, et à des éruptions militarisées. Évidemment, j'avais choisi de laisser mes doutes gagner le débat, de croire aux arguments de mon ignorance. Faut-il se soumettre à des conclusions probablement instinctives ? Un reportage, quel qu'il soit, est toujours le fruit d'une pensée hâtive, transitoire, inspirée par des événements à caractère sensationnel, dépourvue d'une connaissance intime de la réalité profonde et impalpable. On écrit n'importe quoi, sans considération sérieuse.

Quelle épaisseur de la nappe qui enrobait les couches géostratifiées de la gnose particulière à cette région avais-je pénétrée durant mes années estudiantines ? Honnêtement, ma connaissance était restée superficielle. L'histoire incroyable de la civilisation égyptienne avait été gommée par l'interlude de Nasser, puis par les guerres avec Israël. La Syrie, un magnifique musée en plein air, riche de trésors dispersés à travers son territoire, monuments à une histoire grandiose, avait été escamotée par des coups d'État successifs, puis par une dictature oppressive et un régime policier. Ma curiosité touristique, tournée vers l'Europe et Paris, limitée localement à visiter des monuments historiques, comme le Krak des Chevaliers, ne m'avait jamais amené plus loin que la Syrie. L'Irak, un pays à caractère distant, et pourtant la terre reconnue comme étant le berceau de la civilisation, brutalisée par une dictature sanguinaire, n'avait qu'un attrait limité, dénué d'un charme attrayant pour s'y aventurer. Le Liban nous suffisait. Et d'ailleurs, on n'éprouvait pas le besoin d'une escapade régionale. Encore plus grave, on sentait que le Liban n'appartenait pas à ce terroir inculte, tourmenté par une pénurie spirituelle et une incapacité humaine, prisonnier d'un univers rétrograde dépassé qui, par sa carence intellectuelle, avait créé un vide dégarni dont l'appel impératif révélé et mystique supplantait l'absence d'une éducation potentiellement riche et productive.

Mais est-ce que toutes les données étaient à notre disposition. ? Je croyais que traverser le Liban à travers toutes ses contrées à 3 heures du matin, sans être inquiété par une quelconque menace ; adhérer au Festival de Baalbek, où se déployaient chaque saison estivale, les plus grandes vedettes internationales ou levantines ; déguster un minuit d'été enduit à la fraicheur d'une pastèque trempée dans un ruisseau dans la plaine de la Bekaa, était l'image indiscernable de tout ce Moyen-Orient mystérieusement déconnecté, et la mesure par laquelle on pouvait juger la valeur d'une nation. Rien ne m'aurait échappé. Pas une éraflure que je ne pouvais déceler.

Ma jeunesse active au Liban m'aurait donné ce privilège de saisir les réalités fugitives, et peut-être de mystifier toute divergence suspecte. Que sait-on de l'Orient distant et mystérieux, presque vaporeux, qui, selon Edward Saïd dans sa critique culturelle de la relation entre l'Occident et l'Orient, avait été défiguré, humilié, discrédité pour permettre à l'Occident de s'y infiltrer et maintenir son hégémonie, tout en happant ses trésors ? L'Orient, dont la culture primitive, irrationnelle, violente, despotique, alourdie d'un fanatisme morbide, résistant à l'influx bénéfique de la culture occidentale pour l'aider à sortir de son apathie et de son barbarisme, n'avait qu'une seule préoccupation, celle de rejeter toute influence allogène pour préserver son authenticité tribale et prévenir toute corruption de sa culture. C'était pour autant dire que l'Islam n'avait pas encore engagé l'Âge de l'Ignorance sur le chemin des Lumières, malgré toutes les déclarations favorables. Au contraire, c'était l'admission d'un acheminement à rebours.

Cette période avait été tabulée comme étant l'Âge d'Or du Liban. Une convergence de phénomènes créatifs, de divertissements transmis sur le petit écran, ou la scène théâtrale, une vie nocturne agitée ainsi qu'une activité fiévreuse dans le domaine du spectacle et de la chanson, alliant le Festival de Baalbek au Casino du Liban, le début d'une émancipation de la femme orientale, révélé dans un livre de Leila Baalbek « Je vis », un boom financier et urbain de Beyrouth, l'essor universitaire et hospitalier, le décollage bancaire, un système éducatif bien développé, la proximité d'une station de ski à la chaleur de la Méditerranée, allait justifier le portrait doré de cette époque qui avait permis de qualifier le Liban de la « Suisse du Moyen-Orient » et Beyrouth, « Paris du Levant ».

C'était l'image que j'avais gardée dans mon subconscient, ignorant que l'ère de la nonchalance et du laisser-aller cachait une bien sombre réalité, en fait les éléments de la désintégration et de l'effondrement. L'Âge d'or n'était en réalité qu'une cage en or, qui avait empêché les Libanais de se libérer de ses tenailles et d'affronter la triste réalité, avec l'arrière-pensée qu'au Liban, tout fini par s'arranger. Mais le voulait-on vraiment ?

« Une guerre civile imminente » ? C'était présomptueux de penser qu'une chose pareille pouvait arriver. L'opinion publique libanaise s'était un peu tranquillisée lorsque l'ancien, mais populaire Président de la République, Camille Chamoun, un grand amoureux de la chasse, une grande figure dans les milieux chrétiens, sportif et charismatique, connu pour son endurance et sa fermeté, avait pris les rênes du pouvoir, en acceptant le poste de ministre de l'Intérieur dans un nouveau gouvernement, décidé à remédier à une situation qui semblait échapper à l'entendement. Mon père m'avait annoncé la nouvelle, comme la clé qui allait ouvrir les vannes de la conciliation. On avait donc moins à craindre, car l'ancien président inspirait confiance.

Malgré les événements de 1957, la crainte que le pays pouvait se scinder en deux clans était loin des esprits. Entre amis et copains, notre jeunesse ne considérait plus la religion comme un agent de différenciation. Elle avait perdu de son importance individuelle, et n'était plus un risque de conflit. La cohésion sociale avait fait un grand pas dans la bonne direction. Ensemble, on avait partagé les bars, les restaurants, les cinémas, la plage, et certainement plusieurs séances de poker. On était confortable ensemble. Une tangibilité qui avait dû se transmettre par osmose dans le reste du pays. Pourquoi négliger cette réalité ? Cinquante ans plus tard, cette amitié n'a pas subi des revers.

L'appel de mon père m'incitant à rentrer, avait eu la plus grande influence sur ma décision, appuyée par la conviction innée que rien de grave ne peut arriver au Liban, que tout s'arrange à l'amiable, que la raison allait triompher, que le peuple allait se calmer. Craignait-il de perdre un fils à l'immigration permanente ? Aucun ne doute que les sentiments mutuels eussent étouffé la raison, et rendu la toile de fond opaque et arbitraire.

Mon père avait connu l'âge des grands départs, de l'émigration, des retours tardifs, de l'absence pénible et des familles séparées. L'Amérique est une lointaine contrée, non seulement par la distance, mais aussi par la langue et la culture, et certainement par la mentalité. N'est-ce pas que sa femme, ma mère, était la fille d'un homme qui avait fui l'oppression ottomane et s'était réfugié à New York même, et n'était retourné qu'après la défaite de l'Empire ottoman ? Qui aurait dit que le destin pouvait encore être clément, presque complice ? Non, rien de grave ne pouvait arriver au Liban, et rien ne pouvait être pire qu'une séparation.

Comment puis-je montrer si tardivement ma gratitude et celle de ma famille aux amis qui nous ont hébergés ou véhiculés cette dernière semaine passée aux États-Unis, comme des nomades en perte d'une oasis ? Comment puis-je remercier suffisamment le directeur de m'avoir offert une position, alors que le temps avait fermé bien de portes ? Indélicat comme j'étais, et perdu dans mes tergiversations, j'avais refusé cette offre généreuse, en entonnant un argument arrogant et insipide : « Je dois aller voir ce qui se passe », comme si être présent sur le terrain allait finalement m'éclairer ou résoudre le problème. Le plus souvent, on raisonne avec nos émotions, et on blâme le destin.

Nous arrivâmes à Beyrouth le 4 juillet 1975. Mon père et mon oncle étaient à l'aéroport pour nous accueillir. À peine, des embrassades, et du bout des lèvres, les mots d'accueil habituels. Une atmosphère lourde, tendue, et la hâte de rentrer. Jamais je n'oublierai leurs visages hagards, crispés par l'appréhension et l'inquiétude. Leur comportement et leurs mines sombres à peine souriantes, malgré les retrouvailles, signifiaient qu'ils auraient préféré être ailleurs. Le trajet de l'aéroport à la maison se passa sans incident. En général, une quinzaine de minutes. Mais c'était le parcours le plus expressif et le plus prophétique, plus éloquent que toutes les nouvelles, les titres de journaux et les coups de fil rapportant la situation tragique du pays. Des rampes militaires ou miliciennes, menaçantes, en fatigues, armes-en main, vadrouillant autour de véhicules militaires, occupant les trottoirs de chaque côté de la route, encadrant le cercle tout autour du rond-point, formant une ceinture étanche de sécurité, mais où faisaient défaut les intentions avouées de paix ou de quiétude. Une lourde ambiance de crise, rappelant un lendemain de coup d'État ou d'une révolution. Un spectacle d'une apocalypse imminente. Toute l'horreur morbide camouflée par cette période enchanteresse avait fait surface et allait engloutir le pays dans l'immense délire des ténèbres. Je me rappelle avoir osé bredouiller : « Comment pouvez-vous me dire de revenir ? »

Je ne m'attarderai pas à décrire notre séjour au Liban, un séjour où des moments inoubliables étaient entrecoupés par des heures d'angoisse et d'incertitude, un mélange d'émotions difficile à extérioriser, et encore plus complexe à analyser. Les amitiés qui s'étaient développées à l'instar des événements allaient durer toute une vie, malgré les distances que le destin allait nous imposer. Les personnes que je rencontrais, dans le milieu restreint affligé par la guerre qui avait divisé Beyrouth en deux états d'esprit cantonnés derrière des barricades solides, érigées avec des blocs de béton ou des sacs de sable, délimitant une ligne de démarcation renforcée par des grilles mentales qui tiraillaient le jugement vers des considérations existentielles puisant dans la mémoire des énergies ambiguës, avaient pris une dimension singulière dans nos vies, et allaient nous accompagner bien au-delà de notre escale qui s'avérera transitoire.

Les réunions presque quotidiennes dans le sous-sol d'une église, les contacts avec des personnes supposées informées, le processus gouvernemental légitime encore en fonction, une activité professionnelle relativement acceptable, nous donnaient confiance dans les responsables qui planifiaient notre existence, et qui cherchaient à nous faire sortir de ce marasme. Nul n'avait aucun doute que la fin du conflit ne pouvait être trop loin.

Désengagé du quotidien politique, dissocié de l'engrenage stratégique, et loin de comprendre ce processus complexe et truffé de pièges, je saisissais à peine ce qui se passait. J'avais assumé que c'était une guerre contre les Palestiniens, qui avaient voulu, par le truchement de la communauté sunnite, mettre la main sur le gouvernement, et ainsi dominer le pays. Cette communauté, à travers des discussions directes et intenses, allait sans aucun doute revenir à la raison, retirer son support à la Résistance Palestinienne, et revenir au Pacte de 1943, supportant la coexistence pacifique. En attendant, il fallait se battre pour empêcher les Palestiniens de gagner leur pari. Les chrétiens, et surtout les maronites qui avaient gagné mon admiration, refuseraient toujours d'abandonner leur terre ancestrale, et surtout la montagne libanaise, qui leur avait offert son refuge, et par la suite, aurait permis leur expansion et leur configuration en tant que nation, ainsi que leur intégration au monde arabe. La sombre réalité d'un pays au bord de l'effondrement ne s'était installée dans mon esprit que bien tardivement, et à la suite de plusieurs épisodes successifs qui, à la surface n'avaient aucun lien.

Tout d'abord, l'alliance Islamo-Progressiste, guidée par K. Joumblatt, en association avec différentes sectes de l'Organisation de Libération Palestinienne, sous l'égide de Yasscr Arafat, vivait dans l'expectation de renverser le régime libanais à domination chrétienne, et ainsi de permettre à l'OLP de prendre le contrôle du pays, en vue de continuer sa lutte contre Israël, tel qu'il a été confirmé, à travers leurs activités subversives et l'arrogance d'une déclaration ouverte par un des leaders palestiniens : « La route de la Palestine passe par Jounieh », un port de plaisance dans la région chrétienne du pays, et la ville symbole de la pensée libanaise. Dans un livre-interview publié en 1976, K Joumblatt déversait toute sa haine contre les maronites, une révélation choquante dont le témoignage mettait au grand jour l'abîme idéologique profond qui divisait la société libanaise, l'erreur du concept du Grand Liban comme patrie pour tous, dont la confirmation tardive avait transpiré à travers l'affiliation des partis de Gauche avec une entité étrangère déterminée à conquérir le pays, et tout cela au nom d'un Arabisme déséquilibré, dont la gamme idéologique couvrait tous les claviers d'un diapason, accaparé par le régime syrien dont le but avait toujours été de maintenir son hégémonie sur les esprits d'une foule débordés par les slogans et ivres de déclarations, toujours convaincus de pouvoir conquérir la terre de Palestine. La montagne libanaise, le foyer commun aux Druzes et aux maronites, qui avait toujours été la charnière d'une coexistence libanaise, son emblème indéfectible, venait de perdre son ascendance et son symbolisme.

L'assaut de la milice des Forces Libanaises contre des forces rivales dans le but d'unifier la suprématie du pouvoir, et de concentrer l'initiative entre les mains d'une seule autorité, apparemment sous l'instigation des puissances étrangères qui rencontraient des difficultés à communiquer avec différentes individualités souvent affirmant des tendances contradictoires, avait dégénéré en un massacre systématique des éléments impliqués. Une erreur fatale d'interprétation caractéristique de la mentalité libanaise, qui confirmait le tribalisme régional de la culture populaire, dont les répercussions se retrouvent encore dans les antagonismes politiques. La communauté chrétienne, inspirée par une fausse notion de la démocratie, avait toujours cette tendance à se démembrer en clans, souvent rivaux et indisciplinés. Le jour de l'assassinat de Toni Frangieh, le fils du Président et le leader de la Brigade des Marada, la milice personnelle du Président, par un commando des Forces Libanaises, je prenais un bain de soleil à la plage de l'Hôtel Saint Georges aux murs calcinés, dégarni de ses portes et fenêtres, décimé par trois ans de guerre civile. Une carcasse abandonnée, plantée comme un épouvantail grotesque dans un paysage maritime privilégié des temps révolus, un rappel du passé et un avertissement devant un futur incertain. La fameuse plage ouverte durant une des rares périodes de cessez-le-feu, permettant à certains habitués de prendre un répit des heures déplorables, avait attiré un nombre respectable de ses clients, anxieux de recouvrer une vie normale. L'Hôtel avait déjà eu son heure de gloire, difficile à imaginer devant la façade délabrée. Rendu célèbre par les activités clandestines de Kim Philby, le double agent britannique passant des informations aux Soviétiques, le fameux bar de l'hôtel, lieu de rencontre privilégié de politiciens, journalistes, diplomates ou scheiks arabes, n'était plus qu'une charpente. Regarder le squelette charbonné de l'Hôtel, sous un ciel bas et lourd, était le cadre adéquat pour une nouvelle morbide. Dans un « esprit gémissant en proie » au doute, le malaise ressenti ne pouvait seulement être temporaire. Les images macabres s'accumulaient, accompagnées du refus de se soumettre à l'ivresse de la violence et à la panique de l'angoisse.

La fatigue de la diplomatie internationale se faisait déjà se ressentir avec le flot diminuant des envoyés spéciaux et le discours avare qu'ils délivraient. L'arrivée de la force de frappe syrienne, avec l'autorisation des États-Unis et de l'acquiescement tacite d'Israël, théoriquement pour imposer un processus de cessez-le-feu, était en fait une manœuvre orchestrée avec la Syrie pour satisfaire une des ambitions non déclarées de Hafez El-Assad, celle de mettre l'OLP sous sa tutelle. D'ailleurs, le Liban avait besoin d'un gardien. Ce double jeu, ignorant les nécessités humanitaires et les aspirations nationales du peuple libanais, résultera en une guerre contre les Palestiniens puis contre les forces chrétiennes pour le contrôle des régions sous leur domination, sous le prétexte de justifier la légitimité d'un pouvoir installé par la Syrie. Par cette intrusion dans le contexte libanais, devant les difficultés de comprendre et de négocier avec un mélange hétéroclite en proie à des tendances divergentes et des opinions confuses, la Syrie, croyant prendre la situation en main, allait créer un entonnoir pour filtrer les déchets de la guerre. L'assassinat de K. Joumblatt, un de ses grands admirateurs et le bombardement sans discernement à deux reprises des quartiers chrétiens de la ville de Beyrouth n'étaient qu'un avant-gout de son comportement favori, les négociations à coup de canons ou de balles. En somme, un rappel brutal de ses intentions de soumettre le pays à sa volonté, en utilisant ses moyens favoris pour obtenir des concessions en vue d'un arrangement politique. À quoi pouvait-on s'attendre d'un régime responsable du massacre de la ville de Hama en 1982, à la suite d'une insurrection armée contre le gouvernement, l'artisan d'une société soumise par la coercition, la corruption et la peur ? Décidément, la notion de compromis n'existait pas dans le vocabulaire régional. Une culture basée sur la loi du talion, où la vendetta est le seul moyen d'affronter le rival, où la vengeance sauve l'honneur, où seules les représailles protègent le clan, et où la religion ne fait que consacrer ces notions tribales, sanctifiées par une prophétie, n'allait pas consulter la Déclaration des droits de l'Homme avant d'agir, et ne pouvait s'offrir le gaspillage d'un processus démocratique, un mal introduit par des puissances coloniales, incompatible avec l'omniscience du panorama traditionnel.

Un appel téléphonique que j'avais reçu à trois heures du matin, alors qu'on dormait dans le couloir sur des matelas de fortune durant une nuit de bombardements intenses, allait m'aider à prendre ma décision. « Reviens. J'ai besoin de toi ici. » Ici, c'était New York. Le directeur juif de l'Institut. On ne rate pas une opportunité pareille. D'ailleurs, l'ombre salutaire de l'Amérique n'avait pas cessé de me suivre, agitant tantôt mes aspirations, quand d'autres fois, apaisant mes doutes. Le plus dur, c'était de quitter mon père. J'avais pris l'avion dans la plus grande discrétion sans rien dire, sauf à quelques intimes. Bien sûr, ma femme était au courant. Jamais je n'aurais pu partir sans son consentement. D'ailleurs, elle allait me prouver, au cours des années, qu'elle était, sous son minois délicat, beaucoup plus robuste que moi. Heureusement, car j'avais besoin de toute l'aide que je pouvais garnir. J'ai su bien plus tard d'un ami qui avait rencontré mon père par hasard le jour même de mon départ, et qui s'étonnait, croyant que mon père était au courant : « Comment peut-il nous faire ce coup-là ? ». Cet ami m'a raconté bien plus tard qu'il avait senti que mon père allait défaillir. Le confronter aurait fait échouer tous mes efforts.

Si l'image de l'Amérique devenait indubitablement plus précise dans mon esprit, l'image du Liban que j'avais connu commençait à voir son lustre se dissiper, son innocence s'estomper, son éclat s'amoindrir, mais garder vibrant son indubitable attrait. Une vérité commençait à pointer : le pays changeait de physionomie, s'enchaînait à une autre envergure, celle d'un otage pris au dépourvu par les conflits géopolitiques de la région où plusieurs tendances idéologiques, toutes déterminées à utiliser la violence par conviction ou par nécessité, en essayant avec plus ou moins de succès de dominer la scène ensanglantée d'un champ de bataille où se mesurait la rapacité par guerres interposées, et où la convoitise prenait toute son ampleur. Qui aurait pensé que le Liban avait une âme mercenaire, dévouée aux caprices de forces extrinsèques, facilement maniée par un discours, corrompue par une plaidoirie, prête à enlacer la barbarie juste pour satisfaire une conjoncture ou s'opposer à une aspiration ? Malheureusement, tel était le cas. L'ignorance de l'histoire, doublée d'un manque d'éducation, sans nier le crédit d'un endoctrinement subversif, ne pouvait aboutir qu'à un relâchement des facultés mentales prohibitives, à tel point que les négociations politiques ne se faisaient qu'à coups de canon, ou au son des rafales de mitrailleuses, tandis que l'assassinat identitaire traduisait dans le sang la division de l'âme libanaise dans ses aspirations les plus illicites.

L'OLP espérait, avec l'aide des sunnites et des islamo-progressistes, avoir plus de liberté de manœuvre dans sa lutte contre Israël. Une patrie de rechange, au moins temporaire, n'était pas impossible à considérer. Le support sunnite et gauchiste à la lutte armée contre Israël était le lubrifiant de l'engrenage politico-militaire entrainant le pays vers la guerre civile. Les musulmans sunnites, normalement d'extrême droite, ne trouvait rien d'anormal de s'allier à la gauche marxiste et radicale, tant que les prérogatives des chrétiens étaient dans leur champ de mire, alors qu'une entente à l'amiable aurait dû être l'approche rationnelle. Les sunnites, non contents des privilèges acquis après les événements de 1957-58, cherchaient à monopoliser un plus grand partage du pouvoir. Les partis de gauche, instrumentalisés par la personnalité envoutante de K. Joumblatt, voulaient tout simplement se débarrasser du pouvoir maronite, et installer un régime pseudomarxiste, favorable à l'Union soviétique. La Syrie, tout en applaudissant la foule hétéroclite, n'avait aucune intention de laisser tout autre qu'elle prendre le contrôle du Liban, et par ce biais, de l'OLP, une ambition ancienne et immuable, à la grande rancœur du président de l'organisation terroriste, Yasser Arafat. Le subterfuge avancé avec force, la reconquête de la Palestine par la défaite d'Israël qui avait tout intérêt à jouer le rôle de spectateur, concerné seulement par ses frontières, allait entraîner les peuples de la Méditerranée orientale, vers des enfers débordant de passions combustibles. Et au beau milieu, un camp chrétien dysfonctionnel, le vrai appât de la guerre civile, affligé par un découplage entre ses connexions synaptiques, dissocié de la réalité ambiante, fractionné par différentes appartenances politiques et allégeances tribales ou des loyautés intangibles, affecté par une amnésie historique, convaincu d'avoir atteint le Walhalla, se débattait, imprévoyant, contre une hydre vorace aux têtes tentaculaires et démesurées.

Je marchais, dérouté, sur les trottoirs encombrés du quartier, où les sacs d'ordures datant de plusieurs semaines étaient entassés et répandaient une odeur nauséabonde, constituant un milieu favorable aux rats et aux cafards, quand le brouhaha d'une foule en colère commençait à poindre du tournant opposé à la rue principale. Un groupe de miliciens armés, n'affichant pas leur appartenance partisane, n'agitant pas l'emblème de leur parti, avançaient rapidement vers le centre du rond-point, déserté depuis les dernières altercations. Seules les statues en bronze, symbolisant les martyrs exécutés par la répression ottomane en 1916, durant la lutte de nationalistes de tout bord pour l'indépendance et l'autonomie, défigurées par des trous de balle ou des éclats d'obus, amputées d'un bras ou d'une tête, veillaient sur le centre déserté de la ville. La foule, qui de loin apparaissait insignifiante, prenait une ampleur menaçante en s'approchant du bas quartier. On pouvait entrevoir que le groupe entourait ou plutôt traînait un homme de grande taille, habillé d'une pèlerine de couleur pourpre, qui arrivait à peine à les suivre sinon en traînant sa lourde, mais imposante stature, souvent en trébuchant puis se relevant avec effort, bousculé brutalement sans égard et sans aucun respect. Une barbe blanche généreuse et souillée occupait son visage encadré par des sourcils épais et expressifs, des lèvres épaisses et boursouflées. Ses yeux enflés et rougeâtres, mais au regard perçant, témoignaient d'un long et pénible calvaire, entrecoupé sans aucun doute de longues périodes de sanglot et de silence.

« On l'a trouvé à la porte de la cathédrale. » Avait lancé un des miliciens barbus qui sentait la poudre et la sueur.

« Il voulait rencontrer le prêtre de la paroisse. Je crois qu'il cherchait à voler le calice sacré. » Riposta un deuxième milicien, non moins patibulaire.

« Est-ce qu'il vous a dit son nom ? D'où est-ce qu'il vient ? »

« Simplement, qu'il est un Patriarche. » Répondit le milicien, avec un rire tonitruant.

« Un Patriarche ? Oui, bien sûr. Les asiles d'aliénés sont remplis de patriarches. »

« Déguisé ? Oui, bien sûr, c'est un déguisement. Je parie qu'il cherchait à détruire l'église. »

« Et avec quoi ? Avez-vous trouvé une bombe sur lui ? »

« Non »

« Et alors »

« Alors, je ne sais pas. Il veut rencontrer Cheikh Bachir. »

« Moi, je crois l'avoir vu sortir de chez le Mufti. »

« Et moi, je parie, du cachot de Hassan Nasrallah. »

« Impossible. Personne ne sait où Nasrallah se cache. »

« Je sais que Nasrallah l'a bien reçu. »

« Si vous le prenez devant Bachir, fouillez-le bien. Il aurait pu avaler une bombe à retardement. »

« Tu plaisantes. »

« Non. C'est arrivé. »

« Oui, je parie que c'est arrivé. »

« Est-ce vrai que tu as visité le Mufti et le Saïd ? »

« Oui. »

« Mais de quoi parles-tu ? Qui es-tu ? »

« Tu ne me connais pas. Je suis oublié. Je préfère qu'on m'oublie. »

« Une balle entre les yeux, et on t'oubliera pour de bon. » S'écria le milicien en colère. « Dis-moi ton nom. Sinon, je te mets une balle dans la tête. Je te promets. »

« Howayek. »

« Et alors, Howayek ? C'est qui, Howayek ? Pourquoi ce déguisement. »

« Je ne suis pas déguisé. Je suis le Patriarche Howayek. Le Grand Liban, c'était moi. »

« Je vois. Un gros sens de l'humour. Bon, faites-le descendre au sous-sol. Le tribunal est toujours en session. Le comité des 3 juges décidera de son sort. »

Les nuits de Beyrouth étaient sombres et désertes, animées par des rafales de mitrailleuses, et par intermittence, l'explosion d'une bombe de mortier ou d'un RPG, faisait vibrer le silence. Seules, des balles traçantes illuminaient le ciel encombré de prières et de supplications, mais toujours imperturbable. Rien ne faisait tarir l'espoir. Des nuits pareilles gardaient toujours en elles l'imprévu d'une surprise ou d'une résurrection. Ne compare-t-on pas le Liban au Phoenix, l'oiseau mythique qui renaissait toujours de ses cendres ? Les chrétiens du Liban avaient toujours cette conviction, et s'ils pouvaient persuader le Vatican de béatifier l'oiseau de la légende, ils n'auraient pas hésité. Mais malheureusement, l'avance matérielle de l'Occident s'était accomplie aux dépens de sa spiritualité, alors qu'elle est toujours flamboyante dans l'esprit oriental. Le Logos gréco-romain serait à court de pénétrer la psyché de l'esprit levantin, et comprendre le sens de la Vallée sacrée de Kadisha, ou la divination culturelle de Jabal Amil, témoins de sa relation à la vitalité de l'esprit religieux ou à l'attachement de l'homme oriental à sa terre. De là, il tire sa foi. La foi, au Moyen-Orient, a un sens tout différent. Elle n'est pas seulement une croyance abstraite, mais surtout la synthèse de plusieurs convergences. La terre en est le support temporel, la Terre Promise, la garantie de l'immortalité.

Une confiance absolue que les habitants d'une même terre étaient moulés dans la même argile avait effacé tous les doutes. N'est-ce pas qu'un penseur libanais croyait lui aussi que la terre créait à travers le temps une empreinte indélébile dans l'âme des descendances habitant le même espace, en l'occurrence celui du Croissant Fertile, transmise depuis l'antique Mésopotamie jusqu'à la Syrie actuelle, à travers des strates codifiées par les générations ? Ce concept, servant une idéologie laïque, avait quand même dégénéré en un culte militant tenace d'exclusivité raciale, maintenu influent par la violence et la déception, asservi par une docilité irréductible à des régimes despotiques, et selon l'humeur, théocratiques. Une fabulation incompatible avec l'environnement culturel, si loin de la réalité qu'une mutation pathologique de l'esprit était nécessaire pour adhérer à cette notion perdue dans l'obscurité des temps, et qui rendait l'entité libanaise, qu'elle soit justifiée ou imaginaire, une option bien plus rationnelle. Le pays s'était installé derrière ses barricades, espérant que des nuits passées dans l'isolement des tranchées sectaires pouvaient un jour aboutir à une entente quand l'aventure délinquante aurait débouché à une impasse. Malheureusement, l'autisme du peuple avait atteint un niveau doublement irréductible : abandonner le pouvoir avait pris une dimension existentielle pour les uns, alors que négliger ce pouvoir était incompatible avec une croyance identitaire pour les autres. Survivre ce dilemme demandait une mutation culturelle. C'était autant dire un rejet de l'héritage et une dissociation des impératifs traditionnels, soumis à l'intégration ambiante.

Le sous-sol de l'immeuble délabré durant les premiers mois de la guerre était humide et suffocant. Les débris vestimentaires et les couches rudimentaires éparpillés çà et là dans la salle immense indiquaient que le Patriarche n'était pas le premier hôte de ce piteux dépôt, probablement utilisé comme prison de fortune. Le Patriarche, en s'appuyant sur le mur, avait remarqué les taches de sang desséché, disséminées tout le long. Cela l'avait répugné. Plutôt qu'un tribunal, la salle avait dû aussi servir comme une chambre de torture ou d'exécution. Seule la présence du drapeau libanais collé au mur avec des moyens de fortune servait de rappel que l'on croyait encore défendre une patrie.

« Probablement, les deux » pensa-t-il, en s'attardant sur un coin plus obscur que les autres. Dans la pénombre, il devina une présence humaine, pour bientôt découvrir une longue table de bois, derrière laquelle deux individus aux mines austères étaient assis. À part des explosions lointaines, étouffées par l'épaisseur des murs, le silence remplissait la salle. Il trouva un des rares sièges décents sur lequel il laissa tomber sa carcasse fatiguée et vieille, et chercha une faille mentale pour essayer de s'assoupir et de retrouver un peu de son énergie, négligeant les ombres assises non loin de lui. Une voix rauque et distante, venant de la profondeur de la crypte, balbutiait une incompréhensible litanie.

« Que dites-vous ? Qui va-là ? » Dit-il tout haut avec une voix autoritaire.

La personne debout dans la pénombre, impossible d'identifier, ignorant l'arrivée du nouveau visiteur, continuait sa complainte. Celui-ci se leva difficilement, et pour satisfaire sa curiosité, ignorant les autres, s'approcha de l'endroit d'où sortait la complainte et put saisir le sens des mots que l'inconnu balbutiait. C'était, à suivre le rythme, une sorte d'incantation poétique : « L'âme est une fleur délicate exposée au vent de la destinée. »

« Je crois que c'était cela que je voulais dire. Oui, c'était cela. Je suis sûr. Mais l'éloignement enfante la douleur et déforme la pensée. »

« Si vous avez quitté, que faites-vous ici ? »

« Je suis venu visiter mon musée. »

« Votre musée ? Vous êtes un déraciné. Vous n'avez plus de terre, ni de nation, et encore moins une maison. Partez. Retournez d'où vous venez. »

« Et vous, que faites-vous là ? »

« Je suis venu me confesser. »

« Vous confessez de quoi ? »

« D'avoir commis une erreur. D'avoir cru dans la nature divine de l'homme. »

« Oui, moi aussi. À quoi ça sert ? C'est trop tard. »

Le visage de l'inconnu était apparu dans une échancrure de la pénombre, et sous les reflets d'un jeu de lumière distant, soudain rendus plus éblouissants par une déflagration lointaine, le Patriarche crut reconnaitre le poète :

« Je suis le Patriarche Howayek. Êtes-vous celui qui je crois que vous êtes ? »

« Et qui suis-je ? Un rebelle qui a rejeté votre monde encore plongé dans les ténèbres. Comment auriez-vous pensé un moment que deux mondes obscurs pouvaient illuminer l'abîme ? Que la religion est le langage de l'esprit ? Que la raison peut dominer le cœur de l'homme ? J'ai côtoyé l'univers stérile de votre société soumise au mensonge et à l'orgueil, et je me suis enfui vers des valeurs encore inconnues de votre peuple, souvent méprisées, et qui ont des noms simples et clairs, comme la liberté, le bonheur, la noblesse. Ne saviez-vous donc pas que Dieu avait été déclaré mort, et que c'était l'homme qui importait ? »

Le patriarche encore abasourdi par cette rencontre n'en croyait pas ses yeux :

« Vous êtes Gibran, n'est-ce pas ? Je vous ai reconnu d'une photo ancienne. Vous étiez plus jeune, je l'admets. Que faites-vous ici ? Je vous croyais à Boston. »

« Le premier d'entre vos juges. »

« Je croyais que vous étiez le nouveau prophète. Que votre parole est celle de l'amour et de l'esprit. Ça m'étonne de vous trouver ici. »

« Par hasard. Mais j'aime bien mon rôle. La parole libre, on l'écoute de moins en moins. Ici, je m'impose. Quoi que je dise, on m'écoute. Ailleurs, seule la parole gentille, soumise, hypocrite domine. On se tire des balles, mais on garde sa distance des chicaneries religieuses. On conteste l'ambition politique, mais on ne se demande pas d'où ça vient. De l'hypocrisie, tout court. On dissimule ses sentiments, mais on ouvre les vannes de la destruction. »

« Aidez-moi. Aidez votre peuple. Auriez-vous nié Dieu ? »

« Dieu n'a rien à voir avec cette mascarade. Il se comporte comme un bouffon qui se laisse manipuler par des ignares et des fanatiques. Je les ai avertis à plusieurs reprises. Je leur ai dit qu'ils étaient tous mes frères. Que je les aimais partout où ils voudraient se prosterner, s'ils s'inclinaient dans une mosquée, ou s'ils priaient dans une synagogue, ou s'ils s'agenouillaient dans une église. Car nous sommes tous les fils d'une même religion, celle de l'esprit. Ils ont rejeté tous mes conseils. Maintenant, c'est trop tard. Ils ont utilisé Dieu comme un fer de lance. Ils ont succombé à leur ignorance. »

« Mon erreur, c'était d'avoir cru que les religions allaient nous rapprocher, nous faire vivre ensemble, nous aider à construire une nation. Je ne comprends pas. Nous avons le même Dieu. »

« Une erreur. Que le monothéisme soit l'adoration d'un même Dieu, ce n'est que l'illusion née de notre résolution de vouloir coexister. Nous avons construit une Divinité, et chacun l'a habillée de sa culture, de ses préjugés, de ses aspirations. Chacun lui a donné les attributs qui lui convenaient. Tantôt le rêve d'un berger suprême qui aurait promis à son peuple des prairies interminables ; tantôt un sauveur qui allait délivrer l'homme de sa nature égarée ; tantôt un conquérant qui offrirait l'humanité au monopole d'une religion. Comment espériez-vous mettre tous ces peuples sous un même toit ? »

« Nous avions subi l'oppression, les massacres, la famine. Nous avions connu le même destin et les mêmes souffrances. J'aurais espéré que nous aspirions tous ensemble à la même fortune. J'avoue m'être trompé. J'ai finalement compris.

L'alliance de la théophanie au pouvoir de l'État, à travers une série d'arrangements politiques feutrés, est le danger qui nous a toujours guettés. Cette notion, acquise durant la genèse tourmentée et ensanglantée de l'Islam, stimulée par l'alliance de la Chrétienté à l'Empire byzantin, est encore profondément ancrée dans son application, comme le seul moyen donné aux instances étatiques de se maintenir au pouvoir. Le résultat d'un mimétisme camouflé par l'histoire. Mélangée à son évolution orageuse, supportée par un paradigme enflé par une croyance d'ascendant exclusiviste, la religion donne à l'Islam politique la marge mentalement suffisante pour considérer le reste de l'humanité comme une horde insignifiante appelée à se convertir, ou accepter le risque de son élimination. Quand les révolutions arabes avaient eu lieu, les pouvoirs dictatoriaux, pour assurer leurs survies, pour prévenir l'ascension de forces antagonistes, avaient éliminé toute influence étrangère suspecte d'ingérence et de domination, en fermant les écoles à curriculum occidentalisé ou en écartant toute institution ayant une ouverture en dehors du dessein arabe ou de l'ambition musulmane. L'éducation est l'ennemie de l'autocratie. Se basant sur la Belle Époque de l'expansion culturelle arabe antécédente au XIIIe siècle, considérée finale par le discours coranique, toute éducation, même des sciences, autre que l'arabo-musulmane avait été pratiquement supprimée. Une barrière bloquait tous les chemins de la connaissance. Toutes les portes à une évolution de l'intellect avaient été pratiquement fermées. La lumière emblématique de la connaissance, portant en elle les ferments de la liberté, un concept absent du paradigme musulman, est perçue comme nuisible à l'Islam. La culture arabe, imbue du discours religieux, n'est pas suffisamment épanouie et malléable pour permettre à l'individu d'avoir un jugement indépendant et une lecture objective du paradigme sacralisé, d'ailleurs peu encouragés par des régimes soumis à l'influence tribale ou féodale, hostiles à tout criticisme. Quand on glorifie le passé et qu'on ne se nourrit rien qu'à sa mémoire, on se condamne à l'austérité spirituelle dénuée de la révolte de l'esprit. On devient incapable d'évolution. On accepte l'autorité, quelle que soit sa valeur.

Le message du Christianisme peut persister sans même le support de l'Église ou l'assise du Nouveau Testament, car il répond à une nécessité humaine. La mort, l'amour ou la liberté. Des notions existentielles rendues immatérielles par l'absolutisme du dogme islamique. L'Islam est une idéologie d'un royaume surnaturel, concernée par la sacralité du pouvoir et la cosmogonie du martyre. Aucun doute, on ne peut généraliser, mais nier simplement la responsabilité corrélative n'absout pas l'implication doctorale, ou l'amnistie de la complicité feutrée. Par ce biais, l'Islam est devenu une idéologie manipulée, utilisée comme couverture dont l'influence participe dans le maintien des régimes despotiques dans un milieu social insuffisamment préparé pour affronter l'impact de l'ignorance et du fantasme. La société arabe vit encore aujourd'hui sous la contrainte de l'obscurantisme religieux et l'analphabétisme. La loi de l'Épée domine son histoire et sa culture. »

Gibran, en s'isolant souvent dans son antre new-yorkais, était venu à la même conclusion.

« L'isolement idéologique de l'Islam était le catalyseur essentiel dans sa culbute dans la spirale de la violence sous toutes ses formes, considérée comme vecteur favori dans l'expansion de son message vers des horizons situés au-delà de sa capacité, porté par une histoire dont les racines sont dénaturées d'une manière indélébile par la tyrannie de l'épée, et qui remonte jusqu'au temps de son fondement. Le discours traditionnel en est le témoignage. Le recours à la violence comme moyen d'avancer la croyance islamique n'était pas une décision prise au hasard, mais était lié à l'ambition politique conquérante de l'époque, sous le prétexte théologique pour répandre une nouvelle religion révélée, en préparation à l'avènement apocalyptique promis dans le Coran. L'essentialisme de l'Islam avait des souches géopolitiques dans la construction tardive de son discours, établi sur des données mythiques invérifiables, mais planifiées en adoptant les élucubrations d'une secte judéo-chrétienne, avec un amalgame des variations théologiques qui hantaient les mouvements hérétiques de l'époque, dont l'iniquité harcelait l'orthodoxie chrétienne.

Nous avons essayé à maintes reprises d'avancer notre culture aussi librement que possible vers les interdits musulmans pour essayer d'extraire de ses racines les particules du Mal, aidé par des missionnaires ou par l'éducation. Nous avons été surpris par le peu de succès enregistré, même quand l'effort était étalé sur des décennies. C'est à croire que seule une rigidité constitutive peut protéger l'Islam. Mohammad est le sceau des Prophètes ; la vérité transmise est la vérité ultime ; et l'homme n'a aucun pouvoir de changement. L'obéissance est donc le seul choix. Cela explique, bien sûr, pourquoi les pouvoirs dictatoriaux sont acceptés sans discussion, et souvent remplacés par un autre presque similaire. Bien sûr, nous avons tous vu notre société s'épanouir et avons tous connu des amitiés solides, souvent perpétuelles, mais quand la collectivité est prise dans le tourbillon de la politique infiltrée par la religion, tout pont construit s'effondre, tout lien se défait, tout dialogue s'atomise. Simplement, parce que nous avons toujours été réticents de pénétrer dans les plus intimes recoins de la pensée, probablement à cause d'une décence innée et un respect de l'altérité.

Ainsi, nous nous sommes contentés de coexister dans une matrice parallèle à une dimension intemporelle, tourmentée par ses fantasmes et son imaginaire, alors qu'elle avait une prépondérance accaparante sur la réalité tangible, contrôlée par la tenaille des caprices encore vibrants d'un au-delà défunt. »

Les deux autres juges, imperturbables, gardaient le silence. Gibran, qui a toujours voulu camoufler ses sentiments dans une formule poétique ou spirituelle, s'appuya contre le mur humide du sous-sol, fouetté par des averses torrentielles, précédées par les sons explosifs d'une décharge de foudre, confondue souvent avec les explosions d'une salve de mortier. Il essaya de voir le ciel à travers les barreaux d'une fenêtre haut placée, rappelant l'architecture d'une cage tombée dans un puits où l'on aurait versé du ciment encore pâteux. Le ciel noir et bas, percé de temps à autre par l'illumination d'un tonnerre, était impénétrable.

« Mon esprit a toujours été ouvert à toutes les religions. J'ai connu les périodes sanglantes du pays, bien avant ces jeunes qui se baladent avec leurs armes, et qui affichent leur mépris des valeurs humaines. J'ai prié pour leur unité. Mais je blâme le clergé de toutes les confessions d'avoir négligé la personne et divinisé le folklore. La vie offerte, avec sa pluralité et sa multitude, est une largesse divine. On ne peut la restreindre et la démembrer de sa disparité en forçant sur elle une vision dogmatique exclusive. Il faudrait répondre à son appel universel dès le moment de son éruption. Notre unité est dans la source d'un spiritualisme collectif. Le mal, dont nous souffrons, est dans la fragmentation dont nous étions responsables. Si le Coran ou la Bible prêchent une léthargie de l'être, alors nous vivons dans un monde fallacieux. La nature rejette la soumission, car rien en elle ne suggère cela, ni les quatre saisons, ni le foisonnement de la végétation, ni le vent, ni la pluie, ni l'éclosion d'un bourgeon. Si le passé est le seul domaine où nous trouvons notre récompense, nous serons toujours incapables de bâtir le futur. »

Le Patriarche, conscient du mépris porté par Gibran envers le clergé, ne s'attendait pas quand même à une attaque frontale. Il n'appréciait pas non plus l'insolence du ton et le manque de respect déployé par ce peuple qu'il avait quand même servi de toute son âme.

« De quoi vous plaignez-vous ? Vous avez quitté ce pays, et vous croyiez pouvoir leur donner des leçons par vos grands airs, et votre prose poétique. Personne ne vous écoutera. J'avais cru moi-même que l'ère de la tolérance, ce racisme étouffé, était révolue, et que nous avions accédé à la parité et à l'harmonie d'une bonne entente. Un gouffre cosmique s'est installé entre nous, renforcé par des divergences d'ordre temporel, qui, malheureusement avec le temps, étaient devenues de plus en plus difficiles à apprivoiser. Les temps modernes, au lieu de consolider les relations et rapprocher les êtres, n'ont fait qu'ériger des barrières qu'on appelle souvent des lois ou des règlements, encore plus astreignants que les interdits religieux.

Et on a le culot de parler de démocratie libérale ; on est fière de porter le flambeau de la laïcité, puis on découvre que la protection d'une ethnie ou l'honneur d'un prophète ont plus d'importance qu'une vie humaine. Toutes ces convictions, délivrées par des discours imprégnés de sacrilèges, ont dressé des remparts imprenables entre les différents clans sociaux et ethniques. L'Humanisme n'a qu'un rôle marginal, et souvent de convenance.

On essaye de diminuer l'impact des croyances mystiques ou des dogmes transmis par des livres affublés de sainteté. On essaye de blâmer les conflits sur des intérêts politiques ou économiques, sur une ambition d'expansion géo-régionale, ou sur la construction d'un ennemi comme un obstacle qu'il faudrait tout d'abord dégager. Par ce biais, le panorama décrit permettrait d'imposer une idéologie ou une dictature à un peuple, ou de défaire l'avenir d'une nation en l'entraînant dans le sillage d'un conflit qui date depuis plus d'un millénaire. L'antagonisme est de longue date, et bien avant les problèmes actuels. Tout d'abord, et avant d'aborder le sujet qui nous préoccupe, il faudrait remonter loin dans l'histoire et comprendre ses étapes. L'Islam et la Chrétienté ont toujours eu une relation compétitive, animée par la méfiance et l'incrédulité. Si l'Âge des Ténèbres durant le Moyen-âge est attribué aux invasions barbares et à la chute de Rome, ce n'est qu'une vérité partielle. Constantinople, la seconde Rome, allait continuer la mission civilisatrice de l'Empire Romain sous l'impulsion de la Chrétienté. Pendant que Charlemagne réunissait l'Europe, une période riche en activité culturelle et intellectuelle, les conquêtes arabes installaient sur d'autres rivages méditerranéens un contexte inattendu qui avait émergé du désert. Les troubles de Byzance ne faisaient que commencer. Longtemps préoccupée par les hérésies bourgeonnantes, elle devait faire face à une nouvelle menace dont l'amplitude s'enflait inopportunément. La période des croisades, des invasions mongoliennes, de la chute de Byzance, intercalée par un épanouissement culturel impressionnant, élaborée par la découverte de la culture hellénique, la traduction des philosophes grecques et la promiscuité des différentes cultures, allait bientôt mettre en présence des civilisations culturellement antagonistes et inspirées par des religions discordantes. Devant l'inquiétude de voir les dogmes islamiques mis en doute et devant la précarité de la révélation, dont la véracité se rapprochait du mythe plutôt que de la réalité, un voile épais descendit sur la psyché musulmane sous la forme de l'édit d'Ibn Taymiyya, à l'origine du bouclage de la pensée islamique, « *Closure of the Islamic mind* ». La dé-hellénisation de la pensée islamique et le retour à l'orthodoxie religieuse, comme unique moyen de sauvegarder la religion de l'extinction, signalaient une plus grande distanciation avec la chrétienté. Le déclin social et intellectuel du monde musulman allait connaître une chute spiralée, alors que la religion elle-même prenait un essor remarquable par conversion ou coercition, sous la menace de l'épée à la lame courbe, mais aussi en remplissant les salles d'accouchements d'une pléthore de clientes. La décadence prenait une dimension universelle, et s'offrait la violence comme compensation. La Grande Divergence permettait au miracle européen de s'épanouir, à travers les deux Révolutions industrielles et technologiques, élargissant encore plus la distance avec la civilisation à base islamique.

Le sunnisme, la branche dominante de l'Islam durant des siècles, se voit prendre une nouvelle orientation. Tiraillée par plusieurs courants extrémistes, déchets inattendus de l'emprise pétrolifère du Wahhabisme utilisant le pays hôte pour la dissémination de son message, la primauté sunnite avait pris du recul et avait vu son autorité contestée. La générosité inépuisable de l'Arabie Saoudite envers les causes arabes n'avait d'égale que son patronage paternel et protecteur de la formule libanaise, tout en encourageant une islamisation circonspecte de la société. En voulant suivre les édits coraniques pour la diffusion de l'Islam comme mission divine, les investissements messianiques allaient dégénérer en une débâcle de la plus grande cause musulmane qui était apparue bien après la reconquête de Jérusalem, la cause palestinienne, en acceptant de subventionner les actes de terrorisme de l'OLP et d'autres entités mercenaires, tout en oubliant le bien-être du peuple palestinien, forcé de vivre dans des camps de réfugiés, loin de toute éducation et de toute dignité, en perpétuant l'illusion du retour en Palestine, aidé par des gouvernements dictatoriaux, subventionnés par l'Or Noir, soutenus soit par des idéologies fascistes, soit par des groupes marxistes, qui ne trouvaient rien d'anormal d'être coiffés par des régimes à tendance religieuse extrémiste, et dont le seul but était de se maintenir au pouvoir aux dépens de la misère d'un peuple, à travers un marchandage tantôt par crime interposé, tantôt par contrainte militarisée, mais toujours enrobée dans la clandestinité. Le rapprochement des sociétés arabes de la culture occidentale, à travers le prisme de l'Orientalisme, perçu comme une corruption de la culture levantine, fut brandi comme une menace contre la religion musulmane. Cette dissension, culminant dans les théories développées par Sayyid Qutb, considéré comme le père spirituel du Djihadisme salafiste, adoptées par les intellectuels de la Révolution islamique Iranienne, acceptées sans contestation par l'esprit musulman, éloigna encore plus l'appel à l'acculturation et au fusionnement des ethnies. L'hydre sunnite allait se diversifier en plusieurs entités antagonistes, pour finalement aboutir à l'aberration historique de Daech, une organisation terroriste animée de prétentions politiques imbues de fièvre religieuse, qui avait germé de l'agrégation d'anciens conscrits de l'armée irakienne dispersée à la suite de la débâcle militaire déclenchée par l'invasion américaine, rejoints simultanément par des mercenaires relâchés des prisons syriennes avec la dislocation du despotisme syrien, un témoignage implacable de l'incohérence et du retard structurel de la culture musulmane. Dans le monde sunnite, cette diversification allait engendrer des univers géopolitiques souvent opposés, non pour des raisons religieuses ou politiques, mais pour le besoin d'être considéré comme le leader du monde musulman, et la conviction de posséder seul le pouvoir d'amener à bon port la cause arabe ou religieuse.

Évidemment, il faudrait comprendre que les deux sont intimement liées et l'une ne va pas sans l'autre. Au Liban, déçu par l'impotence arabe de trouver une solution rapide à la guerre civile, d'avoir négligé dans une certaine mesure les aspirations de la rue musulmane abandonnée à elle-même et à l'emprise du régime alaouite syrien, d'assister impuissant au départ de la Résistance Palestinienne, portée sur un piédestal durant des décennies, et à la réaction timide des pouvoirs arabes après l'assassinat du plus grand leader musulman depuis Nasser, le sunnisme politique libanais semble avoir accepté, au moins dans sa majorité, la notion d'une identité libanaise et la découverte d'un nouveau patriotisme, toujours connecté à son Arabité, mais pas nécessairement à l'*Ummah*, tiraillée par divers courants extrémistes, coiffée par une religion qui n'arrive pas à se débarrasser de ses tendances intégristes, malgré tous les efforts des intellectuels musulmans, arabes ou européens, qui cherchaient simplement à arrondir les outrages violents et à amoindrir l'impact social des actes musclés, de l'animosité d'un discours qui appartient à des temps révolus, ou à camoufler les exigences religieuses sous des subterfuges républicains, sans pour autant pénétrer dans les tabous dogmatiques.

Car l'on ressentait que si l'on creusait le fossé de cette religion, comblé par un amas de fables saugrenues, peut-être comme toutes les religions, on risque d'aboutir à un l'abîme spirituel et un vide dogmatique. Si la genèse de l'Islam défilait sous l'œil critique de l'historien, loin de toute persuasion, la fragilité de ses fondements risquerait de faire crouler l'édifice. Depuis le démarrage de la Révélation mahométane telle que rapportée par le discours islamique, on retrouve les mêmes éléments de subterfuge et de fourberie, et souvent les mêmes arguments mystifiants, dont le préambule avait probablement été l'empoisonnement du Prophète, et dont les conséquences avaient mené aux guerres dites d'Apostasie, intersectées par les assassinats successifs des quatre califes « bien guidés », suivis de plusieurs siècles de guerres civiles meurtrières. L'Islam connut malgré tout un grand essor sous les Califats des Omeyyades, et surtout des Abbassides, et durant l'époque opulente d'Al-Andalous, sans cependant échapper par intermittence aux conflits et à des réjections géopolitiques traumatisantes, cristallisés autour de la Reconquista et le siège de Vienne. Durant cette période, surtout à travers les traductions par le clergé de l'Église orientale de la pensée grecque, l'Islam et le Judaïsme furent exposés à une nouvelle culture, comme les écrits d'Averroès et de Maimonide le témoignent.

Alors que la Reconquista avait commencé à éroder l'influence islamique en Andalousie, le Royaume de Jérusalem n'allait pas pouvoir résister à l'assaut de Saladin. La conquête de la ville l'avait couronné d'une grande auréole, permettant l'expansion presque totale de l'Islam à travers le Levant, alors qu'un conflit en sourdine continuait à gronder subrepticement, symbolisé par les exploits des fameux assassins de l'Alamut. La chute de Constantinople aux mains de Mehmet II était l'événement qui allait sonner le glas de la Chrétienté levantine. Les siècles ottomans étaient une période trouble et emblématique où le sort de la Chrétienté allait connaître un destin déroutant, culminant vers la fin de la Première Guerre mondiale, par la famine provoquée du Mont Liban, alors que se jouait le sort des communautés arménienne et syriaque, aboutissant à un génocide, resté camouflé durant des décennies. L'Iran s'était converti au Chiisme duodécimal, pour s'opposer à l'Empire ottoman sunnite. Le Chiisme iranien s'était contracté en un sommeil profond, loin de toute ingérence et de toute politique, mais fut réveillé par un coup d'État, organisé par la CIA, puis par une dictature impériale avec l'avènement du shah, pour finalement sortir de sa torpeur religieuse et sociale, réactivée par la Révolution islamique de 1979, avec le support du parti communiste, le Toudeh, aboutissant à l'ascension de Khomeini au pouvoir du Juge Suprême, revenu de son exil de France, renversant la table sur la notion de l'occultation du XIIe Imam, supposé être le descendant de la famille du Prophète, respectée durant 10 siècles.

La culture djihadiste dérivée de l'islam doctrinaire, n'ayant pas accédé à une intégration rationnelle avec l'humanisme des Lumières, considérant la culture existentielle contemporaine comme une menace, en voulant imposer son identité considérée universelle destinée à être déversée à toute l'humanité, en se manifestant par des actes de violence, à travers les exécutions spectaculaires de Charlie Hebdo ou du Bataclan, avait déjà muté en une collectivité meurtrière et structurée, nommément, Al-Qaeda ensuite Daech, exaltée par des illuminés religieux puisant dans la doctrine islamique les préceptes qui leur convenaient pour justifier les horreurs commises, ou pour reproduire un spectacle antédiluvien encore bouillant dans les mémoires avec un réalisme morbide, en revitaliser un duel antinomique dont les racines remonteraient dans des temps indistincts et dont la chronologie problématique ne faisait que renforcer le doute sur leur véracité. L'intégrisme est une religion dénuée de culture, qui regarde le reste du monde à travers une vision islamique caduque et étroite, où le seul savoir est celui de l'Islam, où le seul héritage est le Coran, et où toute autre manifestation est appelée à l'annihilation, telle la destruction des deux statues du Bouddha dans la vallée de Bamiyan.

Réfugiés dans nos montagnes, nous avions survécu dans ce marécage cosmique envers et contre toute expectation. Nous aurions dû y rester. Nous n'avions pas entrevu l'avenir. »

Un des deux juges encore assis s'était soudain levé, projetant une vive colère par les gestes et le ton. On n'arrivait pas encore à discerner son visage, plongé dans l'ombre mouvante des colonnes supportant l'édifice de l'immeuble.

« Vous auriez dû m'écouter, vous, l'Église et le clergé. Le diable a envahi vos esprits, déjà ramollis depuis que vous avez quitté la montagne. Des rustres et des ignorants, protégés par vos soutanes. Qu'aviez-vous à reprocher au mandat ? S'il ne tenait qu'à moi, jamais je n'aurais accepté l'Indépendance, une manœuvre pour chasser la France, une obligation qu'on était incapable d'honorer ou d'en saisir les implications, et que nos concitoyens n'avaient approuvé que comme une étape vers une unité syrienne. On a été trahi. » Émile Eddé, furieux, s'était soudain levé, et d'une voix tremblante, mais au ton modéré, il dilapida les esprits par une diatribe féroce :

« Si l'ombrage sunnite avait suivi le chemin tracé par l'esprit des conquêtes, des soumissions, de la loi divine et de l'essentialisme musulmans, le Chiisme avait pris une tout autre envergure, celle d'une idéologie révolutionnaire à tendance expansive et dominatrice, animée par une dimension macabre, et inspirée par une échelle cosmique de culpabilité et de trahison. Le Sunnisme politique s'était stabilisé dans des États-nations, alors que l'idéologie du Chiisme ignorait les frontières nationales et ne considérait pas les ethnicités raciales ou culturelles, et le langage non plus, comme des valeurs de différenciation. La mystique issue de la bataille de Karbala cristallise 6 000 ans de dogmes judéo-chrétiens, depuis la Genèse jusqu'à la Crucifixion, en établissant une mutation psychosomatique du Péché Originel en un complexe de culpabilité, apte à dégénérer en des troubles obsessionnels compulsifs, que la collectivité chiite cherche à laver par la punition de l'autoflagellation sans toutefois s'offrir le secours de la rédemption ou la délivrance par le sacrifice d'un bouc émissaire. Le rituel cathartique projette l'image d'une hantise mentale capable d'inférer des notions irrationnelles et des compulsions d'un comportement répétitif, dans l'espoir d'alléger la pensée obsessionnelle.

Les lois temporelles seraient capables de barricader les ambitions intégristes du sunnisme politique, en le rapprochant de l'humanisme nécessaire pour la construction d'une société, mais se trouveraient impuissantes devant l'abime morbide dont seraient affectés les adhérents de la conviction intégriste. Inspiré par le jihadiste des Frères musulmans, Sayyed Qutb, fusionnant la foi islamique et l'acte du martyre, le chiisme politique, à l'instar de son analogue sunnite, infiltré par des théories conspiratrices infusées dès l'heure initiale, du temps où le Chiisme avait connu la perfidie et le meurtre, institua la notion du pouvoir théocratique comme protecteur de la religion musulmane soumise à l'assaut des aspirations impératives de l'Occident, et en particulier, des États-Unis, baptisés comme l'empire du mal, manipulés par les appétits sionistes. Alors que les grandes familles chiites du Liban, et un nombre important de cette communauté ont toujours été des citoyens loyaux et de fervents nationalistes, la masse avait été séquestrée à son insu, puis dépouillée de son autonomie identitaire par le parti de Dieu, le Hezbollah, un parti mercenaire à la solde du régime théocratique iranien, soit par la corruption, soit par la coercition, profitant de la carence empreinte dans l'esprit de cette communauté, délaissée par le gouvernement libanais et ses dirigeants durant des décennies, blessée dans son orgueil, soumise aux intempéries sécuritaires de la frontière israélo-libanaise, mais surtout abandonnée aux empiétements de la Résistance Palestinienne par la calamité de l'accord du Caire. Cette nouvelle légitimation lui apportait un regain de confidence et de respect, un nouveau sens de la dignité, l'avantage de l'autodétermination et renforçait la ténacité d'une conviction. On aurait espéré que le gouvernement libanais ou les signataires de l'accord avaient trouvé moyen de s'excuser auprès de cette communauté, tout en considérant des compensations. Cela aurait été un grand geste.

Malheureusement, le réveil chiite, tel qu'imaginé par les Mollahs iraniens, était un recul vers le passé, un plongeon dans les moments les plus pénibles de l'histoire de la communauté, un moment où la violence avait le droit de domaine et la seule solution à un conflit qui avait finalement engagé la secte dans un état de torpeur et d'engourdissement durant des siècles. La violence, physique, verbale ou littéraire, liée à une vision théocratique de la société, puisait son élixir dans les racines de la tradition islamique telle que délivrée dans l'*Hadith* et la *Sira*, mais portée vers les sociétés anciennement apprivoisées par l'ambition millénaire perse qui perçait de nouveau à travers la Révolution islamique, de vouloir s'étendre jusqu'au bassin méditerranéen, et au-delà par vagues successives, vers l'Occident, mais maintes fois vaincue dans l'antiquité par l'ascendant d'Athènes et de Sparte, puis maîtrisée par Alexandre le Grand, mais jamais démontée, ensuite maintenue à distance par les murs de Constantinople, jusqu'aux conquêtes arabes qui ont entraîné la conversion de la Perse à la religion islamique, considérée à tort comme un exploit divin, alors qu'elle n'était qu'une mutation opportuniste de la culture perse. On retrouve en fait les mêmes inclinations et les mêmes démarches, avec une extension du conflit vers le golfe persique, dominé par les pays arabes à majorité sunnite. Alors que la présence d'Israël avait causé des guerres traditionnelles destructives entre les états, la présence de l'Iran allait être le catalyseur de plusieurs conflits régionaux, le déclencheur de guerres intestines, l'agresseur contre des états souverains à travers des partis stipendiés, désarçonnant des tentatives d'assainissement de la gouvernance en Irak, déstabilisant la Syrie puis le Liban, créant ainsi un vacuum sécuritaire immédiatement comblé par ISIS et d'autres partis mercenaires manipulés par tous les partis concernés, envenimant une guerre civile en Syrie, provoquée par un régime pro-iranien pour se maintenir au pouvoir, tout en faisant appel au Hezbollah pour contenir l'assaut intégriste sunnite qui avait rempli les écrans de télévision de visions d'horreurs et de barbarie, mais surtout qui s'était transformé en un écran magnétique attirant un grand nombre de fanatiques européens ou autres, endoctrinés dans leur pays natal respectif, causant un réveil brutal dans la société occidentale concernant l'ineptie de l'intégration et le danger d'une présence autochtone contaminée par une idéologie profane.

Dérouté par une cosmogonie mystifiante et impossible d'intégrer, concerné par une coexistence pacifique dont le substrat final était la permanence existentielle, le peuple libanais s'était assoupi dans un état de léthargie désintéressée, naïvement subjugué par différents discours délivrés avec force par des personnalités concernées principalement par leur ambition ou leur appartenance, aiguillé par une inquiétude existentielle à accepter sans protester, une condition de soumission et d'abnégation. Bloqué de tous côtés, le Liban, ses frontières ouvertes à la contrebande et au trafic d'armes, son port et son aéroport contrôlés par le Hezbollah, et son autonomie vendue par une classe politique corrompue et irresponsable, des dirigeants de calibre insignifiant, mais qui avaient accaparé l'imagination dilettante d'un peuple, sombre dans la désintégration et la pauvreté. L'alarme avait résonné à plusieurs reprises à travers des reportages économiques et politiques dans les publications les plus éminentes, et sans aucun doute par de hautes instances diplomatiques, mais avait été ignorée avec une nonchalance criminelle, et négligée par suffisance intellectuelle estimée supérieure, mais effectivement déficiente, et conciliable avec un narcissisme auto destructif. Le Hezbollah, mis au ban de la civilité mondiale, considéré comme une organisation terroriste et trafiquante de drogues, avait pris le pays en otage, en faveur de la "Tutelle du Juriste Islamique", la dénomination mystique de la dictature théocratique de la République Iranienne, en attendant d'intégrer la nation, tout d'abord à une Syrie déjà dans la sphère iranienne, puis dans le croissant chiite, dont les premières manifestations spectaculaires avaient déjà commencé par l'attentat à l'explosif de l'Ambassade américaine, suivie par l'explosion de la baraque des Marines et du contingent français au Liban, et couronnée par l'assassinat du Premier ministre Sunnite, Rafic Hariri, un obstacle majeur à l'ascendant Chiite dans la région. Mis à part les élucubrations des Frères musulmans, et la folie meurtrière de Daech, fanatisés par le visage morbide du dogme islamique, d'ailleurs ennemis autant de la Chrétienté que de l'Islam, les sunnites, à la suite d'un effort pénible et tardif, ont trouvé qu'une entente avec la Chrétienté était concevable, et qu'une paix avec le Judaïsme, bénéfique. On devrait voir d'un œil positif une alliance avec ce groupe, la naissance d'un nouveau contrat social, apte à englober les piliers d'une nouvelle nation. Que faudrait-il pour inclure tous nos compatriotes ? »

« Une patrie », avait rétorqué Gibran, qui s'était tenu placide dans le coin le plus sombre de la salle. « Celle que j'ai quittée n'avait jamais vu le jour. Loin d'elle, j'ai vécu les heures les plus pénibles d'un amour interdit, forcé de rejeter les croyances, les aspirations et les vanités de mon peuple, dont les excès avaient troublé ma raison. J'ai suffoqué à fouiller la sagacité dans son esprit, mais je n'ai trouvé que la perfidie, et n'ai rencontré qu'un mirage. J'ai ouvert les manuscrits de la pensée et étalé la connaissance, espérant récupérer son entendement. Mais j'ai découvert que l'Homme n'avait aucune place dans son entreprise, seulement concernée par des convictions imaginaires et des abstractions fantaisistes. La terre restera, mais l'esprit qui l'habite se dissipera. La dissociation culturelle l'avait divisée en deux mondes parallèles, isolés dans des matrices spirituelles différentes sans espoir de se rencontrer, semant une pérennité qui avait engendré des étendues idéologiques incompatibles, créant un déséquilibre dissymétrique, favorisant l'éclosion de partis politiques subordonnés à des idéologies implantées, comme le Baath, le Parti Nationaliste Syrien Social, le Parti Chiite islamique, en général couvrant un discours contradictoire, mais alignés contre la notion d'une nation libanaise libérée des chaînes de la soumission aliénante. La démagogie modulant la pensée partisane empêchait toute ouverture rationnelle de glisser dans la mêlée. L'arabisation de la culture libanaise, orientée vers une plus grande intégration dans un environnement où la notion d'Arabisme représentait un parrainage inévitable et un ornement de fierté, enlevait toute distinction à la formule libanaise et diminuait la valeur intrinsèque de la présence chrétienne aux portes du Moyen-Orient. Malgré un attachement organique à la région, antérieur à l'Islam de plusieurs siècles, les Croisades, puis le Colonialisme et les missions religieuses avaient eu pour conséquence inattendue l'aliénation des populations autochtones et leur enrobage d'un caractère hétérogène, sinon étranger, tout en ignorant le rôle des conquêtes arabes dans l'imposition et l'expansion de l'Islam dans la région. La violence qui avait terrassé Adonis et qui l'avait arraché à son amante prévaudra tant que les dieux n'auront pas été rassasiés. »

Quand la personne qui prétendait être un Patriarche, encadré de miliciens en arme, se trouva face à face devant Cheikh Bachir, celui-ci le reconnut presque tout de suite. Bachir, le troisième juge, assis, silencieux dans la pénombre, aurait voulu éviter cette rencontre. Il avait mémorisé le visage du Patriarche depuis toutes les photos prises au moment de la déclaration du Grand Liban par le Général Gouraud dans la collection que son père avait gardée jalousement dans ses archives. Son père, un homme autoritaire et ascétique, fondateur d'un parti fasciste, insistait pour enseigner lui-même l'histoire du Liban à ses enfants. Quand Bachir confirma l'identité du Patriarche, on commençait à se demander si on n'avait pas manqué de respect à sa Béatitude. Le père fondateur du Grand Liban était présent parmi eux, à la grande stupéfaction de l'auditoire. Prise au dépourvu, ne sachant pas s'il fallait se réjouir ou se mettre en colère, l'assemblée restreinte attendait, haletante, les instructions. Les visages fatigués et hirsutes des miliciens, impressionnés par ce visiteur exceptionnel de l'au-delà, embarrassés par leurs tenues et la crasse qui tachait leurs habits et les rendait insociables, devant un messager qui avait dû bénéficier d'une entrevue divine, et qui avait connu l'heure de la gloire, avant de s'aventurer dans la nécropole des paradis promis, s'étaient illuminés par les étincelles de l'espoir. Et ce n'était pas une hallucination ni un rêve, car le visage irréel du Liban, c'étaient les nuits remplies de déflagrations, de bombardements, les routes coupées, les meurtres identitaires, les abductions en représailles, les barricades de sacs de sable et de blocs de ciment, dans l'attente d'une aube nouvelle. Mais voilà qu'une vision pourrait changer tout cela.

Dans sa tenue milicienne impeccable, Bachir, un revolver à sa taille et une mitraillette à son épaule, était le symbole de la libération. Homme musclé de taille moyenne, il avait muselé les régions chrétiennes sous son autorité. On raconte que sa décision était stratégique, encouragée par les Américains, qui cherchaient un interlocuteur valable avec qui négocier une fin de crise. Son discours, clair et précis, et même honnête, avait impressionné l'administration, malgré un comportement brutal, sanguinaire. Tout d'abord, il avait délivré un message séparatiste, un plan de sécession irrévocable, mais qui à la suite d'événements favorables, s'était transformé en une vision d'un Liban indivisible, grâce à l'intervention israélienne et le départ des Fédayins palestiniens, tel que conçu le jour où la déclaration du Grand Liban fut proclamée, le 1er septembre 1920, du haut des marches de la Résidence des Pins, le siège de l'Ambassade de France depuis le mandat.

« Votre Béatitude, je dois m'excuser pour mes hommes. Ils ne vous ont pas reconnu. Par ailleurs ; ils sont fatigués. Ils sont rongés par le doute, et je crains bien qu'ils ne perdent la foi. Je regrette infiniment pour cette mésentente. Vous auriez dû nous avertir. »

« Aucune importance. »

« Que nous vaut l'honneur de votre visite ? Vous avez fait votre devoir envers votre communauté. Que vous reste-t-il à faire ? »

« Je viens vous avertir. »

« N'est-ce pas un peu tard ? La guerre a commencé depuis un bout de temps. Plus d'un siècle et demi, avec des répits. Je ne vois pas d'issues immédiates. Apportez-vous une solution ? »

« J'ai essayé. Nul ne veut rien entendre. »

« Qui vous a donné l'idée du Grand Liban ? Déjà dans nos montagnes, on rencontrait des difficultés à nous maintenir. Nul ne voulait de nous. On nous faisait sentir qu'on était des étrangers à cette terre, et pourtant, nous étions là bien avant l'Islam. On a échappé aux massacres, puis à la famine. Et maintenant, on fait de tout pour nous en chasser, le peu qui reste. »

« Permettez-moi au moins de confesser mon repentir. L'accepteriez-vous ? »

« Bien sûr, mais à quoi ça sert ? »

« Peut-être un message de paix. J'aurais cru que nos bonnes intentions étaient contagieuses, que ce bout de terre qui nous reste dans le vaste territoire occupé maintenant par la religion qui a suivi la nôtre par les conquêtes et les conversions forcées serait plus magnanime. Après tout, elle loue le même Dieu, et presque les mêmes prophètes, et devrait nous accepter dans son sein avec quiétude. »

Bachir, agacé par l'attitude condescendante et archaïque du Patriarche, n'avait qu'à faire de ses bonnes intentions : « Une religion prise par le vertige de la soumission. Nous luttons pour notre liberté, un mot oublié dans le vocabulaire de nos compatriotes. Ils se sont rangés avec ceux qui voulaient nous dominer, prendre notre pays, l'asservir à leur cause. »

« Mais toi aussi, tu as commis une erreur, ou plutôt ces dinosaures de l'ancienne génération. Comme ton père. Mais tu les as quand même suivis. Moi, je sais, car j'ai vécu le passé, et je connais l'avenir. »

« Qu'aurais-tu fait à leur place ? Tu es bien prétentieux, Votre béatitude ! Tu as déjà commis ta bêtise. Et tu as l'arrogance de vouloir juger leurs actes. Quel choix pouvaient-ils avoir avec ce qu'ils avaient hérité de toi. » Bachir répliqua avec ironie et dégout.

« Pourquoi l'indépendance ? Moi, je ne la voulais pas. C'était encore tôt pour s'accrocher à cette ambition. Nous n'étions pas prêts. Je tenais au Grand Liban pour des raisons vitales et stratégiques, mais jamais je n'avais parlé d'indépendance. Certains étaient contre. Pourquoi ne pas les avoir écoutés ? J'ai compris trop tard que le Moyen-Orient est un marécage où l'on pouvait se noyer, où les idées pourrissent, où les ambitions dégénèrent en conflit, où les espoirs mènent aux enfers, et où les religions se mobilisent pour partir en guerre. Il ne fallait surtout pas prendre les armes. »

« Mais on a voulu nous défendre. Avec quoi le fait-on ? Avec nos mains et nos pieds ? »

« Ton successeur a commis la même bêtise, mais dans le sens opposé. Pas d'interventions. C'est l'état qui doit gérer nos vies.

C'est l'état qui décide. C'est l'état qui doit nous protéger. Mais quel état ? Regarde autour de toi. Et que ton regard ne s'arrête pas aux confins invisibles de l'horizon. On s'aventure à faire des accords mercantiles. On choisit mal son partenaire. On oublie le passé. On croit à une chimère, quand on gomme le passé, quand le passé seul peut écrire l'avenir. On fait semblant de croire à l'impossible pour justifier une aberration. Puis on éteint la veilleuse de l'esprit ; on scelle les dépotoirs des archives humaines avec du ciment ; on oblitère le silence clandestin avec des paroles vides ; on remplace l'audace de l'ombre par le mensonge nébuleux de la démagogie. Où vois-tu un état ? »

« On le construira. »

« Oui, oui. Une bien vieille ambition. Mon ambition, bien avant la tienne. Une confrontation armée sonnera le glas de votre capitulation, de votre défaite, mais aussi de votre débâcle. Et le début de la fin. Vous avez contre vous des forces démoniaques, impossibles de cerner, et encore moins à étreindre ; des tyrannies malveillantes, prêtes à vous monopoliser. Et tout cela au nom d'une cause dite sacrée ou divine, un prétexte qu'on renouvelle à chaque opportunité, une impulsion qu'on garde vibrante et prête à surgir, évoluant dans les sillages d'une fable interminable, immergée dans les tribulations de valeurs archaïques et défuntes, maintenues diligentes juste pour compenser le vide spirituel d'une nation déçue par ses propres fantaisies et trahie par les mensonges de son itinéraire. Au contraire, suivez l'exemple de vos voisins. Armez-vous en silence et agissez en cachette. Ne sortez de votre tanière que lorsque vous avez identifié votre cible. Mais soyez agile et foudroyant. Ne vous attardez point dans le marchandage du destin. Le vôtre est déjà sur la sellette. »

« Laissez-moi bien vous comprendre. Parlez-vous d'une guerre des ombres, une guerre souterraine ? Comment un homme de l'Église peut-il encourager la violence, l'excès, la haine ? Aimer ce pays est l'unique sentier vers sa survie. »

« Votre successeur s'est fourvoyé trop tôt à croire qu'il pouvait contribuer à la construction d'un état. Une période de transition était nécessaire. La prison est un cloître adoucissant. Elle élimine la profondeur stratégique de la réflexion. Une agence secrète, un essaim réduit de contre-intelligences, doublée d'un centre d'analyse et de renseignement, pour continuer à monitorer l'évolution du paysage politique, d'autant plus que la Syrie, gérante indocile de l'accord de Taif, avait laissé le Hezbollah garder ses armements, et encore plus à en faire un agent iranien de subversion, utilisant des prétextes frivoles et mensongers. Il fallait garder l'esprit en alerte, mais on s'est assoupi sur les bancs du pouvoir, comme tout le reste d'ailleurs. Cet ennemi a le flair d'un criminel, l'art d'identifier le vrai adversaire et de l'éliminer. C'est simplement la lutte entre la compétence d'un professionnel et la lubie d'un amateur. Nombreuses les erreurs qui auraient pu être évitées. Non, mais on a préféré se confier à l'état, un état vendu au plus offrant, où la liberté d'action est limitée par un grillage d'armes, de mensonges et d'idéologies. On dépose du matériel hautement explosif juste dans votre arrière-cour et personne n'est au courant ! Ah ! Si j'avais la force de rire ! »

« Je ne peux le blâmer. Il a agi selon ses convictions du moment. La défaite est une amère entorse. Mais il a eu le courage de ne pas s'exiler, et d'endurer les insultes de l'incarcération. On ne peut pas en dire autant des autres. »

« Sans aucun doute. Une funeste décision, et d'ailleurs pas la seule. Sans oublier sa randonnée malheureuse dans le Nord du pays ni son support pour l'élection d'un président dont l'histoire est celle d'une girouette politique, et dont la loyauté penche sans faillir vers sa personne. Il s'était engagé dans la politique, négligeant les leçons de l'histoire, dans un pays qui n'avait pas connu un moment de répit durant des décennies, et qui a toujours été un chaudron bouillonnant toujours prêt à déborder. Un mauvais choix. »

« On voulait rebâtir l'état »

« Un exercice louable, mais futile. Dans une région aussi tourmentée, reconstruire un état est presque impossible. La preuve, la faillite du "Printemps Arabe". Et se cramponner à des tranchées dans l'espoir de gagner la guerre relève de la carence mentale. Dois-je vous rappeler ? Nasser était un homme raisonnable, malgré toutes ses erreurs, dont certaines avaient été fatales. Mais rien de plus funeste que l'année 1979, quand la Révolution Islamique Khomeyniste avait ébranlé le monde, et avec elle tout esprit de modération ou d'entente qui avait pu s'installer dans l'arrière-pensée du Levantin. Depuis ce jour-là, et pendant que le mouvement des Frères musulmans prenait de l'ampleur, culminant avec l'assassinat du Président Sadate, le conflit entre sunnites et Chiites, vieux de 1400 ans venait de se réveiller, et avec lui, tous les démons enterrés depuis des siècles. Les Frères musulmans, ennemis de l'Arabie Saoudite, s'étaient alliés à l'Iran, et avaient même inspiré les dogmes de l'entité naissante, la Tutelle du juriste Islamique ou "*Wilayat al-Faqih*". Le départ des Soviétiques de l'Afghanistan en 1989, perçu comme une victoire des djihadistes sunnites, supportés par l'Arabie Saoudite, allait voir l'éclosion d'Al-Qaeda. L'agression maladroite du Koweït par Saddam Hussein allait ouvrir la porte à la Première Guerre du Golfe persique et un stationnement américain en terre d'Islam. Le 11 septembre 2001 en était la conséquence tragique et puérile, résultant dans l'invasion de l'Afghanistan, mais cette fois-ci par les troupes américaines, puis de l'Irak en 2003, couronnée par la capture et la pendaison de Saddam Hussein. On venait d'ouvrir la boîte de Pandore.

Ces événements allaient dégénérer en une plus grande catastrophe dans le monde arabe, soudain secoué par des convulsions réformatrices et révolutionnaires, appelées "Le Printemps Arabe". On aurait pu favoriser la théorie du complot si nombre de ces pays n'avaient pas une relation étroite avec les puissances occidentales. La déstabilisation de l'Irak, incompréhensible dans la perspective d'un équilibre géopolitique de la région, pouvait être interprétée seulement dans la perspective d'un affaiblissement des pays de la résistance ou la nécessité d'ouvrir des négociations imminentes tout en permettant à Israël d'avoir l'ascendant nécessaire en vue d'une paix favorable.

Sans vouloir rentrer dans les complexités du conflit israélo-palestinien, devant l'incapacité des pays arabes de sortir de leur torpeur autocratique, de faire abstraction de leur antagonisme insalubre, et devant l'incurie des autorités palestiniennes à se joindre la main, on sentait une fatigue envahir l'état d'âme de la région, un désintéressement démiurge qui déchargeait l'esprit des chaînes de la culpabilité, dégageant une placidité aussi perfide qu'une désertion. Le "Printemps Arabe" allait mettre en relief les divisions profondes des puissances régionales, et réduire la nouvelle "Question d'Orient" à une dimension plus humble, seulement maintenue en dehors de ses proportions par l'intervention inopportune du nouvel Empire perse et de ses satrapies.

Le premier épisode du Printemps Arabe était presque passé inaperçu, et ne sera ressenti que bien plus tard, en 2011, à la suite de l'amorce de la guerre civile syrienne dans une Syrie encombrée de ses erreurs et de ses déficiences, inattentive à ses défauts, indifférente à une gérance maladroite de la scène libanaise, doublée de l'ambition carrément affirmée de faire passer le Liban complètement sous sa tutelle. Par suite d'un élan populaire massif, prénommé la "Révolution du Cèdre", choqué par l'assassinat du Premier ministre, Rafic Hariri et sous les exhortations des Présidents J. Chirac et G. Bush, en 2005, l'armée syrienne fut expulsée du Liban dans l'humiliation et la déroute. La fièvre populaire qui s'ensuivit aurait dû prendre les rênes du pouvoir, mais fut tempérée par l'indécision et les errements politiques. Le Patriarche Sfeir, malgré une attitude acharnée et soutenue durant des années contre la présence syrienne, avait manqué à l'appel d'éliminer toutes les séquelles politiques de l'occupation, en s'opposant à une action contre le Président du Liban, une fonction assignée à un maronite, selon l'accommodation communautaire de la représentation politique, mais un subalterne du régime syrien de cette époque. La Syrie avait simplement perdu l'équilibre. La guerre de l'été de 2006, entre Israël et le Hezbollah, provoquée peut-être par inadvertance par le Parti d'Allah, cherchant à camoufler la débandade syrienne, et à récupérer l'honneur perdu, donna l'impression d'une Syrie incapable d'agir, s'installant viscéralement dans un état d'isolement, s'ingérant d'une manière pernicieuse en Irak contre l'occupation américaine, déstabilisant le pouvoir fragile irakien probablement sous l'instigation de l'Iran, décidé à torpiller la mission des États-Unis de pacifier l'Irak. L'Iran, rejeté par la communauté régionale et internationale, préoccupé de consolider des connexions considérées antagonistes à la tendance politique de la péninsule arabe jalouse de son patrimoine, dont la motivation primordiale est de s'engager dans le processus d'élargir sa culture et ses besoins civiques en quête d'une réponse à une économie indépendante de la production pétrolifère, par une ouverture indispensable vers le monde occidental, mis à part une éclosion architecturale flamboyante, en adoptant des traditions sociales et religieuses compatibles avec la modernité et la tolérance, au milieu d'un bain d'inquiétude matérialisé par l'expansion iranienne par le biais du Chiisme régional, utilisait tous les moyens subversifs pour imposer sa lourde présence. Les trois pays considérés relativement laïcs, comme la Turquie, la Syrie et l'Irak s'étaient transformés, pour différentes raisons et circonstances, en des foyers d'intolérance religieuse et de communautarisme. Le conflit dogmatique sunnite-chiite, dormant depuis des siècles, venait de recevoir une dose additionnelle de l'élixir de la discorde.

La chute de la dictature irakienne, la guerre civile syrienne et l'instabilité de tous les régimes arabes secoués de l'intérieur, allaient ouvrir la porte à un Iran avide de domination régionale et religieuse, ainsi qu'à l'expansion de la Révolution islamique vers les pays arabes, et vers la Palestine, sous prétexte de vouloir annihiler Israël, et restaurer aux Palestiniens leurs terres usurpées par l'ennemi sioniste. L'aventure iranienne au Yémen, encerclant l'Arabie Saoudite, avait toutefois un tout autre message, celui de l'ascendant de l'Islam Chiite sur l'Islam Sunnite, jusque-là prédominant et protecteur des Lieux Saints de l'Islam, et dont le dévouement se traduisait par un support financier généreux des organisations musulmanes, une diffusion de la religion sous forme d'endoctrinement à travers les prêches des mosquées et les madrasas, les écoles de l'enseignement islamique, à travers tout le monde arabe, mais aussi vers le Pakistan, dans les tanières démocratiques de l'Europe, prises au dépourvu, ainsi jusqu'au cœur de l'Amérique, en s'établissant tout d'abord sur le continent latin. La colonisation culturelle du monde occidental avait pris des dimensions irréversibles, à tel point que des préceptes de la Charia, la loi coranique, avaient été introduits dans la jurisprudence civique de certains états concernés, à l'insu d'une société venant juste de se libérer de l'hégémonie religieuse sur la politique. Les préceptes coraniques n'avaient jamais mieux exprimé l'universalité perçue de la religion de l'Islam.

Le conflit sunnite-chiite avait pris une dimension violente et barbare, suggérant que l'Islam était resté à un stade primitif et n'avait pas encore inclus la modernité dans son paradigme. Si l'Islam a épousé le modernisme, il a cependant gardé sa distance avec la modernité. L'apparition d'un phénomène appelé Daech, ou ISIS, s'octroyant l'autorité d'un califat, était une indication encore plus pernicieuse de l'anachronisme de la religion. Le refus d'une réforme avait ajouté les déchets de l'ignorance à la tragédie de l'Islam, enrayant l'effort de s'adapter au monde du siècle présent, niant la nécessité d'une évolution et s'accrochant avec encore plus de ferveur, intellectuellement et socialement, à la période obscure des origines, malgré les découvertes archéologiques récentes indiquant que l'Islam actuel était la synthèse d'une manipulation tardive politisée. L'antagonisme Sunnite-Chiite est une guerre d'influence pour le contrôle des charades géopolitiques et religieuses. Je doute fort qu'un jour, on puisse voir une entente ou un modus vivendi. Ce conflit a le potentiel de mettre le Moyen-Orient au bord de la ruine financière, sociale et intellectuelle. Les minorités religieuses chrétiennes ou autres, prises dans l'étau, seront écrasées. Elles seront les plus grandes perdantes. Et leur existence oubliée. La seule minorité qui survivra est la minorité juive, en Israël, car elle a su se défendre et établir une nation. Vous avez besoin de revisiter votre stratégie au plus tôt. »

« Qu'est-ce que vous suggérez ? »

« Les trois piliers de la sagesse : Libanité, Neutralité, Laïcité. Je veux rencontrer votre Patriarche. Je lui expliquerai tout. La culture chrétienne a toujours été un pont entre les religions et les communautés, et ne peut avoir d'autres ambitions. Prendre parti ne pourra jamais être en faveur de sa survie. »

« Est-ce vrai que vous avez visité les autorités politiques et religieuses de nos adversaires ? »

« Oui. »

« Et alors ? »

« Plus qu'une ligne de démarcation physique tracée par des sacs de sable et des blocs de ciment, c'est l'écart idéologique qui m'a toujours inquiété et souvent découragé. Je l'ai trouvé encore plus troublant qu'auparavant. Votre accord de Taif n'a résolu qu'une construction gouvernementale, perçu par d'aucuns comme étant inappropriée. Un simple échange des pouvoirs n'allait pas résoudre les conflits structurels. Ni le problème des cultures contradictoires qui cohabitent dans ces parages ni l'avenir géopolitique de la région n'ont été pris en considération. Cet accord a réduit les problèmes au plus bas niveau d'une entente, celui de trouver une solution au partage du pouvoir, sans ouvrir la question de vouloir arracher les racines du mal. On vous a jeté dans les bras d'une Syrie incapable d'envisager une perspective en dehors de la déception et de la contrainte. Tourmentée par des loyautés sectaires liées à un pouvoir despotique, après avoir délaissé son appartenance arabisante, et perdu son hégémonie sur le Liban, sur la Résistance Palestinienne, ainsi que son rôle comme le fer de lance des états de la Résistance, la Syrie, gérée par un régime aveugle aux changements géopolitiques régionaux, a chuté dans le tourbillon de l'incertitude pour aboutir à une guerre civile infernale, disséminant le chaos et l'anarchie. Toujours incapable d'admettre son incapacité intellectuelle, elle s'est contractée dans un état de déni, rejetant toute volonté de compromission, en continuant à suivre le même cheminement qui avait contribué à sa désintégration. La Syrie, déchiquetée de toutes parts, blessée dans son orgueil, n'était plus qu'une mosaïque fragilisée par ses mensonges. Pour protéger leurs affiliations et justifier leurs idéologies, ses adeptes se sont libérés de toute loyauté envers la générosité de la Terre-Natale. Pour sauvegarder leurs accès à une autorité pervertie, ils se sont réfugiés dans la culture des complots, élaborée depuis que la notion « d'Orientalisme » était perçue non comme une ferveur artistique, mais un moyen de subjuguer l'Orient, et de lui soutirer ses trésors. Bien sûr, Satan, qui ne s'était pas manifesté depuis les temps anciens, et qui avait été dégradé au Moyen-âge à se camoufler sous l'enseigne d'un sorcier ou d'un hérétique, avait soudain pris une ampleur globale métaphysique sous la forme d'un héritage judéo-chrétien. L'idéologie politique islamiste, dont l'histoire est basée sur des révélations contemplatives et opportunistes, ainsi que des voyages nocturnes allégoriques, avait trouvé dans l'aventurisme occulte et mystique du nazisme un terrain d'entente favorable. Préférant s'associer à des entités athéistes issues du marxisme et du fascisme, des idéologies à messianisme sécularisé, comme le Syrianisme de Antoun Saadeh ou le Baathisme de Michel Aflak, n'auraient pu survivre sans incorporer un culte de la personnalité à leur mystique ou sans s'associer à des régimes autocratiques, et accepter comme monnaie d'échange, une soumission complète à des pouvoirs théocratiques, tout en se vantant à tout bout de champ d'être à l'avant-garde de la lutte contre toute domination étrangère ou religieuse, alors qu'ils déployaient une affinité fabriquée envers la Chine ou la Russie de l'Union soviétique, par esprit de défiance acquis durant la période de la guerre froide, du temps où le Nationalisme Arabe était à son apogée, ouvert à l'affiliation des idéologies marxistes. Cet intellectualisme boiteux et adultère donnait une légitimité sociale aux régimes dictatoriaux en place, et prolongeait l'incapacité agonisante de la société arabe à sortir de sa torpeur, qui, pour compenser son inanité, se soumettait à des tiraillements extrémistes favorisant des attaques terroristes ou le spectre d'ISIS.

La période dite d'or du Liban dans les années cinquante, ainsi clamée par de naïfs partisans, tirant un profit publicitaire pour accentuer une fidélité en général douteuse à l'entité libanaise, et pour diminuer l'impact du cafouillage issu de leur allégeance à des autorités importées et à une cause indépendante de l'avenir de la nation, mais aussi souvent préjudiciable à son intérêt, n'était qu'un leurre. Il est malheureux que certaines grandes figures de la scène artistique, glorifiant l'identité libanaise, née des entrailles de la montagne, n'aient pas eu une plus grande influence sur la psyché de la population concernée. Certains étaient eux-mêmes des adeptes de ces idéologies. Au contraire, à son insu, cette période prospère de la jeune nation allait couvrir d'un voile épais la vermine obscène qui préparait en catimini la catastrophe qui allait se déverser sur le Liban.

La dichotomie culturelle, dont souffre le pays, empêche tout changement favorable à une entente. Cette divergence, utilisée par le régime syrien, pour imposer sa volonté sur le pays, avait été accentuée lorsque ce même régime décida d'imposer les accords de Taif, non seulement en discriminant entre les diverses factions, mais surtout en permettant au Hezbollah de garder son arsenal, mais aussi de devenir un groupe mercenaire sous l'autorité de Damas, un instrument d'intimidation et de déstabilisation, ainsi qu'un argument éventuel en cas de négociations avec Israël. Ce groupe ne put cependant devenir complètement efficace que lorsque Bashar Al-Assad, à l'encontre de son père défunt, décida de se désister de son emprise directe en faveur d'une liberté d'action manœuvrée par le régime militarisé de l'Iran. Le Liban allait perdre complètement son autonomie. Les décisions consensuelles dont se vantaient les politiciens libanais étaient maintenant téléguidées par l'Iran, après avoir tâté de près les turpitudes de l'autorité syrienne.

L'axe de la résistance, un moment affaibli par les accords de Camp David, puis par les pourparlers d'Oslo, s'était ainsi regroupé autour de la Révolution islamique qui, cherchant à disséminer son message révolutionnaire et religieux, commença à s'infiltrer dans les pays arabes avoisinants par des intermédiaires locaux, en s'associant à des groupements à idéologies fascistes ou gauchisantes, qui, après avoir perdu le support communiste prépondérant durant la guerre froide, étaient en quête d'un nouveau patronage ou l'appui d'un piédestal, en opérant une volte-face dogmatique significative, préférant s'allier à une théogonie, contrairement à leur crédo, en l'occurrence des groupes endoctrinés, adhérents de la « *Assabiyah* » ou solidarité religieuse. D'une manière ou d'une autre, la lutte contre Israël avait été sacralisée et toute notion de dialogue était condamnée comme une trahison. Avec l'avènement de la Révolution islamique, la question palestinienne avait acquis une nouvelle dimension, adoptée par des groupes extrémistes, convaincus que seule la reconquête de la Palestine devait être l'ultime aboutissement, loin des compromis déjà discutés au Camp David ou à Oslo. C'était le motif absolu du Hezbollah pour maintenir sa légitimité. Le Liban, rongé par un système politique pourri et fragile, sortant affaibli d'une guerre civile onéreuse et soumis à une occupation syrienne abusive, devint l'otage de ce paradigme. Et par le biais de la corruption, sa victime.

Je ne vais pas m'étendre sur tous les détails militaires ou politiques qui ont fait du Hezbollah une force qu'on ne peut ignorer, mais ma préoccupation maintenant est de connaître la stratégie du Parti. Il n'est pas clair comment le Parti d'Allah a l'intention d'achever son objectif. Tout d'abord, la revendication par l'Islam que Jérusalem est la troisième ville sacrée n'a aucun fondement historique. Ce n'est qu'à la suite de la victoire de Saladin, qu'elle était passée sous contrôle politique musulman, comme Constantinople était le centre de la Chrétienté médiévale, pour tomber entre les mains des Ottomans en 1453, mais ceci n'est pas une raison pour que la Ville soit considérée comme religieusement intronisée. La Chrétienté n'a jamais réclamé ses droits sur la deuxième Rome, occupée durant plus d'un millénaire. Cette rengaine est basée sur un prétendu voyage nocturne du Prophète, monté sur une créature équestre ailée, *Buraq*, dans des circonstances impossibles d'encadrer. C'était une ville conquise et soumise à des manipulations architecturales, comme l'avait été Constantinople. Cette allégorie avait orienté la religion naissante à considérer Jérusalem comme une ville sacrée, avant de solidifier son parcours religieux en reconnaissant La Mecque et Médine, comme les villes saintes finales de la religion islamique, basé sur une construction tardive politisée du dogme coranique. La dynastie Omeyyade avait préféré s'installer à Damas, et la Dynastie Abbasside s'était construit une nouvelle ville, Bagdad, une indication historique que durant trois siècles, Jérusalem n'avait pas initialement une importance primordiale et que La Mecque et Médine n'étaient pas encore intronisées. La Chrétienté était la première entité à avoir considéré Jérusalem comme une ville sainte, suffisamment constitutive à vouloir la reconquérir durant les Croisades. Le royaume latin de Jérusalem garda le contrôle de la ville durant près de deux siècles, jusqu'à la prise de la ville par Saladin. Bien avant, les annales juives, relatant l'histoire des deux temples, se posent en contradiction avec les prétentions islamiques. Quand Saladin arracha la Ville Sainte des mains des Croisés, sans toutefois abandonner Damas comme sa capitale, il imposa un joug musulman, continué tout d'abord par les Mamelouks, puis durant plus de quatre siècles, par l'Empire ottoman, avant qu'elle ne soit mise sous le mandat britannique à la suite de la défaite de l'Empire, et d'être divisée en deux parties, Jordanienne et Israélienne, jusqu'à la défaite arabe de 1967, quand la Ville tomba sous l'autorité israélienne. Bref, en un mot, la ville n'appartient à personne, mais appartient à tout le monde, tant que la liberté du culte est préservée et l'accès reste universel. L'État d'Israël en voudrait faire sa capitale, confirmant l'assise structurelle de la nostalgie religieuse, inhérente aux religions ou aux cultes. C'est peut-être ce moment de l'histoire où elle appartiendra à son propriétaire d'origine. Faudrait-il rester sur pied de guerre d'une génération à l'autre juste pour laver une insulte ? L'Histoire ne pardonne pas.

Une victoire militaire est impossible. Un processus d'autodestruction mutuel est le plus probable. Qu'avons-nous à gagner ? Le rapport des forces est définitivement défavorable à l'axe de la résistance. Je ne comprends donc pas où est la résistance. Normalement, toute résistance est à l'intérieur de l'espace géographique occupé, or les Palestiniens eux-mêmes semblent avoir accepté leur sort en attendant des jours meilleurs. Mis à part l'Hamas, une des branches les plus militantes et extrémistes des Frères musulmans, réunissant un fanatisme religieux à une finalité politique, enchaînée à la générosité iranienne, continue de poser une menace intermittente et relative. Cette résistance prospère en dehors de l'état accusé d'occupation et de ségrégation. Une différence notable entre les deux protagonistes, c'est l'isolement géographique de l'un dans son propre territoire, contre l'isolement politique de l'autre dans un territoire adjacent devenu otage, soustrait dans sa souveraineté à la légalité et rançonné par menaces interposées. La revendication du droit de libérer les soi-disant territoires occupés, ne devient alors qu'un prétexte politico-religieux, permettant à l'entité subversive, auto intronisée dans ce rôle libérateur, d'avoir le champ libre d'imposer son autorité sur des espaces normalement non concernés, cherchant à subjuguer par une omnipotence coercitive et menaçante toute une population, renforcée par l'assertion de la notion de l'ennemi, sans jamais définir la nature de cette inimitié ou le niveau de la confrontation tout en laissant au hasard la décision irrévocable. On comprend parfaitement les revendications d'un Palestinien chassé de sa maison, mais on ne peut accepter les déclarations d'une entité non concernée par l'usurpation de ses droits, mais inflexible dans son dessein. Je ne serai pas surpris si l'intention finale n'est pas d'achever un encerclement de l'état juif, en fomentant des troubles dans des pays arabes avoisinants dans l'intention de confisquer effectivement les rênes du pouvoir, par des petits coups d'État isolés et apparemment divorcés l'un de l'autre. Un plan diabolique et génial.

Pauvre peuple palestinien, délaissé par presque toute la l'*Ummah*, abandonné à son sort durant plus d'un demi-siècle, sans éducation, sans soins médicaux, et sans patrie, forcé de vivre dans des camps de réfugiés, dans la pauvreté et la misère, sans instruction et sans joie, soumis à l'endoctrinement religieux et au culte de la violence, en attendant la victoire arabe finale, un état d'esprit plus qu'une réalité à construire, et maintenant convaincu qu'une nouvelle force allait inverser un destin jusqu'à maintenant hostile. Le même mirage qui avait défini le Coran nourrit les illusions de l'esprit arabe.

Qu'est-ce qui a assujetti l'esprit à accepter une soumission abjecte, et à restreindre l'ambition de l'âme à diffuser ses exigences ? Est-ce la peur de la mort ? Ou l'attrait de l'asservissement météorisé par un mirage exaltant. ? Il en sort que l'esprit s'est vidé de toute sa raison, que l'entendement a renoncé à sa lucidité, que l'intelligence s'est défroquée, que la réflexion est implantée, et que la pensée est un emprunt. Le plus pénible était de constater l'universalité intransigeante de cette psychotropie mystique, transmise par un projet divin à travers des révélations de nature allégorique, mais considérées comme indispensables et impérieuses, répandue aisément dans les pays dominés par la religion de l'Islam.

Un regard sur le monde découvre la planète sujette à des changements climatiques, à des compétitions économiques, à des mouvements des plaques tectoniques, à des voyages interplanétaires, à la découverte des cieux étoilés, à une meilleure compréhension de l'histoire de l'humanité à travers des découvertes archéologiques irréfutables, des découvertes scientifiques et médicales ahurissantes, des méthodes modernes pour traiter les maladies. Seul le Moyen-Orient reste en état d'ébullition politique permanente en marge de la vie, en dehors de l'histoire, assiégé par des forces opportunistes, aussi loin de l'acculturation que la distance entre les planètes. La Chrétienté a été disculpée de sa charge violente par le mouvement de l'Histoire. L'Islam vit toujours dans sa violence atavique, puissamment adaptée à la capacité moderne de dissimulation, depuis le port du voile, jusqu'à la décapitation, sans oublier l'instruction didactique, appliquée dans les Madrasas ou prêchée à la télévision, par des Ulémas pervertis par des doctrines puisées dans le passé révolu. On parle d'apprivoiser cette violence culturelle, en épurant le discours islamique de la tradition. Mais est-ce possible ? Le niveau d'instruction dans ces sociétés est encore si rudimentaire, que les mythes sont perçus comme des réalités historiques, et deviennent partie prenante du discours et des croyances, favorisant les théories du complot. Le monde musulman vit dans un univers imaginaire tout-puissant rendu inaccessible par une rhétorique linguistique fallacieuse, structuré d'une manière telle que personne n'ose déranger ses fondements ou exprimer le doute sur la fabulation de son discours.

La Mosquée est un lieu de prédilection pour l'intellect musulman, une chaudière d'où émane l'énergie nécessaire à sa disposition humaine. C'est là où la mémoire collective cherche à maintenir vivante l'authenticité d'une révélation dont le temps aurait dû déjà dévoiler l'artifice. La violence ontologique est née de la peur de se voir se désister de son armature, de perdre l'avantage de son mystère, si proche d'une fourberie. Les Musulmans de toute catégorie fusionnent dans les Mosquées, où ils continuent un endoctrinement qui aurait débuté durant leur enfance et protègent par leur masse inerte une doctrine religieuse née d'une nécessité politique. Une timidité maladive s'est emparée de leur intellect, et le courage manque à quiconque de poser des questions qui pourraient secouer les fondements d'une culture tyrannique et omniprésente. Une déconstruction des croyances fictives, mais ancrées d'une manière subversive dans un entendement soumis à un crescendo périlleux d'aliénations collectives, devient difficile, sinon impossible. Ainsi s'installe un état progressif de captivité spirituelle, impénétrable, en rupture totale avec le passage du temps et les perspectives altruistes ou les nécessités humaines, enracinée dans la cave magique de la divination.

La violence, enfantée par cet état de déséquilibre spirituel, aurait traversé différents pâturages. La violence dans la parole est ainsi niée. L'Islam se défend d'être une religion qui appelle à la violence, et blâme une interprétation sélective du discours coranique et une lecture située en dehors du cadre spatio-temporel, réduisant le Coran à un recueil de préceptes, accessible à une herméneutique capricieuse autant que tendancieuse. On entend souvent que c'est le musulman qui comprend mal ce qu'il lit, ou qu'il n'a pas un bagage suffisant de connaissance pour greffer les doctrines du Coran dans une probabilité rationnelle. Or la Bible contient autant, sinon plus de violence que le Coran, et le lecteur ne trouve pas dans ce texte une incitation à l'action agressive, car celle-ci est subordonnée à une classification romanesque, et sujette à une éducation renforcée par l'acceptation du Logos, alors que l'Islam avait rejeté les grandes figures de la Philosophie, comme Averroès et Avicenne, sinon la Philosophie même.

La violence perçue comme le portail de l'au-delà, modifiant la tradition chrétienne de l'enfer, elle-même issue d'une tradition mésopotamienne, adoptée par la mythologie grecque, donnait plus de poids à l'acte coercitif envers les mécréants. Si l'enfer chrétien est un lieu de souffrance extrême pour les âmes qui ont commis des péchés et des crimes durant leur présence temporelle, l'enfer musulman est le châtiment dans le feu éternel de ceux qui n'avaient pas cru, de ceux qui ont bafoué le

Coran et des croyants qui ont évité le combat sur le chemin de Dieu.

L'association de la religion à la politique catapultait la violence à un niveau encore plus déterminant, rattachant la culture du pouvoir à l'impérialisme des armes, pour déverrouiller les aspects les plus pervers de cette alliance impie et susciter les instincts despotiques des régimes à tendance dictatoriale. La violence devient gratuite et souvent masquée.

On a souvent parlé de la violence dans l'Islam comme un phénomène indépendant de la personne responsable de l'acte. Certains avaient conclu que la violence est inhérente à la doctrine de l'Islam, que les conquêtes tribales avaient été sacralisées, et ensuite titularisées dans le dogme coranique, pour aboutir à un impératif personnel et une condition sine qua non pour accéder au paradis. D'autres blâment les restrictions de l'Islam sur la vie sociale comme les éléments responsables capables d'induire une dislocation de la personnalité, un affaiblissement de la capacité mentale, une soumission à des actes téléguidés par un endoctrinement religieux pervers, justifié par une mémoire nourrie de constructions fallacieuses, des émotions géopolitiques turbulentes, et d'un héritage mythique prestigieux cambriolé par un destin aveugle. La déchirure profonde ressentie par l'âme islamique, déclenchée par l'incapacité de son peuple de s'élever par un exploit notoire au-delà de la médiocrité, ne peut être comblée que par actes insensés et souvent déments. »

Cheikh Bachir sentait une oppression telle qu'il allait étouffer devant la diatribe interminable du Patriarche, et n'était pas prêt à accepter les prémisses de cette attitude.

« Nous sommes un pays démocratique. Une démocratie consensuelle. Aucune communauté ne peut gouverner le pays à elle seule. Ce sont les interférences étrangères qui nous empêchent de nous mettre à table et de résoudre nos problèmes.

Tout ce qu'on demande, c'est qu'on nous laisse en paix. On voit des pays musulmans, entièrement dévoués à leur religion, s'ouvrir au reste du monde, se moderniser, aller à l'encontre de la tradition où le renouvellement n'était plus permis, où la réflexion religieuse n'avait plus droit de domaine. L'évolution de l'Islam se fera par osmose. »

« Mais cette démocratie consensuelle finit par s'imposer à tous les niveaux de la sphère publique ou gouvernementale. Un échange de faveurs, côtoyant les abus de pouvoir. Le consensus devient une sorte de politesse nécessaire, même pour condamner un criminel. En somme, on aboutit à ne rien faire. Puis, on pourrit. »

« On n'a pas d'autres choix. »

« Mais est-ce que les autres veulent un pays ? Certainement pas le même. Un pays sous leur domination, et non le pays que tu crois vouloir. »

« On est vigilant. On continuera à nous battre pour notre liberté. À la fin, ils seront convaincus et se rangeront de notre côté, comme d'autres avant eux. »

« Et qu'est-ce qui te garantit cela ? »

« Notre détermination. Nos sacrifices. La valeur de nos aspirations. C'est notre terre, et c'est là où nous sommes nés, et c'est là où nous avons vécu, et c'est là où nous allons mourir. Nous ne quitterons jamais cette terre. »

« C'était mon rêve. Je me suis essoufflé à vouloir unir dans un Grand Liban les habitants de cette terre dans l'espoir de former une même nation. Les espoirs étaient grands, et la formule intelligente, et de plus viable. Certains ont rechigné. Je comprends, mais on ne pouvait continuer à vivre isolé dans la montagne. Il nous fallait un accès à la mer. Après tout, la mer fait partie de notre culture, de notre héritage. Ajoutons une ouverture nécessaire vers le monde arabe. Beyrouth avait alors pris un essor grandiose et le pays avait vu une grande prospérité. Malheureusement, des siècles de cohabitation n'ont pas influencé une culture plongée dans une religion aride et bâillonnée par ses démons. Oui, j'avais mal jugé l'Islam. Et je regrette de voir que vous avez payé le prix de mon erreur, mais ne désespérez pas. La terre est vaste et vous attend. »

« Jamais »

« Mais vous n'avez aucune chance de subsister, de reconstruire une nouvelle société. Par sa nature, l'Islam n'est pas compatible avec la démocratie. Et la notion de liberté, ce concept si cher à notre culture, est un anathème dans la persuasion musulmane. Même la philosophie a été rejetée. La philosophie islamique, ça n'existe pas. Pourquoi faire, puisque Allah décide et détermine tout ? L'homme devrait être très content tout juste d'exister, et d'adorer cette notion abstraite et distante. Qu'est-ce que Dieu, sans sa création ? » »

« Mais je vous dis qu'une évolution est en train de poindre. On commence à voir les effets de notre résistance. Des résultats tangibles émergent de toutes parts. »

« Oui, mais rien de nouveau en matière de réflexion. La jurisprudence islamique est résistante et difficile à craquer, difficilement tolérable. Même Al-Ghazali, à la fin de sa vie, avait laissé tomber les positions puritaines de sa jeunesse. Les Arabes ne seront reconnus que par leur incroyable poésie. Et les grands poètes arabes avaient tous rejeté l'appartenance religieuse. Cet attachement incompréhensible à une religion contestée par la raison est le plus grand handicap à une métamorphose durable. »

« Un complot. Nous faisons face à un complot. On avait eu notre guerre. On en est sorti. Les sunnites s'étaient rangés contre nous, avec les Islamo-Progressistes. "Progressistes" ! Quelle ironie ! Le seul progrès qu'ils connaissent, c'est une descente vers l'abîme de l'ignorance. Mais ils ont fini par se ranger avec nous. Maintenant, c'est le tour de la communauté chiite. Les grandes et anciennes familles chiites ont toujours été loyales envers ce pays. Il faudrait convaincre les autres, ceux qui sont à la solde de l'Iran. Une situation plus complexe, et plus difficile à dérouler. Mais ils finiront par traverser le Rubicon. Nous sommes dans la vérité. »

« Mais s'il y a un complot, est-ce que la vérité compte ? »

« Un complot pour ruiner le pays. Le soumettre à des concessions géopolitiques inacceptables, comme l'implantation des réfugiés, ou le tracé défavorable des frontières terrestres et maritimes, sans lesquels les promesses de redressement économique ne seront pas honorées. Bref, un chantage. Les puissances se sont toutes liguées contre nous. C'est le destin des pays faibles et divisés, gouvernés par une classe de politiciens mercantiles et sans conscience. Bref, un dénouement qui enlèverait sa raison d'être à ce pays, et qui bouleverserait son édifice. Et pour aboutir à quoi ? À un démantèlement complet de son infrastructure, et de son équilibre. Croyez-vous que la classe politique, corrompue, manipulée par un imposteur, a la moindre intention de faire redresser la situation. C'est en dehors de sa capacité. N'a-t-on jamais vu quelqu'un se faire rentrer en prison et jeter la clé à travers les barreaux de la fenêtre ? Ou bien prendre le chemin de l'échafaud par un sursaut de conscience ? On n'a guère de choix que de continuer à lutter. »

« Des langues fourchues cherchent à empêcher une entente. Ils prêchent le faux et dissimulent le vrai. Ils parlent d'un nouvel arrangement, puis insultent l'adversaire, juste pour bloquer toute ébauche d'un dialogue. L'essentiel, c'est de trouver un terrain d'entente. Les Palestiniens ont déjà admis leurs erreurs envers le Liban, mais cela ne suffit pas. Il faudrait, par un engagement officiel, qu'il libère le Liban de toute obligation envers la Palestine. Votre Patriarche devrait faire cet effort d'aller les convaincre. Je ne parle pas des réfugiés. Ceux-là ont été utilisés à votre insu comme un instrument d'intimidation et de déstabilisation, à travers le truchement de la question humanitaire. »

« Mais ils sont divisés, et en mauvais termes. »

« Vous luttez pour des privilèges, alors qu'il faudrait lutter pour la liberté de conscience, pour le bonheur du citoyen, pour la culture, pour la loi, et non pour une foi mal comprise. Le chemin est long et difficile, mais vous n'avez pas d'autres choix. Vous n'êtes qu'au début. Mais je vous adjure, ne prenez pas parti. Gardez vos distances. Soyez un médiateur. Toujours, portez la torche de la Paix. »

« Nous avons jeté dans la poubelle tout espoir de compromission. Des années de luttes et de conflits, mais on commence à voir l'aube d'une nouvelle ère pointer. Vos idées sont désuètes et ne peuvent rien modifier. Les bonnes paroles, c'est du passé. La lutte pour la liberté demande des sacrifices. »

« Une lutte perdue d'avance. Je regrette ce dialogue de sourds. Vous n'êtes pas le peuple que j'avais connu. »

Cheikh Bachir, irrité d'entendre la même randonnée, rejeta les suggestions du visiteur et donna l'ordre de le faire réintégrer dans le sous-sol.

« Tous les Patriarches qui vous ont suivis ont dû se débattre pour préserver l'intégrité du pays, une aventure coûteuse pour la communauté. Forcée par la brutalité de l'Empire ottoman, une grande partie de la population avait pris la route de l'émigration. Comment les empêcher ? Nul ne peut résister à l'attrait de l'océan. Nos anciens dirigeants ont mal compris le jeu. Ils ont choisi de gouverner dans l'ignorance, peut-être par malveillance, peut-être par naïveté. Mais nous voilà de nouveau. L'histoire se répète. Quel choix avons-nous ? Mais nous sommes-là pour rester et le passé ne peut continuer à nous importuner. On recommencera, on rebâtira. C'est notre seul espoir. Nous n'avons qu'à faire de vos conseils. Partez. Retournez d'où vous êtes venu. » Puis s'adressant à ses hommes : « Qu'il s'en aille. S'il résiste, débarrassez-vous de lui. On a suffisamment à faire avec un seul Patriarche. »

On pardonne à la nuit ses errances, et on écoute rarement ses conseils. La lutte, sous une forme ou une autre, ne pouvait que continuer. Le pays avait perdu de son attrait, mais le pire était qu'elle vivait avec une âme déchirée. Elle était sous l'emprise de la haine. Rien d'autre ne pouvait expliquer l'abandon de la raison, l'étreinte de la violence et de la cruauté. Le dialogue entre le Patriarche et les trois juges indiquait une discordance mentale irréversible, et une rupture de l'intégrité culturelle de l'armature qui soutient un peuple. Chacun se sentait étranger à l'autre. Je n'arrivais pas à comprendre, et ne trouvais aucune explication rationnelle aux fanfaronnades meurtrières et à la dérive de la conscience. Une nuit d'été qu'on dormait tous, on fut réveillé par un vacarme sous les fenêtres. On se lève pour assister à une scène d'une brutalité gratuite : le meurtre à sang-froid de trois miliciens palestiniens ou gauchistes qui s'étaient trompés de chemin, et s'étaient retrouvés au beau milieu d'une barricade adverse, sous notre fenêtre. Quand les corps furent placés dans le tronc d'un camion, l'on commença à arroser la large tache de sang, puis à balayer la rue pour effacer les traces du crime. Le son familier d'un balai brossant le bitume dans le silence complice de la nuit avait pris une ampleur immatérielle. La banalité du meurtre ne pouvait s'offrir une plaidoirie plus éloquente. Le lendemain, dans les journaux, j'allais apprendre que trois cadavres avaient été découverts, abandonnés dans les alentours inhabités de la ville.

Ce qui m'inquiétait, c'était l'aisance avec laquelle on s'était installé dans l'horreur et la cruauté, la jubilation qui nous envahissait à la nouvelle d'un acte milicien qualifié d'héroïque ou de sublime, ou la fierté ressentie à la vue d'un combattant fatigué et pourtant s'offrant un interlude musical au piano dans une salle délabrée, à la fin d'un épisode d'échange de tirs, dans l'hécatombe des hôtels du centre-ville, utilisés comme des tranchées, dans une photographie publiée le lendemain à la une des journaux. La démence qui avait secoué le pays, et envahi les allées et les ruelles, les montagnes et les vallées, était aussi en train de ronger nos esprits et coloniser notre entendement. L'irréel était devenu la substance de notre réalité quotidienne. La déception et l'infamie avaient habité les barricades de l'agonie. Les adeptes de l'absurde avaient continué à tonitruer, convaincus du bien-fondé de leurs aspirations. Et pour la première fois, j'avais compris le sens du Mythe de Sisyphe. L'absurde n'était pas de répéter indéfiniment un acte voué à l'échec, mais de croire que l'acte avait un effet salutaire. L'avion venait de se poser sur le tarmac de l'aéroport de New York.

Le mythe des deux négations

On nous raconte que l'entente nationale avait été arrangée à la suite d'un abandon des chrétiens encore traumatisés par les évènements de 1860, de la protection occidentale, symboliquement proclamée par le choix de l'indépendance vis-à-vis du mandat protecteur français, alors que les musulmans rejetaient en échange leur allégeance arabe, encore offusqués par le refus des puissances occidentales à accorder à la nation arabe un empire. Encore sous l'emprise du colonialisme français, dont le point de départ était l'envoi par Napoléon III d'un contingent français pour arrêter les massacres des chrétiens de la montagne libanaise aux mains des Druzes et des Musulmans, particulièrement à Deir El-Kamar et à Zahlé, le Grand Liban avait été proclamé en 1920, comme un foyer pour les chrétiens étreints par une vaste étendue territoriale musulmane. La décision chrétienne de vouloir vivre dans un état mixte autonome témoignait d'un grand courage et d'une foi inébranlable dans la compassion humaine.

« Deux négations ne font pas une nation » avait écrit George Naccache le lendemain dans son éditorial de « L'Orient ». Une phrase lourde d'implications, mettant en relief la disposition des esprits de cette époque, mais en même temps dévoilant la nécessité d'une entreprise urgente et constructive dans la formation de l'État libanais. En somme, une neutralité qui, si elle avait survécu, aurait pu aboutir à une vraie entente nationale. Mais la communauté sunnite au début conciliante, s'accrocha dès la première opportunité au Nationalisme de Nasser, pour ensuite s'allier à la cause palestinienne comme son cheval de bataille, tout en ignorant sa promesse initiale, alors que la communauté chrétienne avait décidé de considérer l'Europe comme son point de mire, et à continuer à dorloter une culture tournée primordialement vers l'occident. Une affinité spirituelle datant des Croisades ne pouvait être négligée. On ne pouvait non plus abandonner l'immense éducation provenant des activités missionnaires, ayant abouti à la création de deux grandes universités, délivrant le flot du savoir sur la population libanaise. La grande communauté chiite, pourtant relativement ignorée dans le partage des pouvoirs, s'était tenue à l'écart, sans grande revendication et une absence totale de récrimination.

Pour ne pas déplaire à leurs concitoyens de la communauté musulmane et l'avantage d'avoir accès au monde arabe, l'autorité chrétienne avait accepté de se joindre à la ligue arabe, désavouant complètement l'accord initial. Soumettant la souveraineté nationale au profit immédiat et aux bénéfices financiers, le Liban vécut une pléthore inattendue, soutenue par la houle de l'or noir et la générosité des pays arabes. L'essor social et culturel vécu par le Liban durant cette époque, qualifié d'âge d'or, affecté brièvement par la crise de 1957, devait continuer jusqu'en 1969, interrompu brutalement par l'accord du Caire, sous l'égide de Nasser, permettant à l'Autorité Palestinienne d'utiliser le territoire du Sud-Liban, comme un tremplin pour larguer ses activités militaires contre Israël. « *Fatehland* » était né dans les langes de la corruption et la suffisance mentale. Le Liban venait de perdre sa souveraineté, et son existence commençait à fluctuer entre être un pays de rechange de la Palestine, ou devenir un pays de la Résistance. Les musulmans sunnites croyaient avoir achevé une grande victoire. Les chrétiens humiliés préparaient, nichés dans une tour d'ivoire, un retour en force. Ce concept de dualité intrinsèque préconisé et loué par tous les partis concernés, glorifié par l'Église et toléré par l'Islam libanais, décrit comme un « vivre ensemble », ou la volonté d'une cohabitation harmonieuse sincèrement voulue par tous les partis, mais chacun selon son entendement de la formule, soutenu par une éducation divergente mal planifiée, allait aboutir à un dédoublement de la personnalité étatique dont le résultat sera une dichotomie du pouvoir, une dissociation complète de la réalité nécessaire pour la construction d'un état civil durable, l'accès au pouvoir de personnes incapables de motiver une bonne gérance, et une dysharmonie sociale flagrante entre les différentes couches de la société, encore attachées à des considérations tribales et claniques, rendues encore plus perturbatrice à la suite de l'intronisation du triumvirat présidentiel à la barre de l'État.

Sous le vernis mondain et opulent de l'âge d'or, dont l'éclat avait permis sans même un zeste d'embarras, de baptiser le Liban de « Suisse du Moyen-Orient » et comparer Beyrouth à Paris, s'était furtivement infiltré le plus pernicieux des maux, l'insouciance. L'occupation palestinienne du Sud-Liban établi autour de la région montagneuse de *Jabal Amel*, anciennement considéré comme un territoire essentiel dans le développement culturel et social du Chiisme, et le berceau d'une immigration de théologiens et de familles vers la Perse Safavide, ainsi que les incursions militaires israéliennes, souvent brutales, avaient sensibilisé la population, qui se voyait abandonnée par l'État, et qui existait en marge de la société libanaise préoccupée par son bien-être, ayant accepté le fait accompli et délaissé sans remords ses obligations. La présence de l'Imam Moussa Al-Sadr sur la scène libanaise, semblait avoir restitué pour un moment une direction nationale à la communauté chiite, mais en plus avait contribué à une prise de conscience et à une valorisation de son identité. Son influence fut cependant transitoire, car il disparut d'une manière mystérieuse, lors d'un voyage en Libye pour visiter le Colonel Kadhafi. Devant la disparition inopportune de l'Imam, le « réveil » Chiite, sous l'impulsion de la Révolution islamique de 1979, avait renversé le fragile équilibre communautaire. La communauté, historiquement soumise et pacifique, s'était transformée en un mouvement militariste, dominé par une idéologie religieuse intégriste, inspirée par la tutelle du juriste islamique, « *Welayat Al-Fakih* ». Le 12e Imam occulté avait tardé à venir. Il fallait donc lui préparer le terrain. Conçu comme un prolongement de la Révolution islamique, le Hezbollah, le Parti d'Allah, venait de naître. Les grandes familles libanaises chiites, dont la loyauté à l'entité libanaise n'avait jamais fait défaut, assistaient en spectateur impuissant à leur dépréciation sociale et politique.

L'accord des deux négations, qu'on avait essayé de raviver en deux occasions majeures, par l'accord de Taif, puis par l'accord de Doha, sous l'impulsion bénévole et généreuse de pays arabes, concernés par la désintégration du Liban, venait de recevoir le coup de grâce. Non seulement le Liban s'est soudain trouvé sous l'emprise d'un groupe mercenaire aux ambitions mal définies et perverses, mais il s'est surtout alloué un large segment de l'électorat chrétien dont la mission subliminale était de supporter l'ascension au pouvoir d'un élément évasif et instable dont l'histoire ne pouvait que soulever des doutes sur ses intentions et ses capacités, confirmant un élément d'incertitude quant à la relevance de l'intellect libanais dans le choix de ses leaders, dans le but inavoué de donner en échange une couverture chrétienne à cet élément subversif à la solde d'un pays décidé à exporter sa théocratie à travers la région pour achever l'ambition perverse d'une idéologie. La culture mythique de la mentalité avait couvert d'un voile opaque la personnalité douteuse qui avait soulevé les espoirs d'une population assoiffée de liberté et d'autonomie, en organisant des festivités folkloriques et populaires, dont le résultat avait abouti à une guerre d'annihilation interchrétienne, et une escapade nocturne pour chercher refuge à l'Ambassade française, lors de l'intervention probablement orchestrée de l'aviation syrienne contre le palais présidentiel où le Général Aoun s'était emmuré. Quinze ans d'exil à Paris en firent à son retour un héros national dans l'esprit de la communauté chrétienne et un élément incontournable de la scène politique libanaise. En échange d'une couverture chrétienne des activités douteuses du Hezbollah, le Général Michel Aoun, doué d'un esprit mégalomane et autoritaire, mais dénué des capacités intellectuelles nécessaires pour achever une entente, put satisfaire son ambition primordiale, celle de devenir le Président d'un pays en décomposition, sans jauger les moyens à sa disposition capables de matérialiser le sauvetage de la République.

Aucune des communautés musulmanes n'était en mesure d'accepter une République sous une autorité chrétienne prédominante. Deux leaders musulmans avaient acquis le charisme suffisant pour pouvoir consolider la trame de la société libanaise. L'Imam Moussa Al-Sader et Rafic Hariri, et tous les deux furent assassinés. Mis à part l'ancien Président Fouad Chéhab, les leaders chrétiens, parfois victimes d'opportunités manquées, souvent plus concernés par des considérations existentielles que par le sauvetage de la République, divisés par leurs désaccords et des loyautés égarées, n'ont jamais eu la capacité de cimenter le canevas fragile de la nation.

L'entente nationale n'a même pas survécu les premiers petits pas du Liban souverain, mais a continué à travers les ans à nourrir l'illusion d'une absoute originelle, perpétuellement renouvelable, sur la route de la rédemption.

Le mythe du Liban-message

Dans une performance de l'Ave Maria accompagnée par l'*Adhan*, l'appel musulman à la prière, en 2014 à l'Olympia puis au *Duomo Milan*, Tania Kassis, à la faveur de sa voix angélique, venait de faire connaître au monde la dimension vocationnelle du Liban, porteur d'un message animé et vigoureux, symbole vivant de la coexistence religieuse et catalyseur du dialogue Islamo-Chrétien.

Que le Liban puisse projeter cette image, merveilleuse opportunité médiatique pleine de bonnes intentions, flotte dans le domaine de la spéculation. Le pays des Cèdres devrait étreindre la vertu de la discrétion dans son comportement et ses prétentions, son histoire ne pouvant témoigner en sa faveur. La valeur ou l'attrait d'un acte pareil est transitoire, et dans le meilleur des cas, une satisfaction personnalisée qui enorgueillit son promoteur, mais en même temps jette un voile sur la réalité. Les incompatibilités doctrinales, théologiques ou historiques demeurent une barricade inaccessible par un assaut de la raison. La « Miriam » du Coran n'est pas nécessairement la Sainte Vierge du Nouveau Testament. Utiliser des subterfuges ne va pas amoindrir l'incertitude ou promouvoir l'aubaine d'une coexistence pacifique. Les sensibilités, maintenues à fleur de peau par des événements passés ou récents, tragiques ou géopolitiques, demandent une plus grande discipline de pensée et d'action, un effort concerté pour une plus grande liberté de communication et de latitude avant de s'aventurer à croire que la vie devrait imiter l'art.

Il n'en reste pas moins que l'idée en elle-même est une notion louable fécondée dans la plus profonde douleur dans un Moyen-Orient qui avait connu le génocide arménien, le génocide assyrien et la famine du Mont-Liban, et qui se vidait de ses chrétiens. Mais un concept d'une autre époque, quoique béni par le Pape, venu trop tard dans un monde qui aurait dépassé les valeurs intrinsèques religieuses et morales, basées sur la prééminence des hautes autorités spirituelles qui jouissaient encore d'une influence sociétale attentive, vers des ententes séculières et matérialistes, mais néanmoins humanitaires. La valeur politique d'une telle notion n'aurait aucun attrait négociable dans un discours sur l'entente cordiale. D'autant plus que l'Islam se considère comme la religion finaliste et le Christianisme, comme une religion universaliste. L'algorithme humain aurait remplacé le Spirituel et le Religieux. La Chrétienté, qui s'était diluée dans des pouvoirs séculiers, devenue une entité depuis longtemps prudente, se mesurant à une société libérale, handicapée par les scandales de l'Église, n'allait pas accourir pour sauver le Liban, dont les valeurs civiques et humanitaires étaient encore loin de satisfaire les exigences d'une démocratie occidentale.

Reconnaitre ses erreurs et les confesser sont les racines de la tolérance et le début d'un parcours propice. Le 11 septembre 2001 avait sonné une alarme imprévue, et réveillé des démons qu'on avait crus enfouis sous les décombres des guerres et la menace de nuages nucléaires, ou encore délaissés dans les oubliettes de l'Histoire. La réalité était tout à fait autre. Les répercussions tragiques de ces « chariots de feu » allaient raviver dans la conscience mondiale la nécessité urgente d'élever à une dimension internationale le dialogue

Islamo-Chrétien. Une solution politique ou militaire ne pouvait résoudre un écart démesuré et exponentiel en matière de foi et de culture, ponctué par des périodes de violences et de conflits, soulevant la question fondamentale de mesurer la distance spirituelle de cette dichotomie, aggravée par un sentiment unilatéral d'incapacité et de faillite, et par une escapade à caractère violent et médiatisé, espérant ainsi acquérir un respect perdu, et conquérir par des actes de terrorisme et de bravoure folklorique, la dignité nécessaire pour achever un couronnement.

Tout le contraire en était la conséquence désastreuse. Cependant, ce cri de guerre devait rallier tout autour une foule attirée par le mysticisme de la violence, imprégné par les vapeurs du soufre mêlé au sang. Le Liban n'échappa pas à cette logique. Plusieurs épisodes témoignèrent de la fragilité de l'équilibre interreligieux et de la menace planant sur le pays. Par une distorsion favorable du destin, quinze ans de guerre civile, suivie par l'occupation militaire d'un régime despotique, avaient planté des stigmates pénibles dans la psyché libanaise, éloignant le danger d'une récidive. Mais la raison ne sort pas toujours victorieuse des dilemmes du cœur.

L'Histoire est truffée de messages. Il nous incombe de les déchiffrer. Si l'on croit qu'un nouvel épisode d'une Commedia dell'arte, aussi louable soit-il, peut gommer 1500 ans de conflits et de malentendus sans enlever les masques, on serait la victime d'une bien naïve perspective. Mais rien ne devrait étonner venant de la part d'une société nageant dans la vanité qui a toujours préféré se débattre dans l'ignorance et cultiver le mirage.

Un message ne peut être transmis seulement par la fragilité des intentions, mais a besoin des ailes de la certitude.

Le mythe de l'essentialisme

Le précepte principal du Confucianisme était de promouvoir une harmonie sociale, à travers des concepts politiques promulguant une discipline tournée vers l'humilité et la compassion d'autrui. L'attrait des valeurs culturelles et sociales dans le maintien d'une vision politique unitaire est le support d'une solidarité sociale maintenue cohérente non par l'emprise légale, mais par l'observance des rituels et des traditions, mais aussi par l'héritage culturel de la société. Le concept de vertu, essentiel pour la dignité individuelle, la solidarité communale ainsi que pour l'ordre politique, a trouvé dans le système de méritocratie qui caractérise la société chinoise moderne une filiation naturelle.

Hafez El-Assad aurait fameusement dit que le Liban et la Syrie étaient habités par un même peuple dans deux pays séparés par une chaîne de montagnes. Rien n'est plus vrai que la présence de nombreuses familles dispersées sur le territoire de la Syrie Ottomane, mais la guerre civile syrienne a prouvé que la Syrie autant, sinon plus que le Liban n'était qu'un agrégat de tribus sans aucune affinité pour une synergie irréductible. Après la fin de la Première Guerre mondiale, une floraison de partis inspirés par le Fascisme, le Nazisme, le Marxisme, le Nationalisme, pimentés à une sauce religieuse, avaient germé, prêts à prendre la relève des autorités coloniales. Le chaos allait régner, doublé d'une sorte d'indulgence complice.

« L'Essentialisme Chrétien », et particulièrement maronite avait revendiqué des puissances coloniales un état sous domination chrétienne dans toutes les structures étatiques, acceptées avec réticence par la communauté sunnite, malheureuse d'avoir été séparée par une section de son cordon ombilical, non point avec la Syrie, mais surtout avec Damas, qui représente dans le subconscient musulman la ville constitutionnelle de l'Islam, sacralisée par la grande mosquée omeyyade fondée par le calife al-Walîd au début du 8e siècle, auquel, historiquement, on attribue la structuration de la religion islamique. La mosquée est implantée sur des couches accumulées de temples païens, celui de Hadad-Ramman, puis celui de Jupiter, à la suite des conquêtes gréco-romaines, avant de s'établir définitivement sur les ruines de l'église de Saint-Jean-Baptiste, tout en gardant les reliques du Saint, un des grands prophètes de l'Islam, dans un sépulcre en marbre vitré, intégré dans son enceinte. Cette implantation traduit au plus haut niveau la volonté dominatrice de l'Islam, considéré comme l'ultime religion avant la fin des temps. L'essentialisme Chrétien, représenté fondamentalement par un groupe ethnoreligieux, les maronites, imprégné par l'esprit des Templiers, avait caressé l'ambition d'un état dévoué au Christianisme Levantin. Cet état serait une expansion de la montagne libanaise, où les maronites, persécutés par les Byzantins à la suite de leur adhérence considérée transitoire ou accidentelle au Monothélisme, auraient trouvé refuge. Cette isolation aurait servi à implanter dans leur conscience subliminale la racine de la liberté. Sans cette notion fondamentale, le Liban n'aurait jamais vu le jour. Cependant, l'essentialisme Chrétien ne pouvait durer dans une région soumise à des épisodes de violence et résister à des intempéries arbitraires, souvent orchestrées par des interventions plénipotentiaires, mais aussi fréquemment par les divergences inhérentes à la culture locale, pimentée par des considérations religieuses antédiluviennes.

La création de l'État libanais en 1920, suivie par la création de l'état de la Syrie en 1930, en avait fait un terrain fertile favorisant les conflits locaux et régionaux, amplifiés par l'imminente menace de la Deuxième Guerre mondiale. Bientôt, suivant l'exemple du bourgeonnement du nationalisme européen, les politiques locales commençaient à s'organiser en plusieurs parties antagonistes, souvent débordant les frontières officielles du pays concerné. Cette période tumultueuse reste caractérisée par les tendances expansionnistes de la culture, évocatrice du concept romantique de l'unité impériale perdue, rejetée par les accords anglo-français de l'époque. Cette incessante recherche d'une unique et grande nation arabe avait culminé dans la création de la République Arabe Unie, quand l'Égypte et La Syrie avaient décidé de joindre leurs pays. La faillite de cette union, ainsi que les défaites militaires humiliantes, avait mis un frein au rêve des masses. La naissance des États-nations arabes venait de prendre un essor irrévocable et qualitatif qui, non seulement leur avait finalement donné un sceau de légitimité, mais en plus, leur avait ouvert le chemin de choisir des directions politiques différentes et souvent opposées. C'était la fin du rêve des Arabes. L'Arabisme était devenu une commodité interchangeable sur les ondes télévisées et les journaux subventionnés, et parfois lors de la signature de traité.

Le Liban et la Syrie avaient, eux aussi, pris des sentiers divers. Les autorités dans les deux pays avaient négligé de promouvoir une société homogène et équitablement assurée, préoccupés tel qu'elles étaient de se maintenir au pouvoir par tous les moyens et à restreindre le désir du peuple d'avoir des ambitions légitimes. Au Liban, différentes formules furent planifiées, telles que le vivre-ensemble, mais sans aucun effort d'intégration, alors qu'en Syrie, la dictature naissante continuait à prospérer, soutenue par la projection d'un ennemi de convenance préoccupé surtout à se fortifier, s'offrant l'appât d'une organisation à contrôler, et d'un pays à piller. La conquête de la Palestine saisissait le substrat d'un Axe de la Résistance. Un lot de consolation n'allait pas tarder à venir. Les pétrodollars coulaient à flots dans les poches des leaders, alors que le peuple palestinien avait été abandonné à lui-même, vivant dans des camps de réfugiés sans habitation adéquate ou sanitaire, sans support médical, sans éducation, sans un pays et sans avenir, le laissant croire au mirage du retour vers la terre promise. À la suite de ses infortunes terroristes et la faillite d'une action militaire fantaisiste, nommément déjouée durant la guerre des Six Jours, la cause palestinienne fut baptisée comme une cause arabe, puis à travers une mutation géopolitique inattendue en une cause islamique. L'aventure libanaise allait prendre du recul, et céder l'horizon à des aspirations ressenties plus urgentes pour le bien-être de la psychè arabe.

« L'essentialisme islamique » ne devait pas tarder à montrer ses dents. Selon la tradition musulmane, cette notion édifiante trouve son origine dans les paroles mêmes du Prophète, telle que rapportée dans le Coran, quand la nation musulmane avait été déclarée comme le meilleur lignage qui soit advenu dans l'histoire de l'humanité. Les notions de Dar al-Islam, la Demeure de l'Islam, où l'Islam détient une prépondérance exclusive, et de Dar al-Harb, la demeure de la guerre, une région considérée comme un appât à subjuguer, avaient créé une dichotomie dans l'esprit fragile du conquérant Sarrasin, mais qui avait chevauché à travers les siècles, pour aboutir à une division mentale du monde en deux régions. L'assaut contre les forteresses, anciennement chrétiennes de l'occident, accusé de bien de malveillance, continue. La conquête a persisté à travers le flot ininterrompu des salles d'accouchement, suivies d'une immigration massive, doublée d'une migration forcénée, sans pour autant considérer l'intégration comme une nécessité d'adaptation, mais au contraire, comme une négation des valeurs indélébiles et constitutionnelles, puisées dans l'Islam des prêches du vendredi. Cette distanciation voulue, empreinte dans l'esprit des générations naissantes par une éducation religieuse basée sur des dogmes sclérosés, immobiles depuis le XIIIe siècle, inoculait un isolationnisme culturel et civilisationnel caractérisé par un attroupement collectif dans des ghettos multiples, complètement étanches à un renouvellement salutaire, avec l'intention de modifier la structure sociale autochtone et créer un canevas socioreligieux prêt à happer les assises magnanimes de la démocratie.

Le Liban, comme Israël, était une anomalie dans le monde musulman. L'ambivalence d'origine coranique envers le Judaïsme avait traversé des siècles, pour prendre une dimension cataclysmique avec l'instauration de l'État d'Israël aux dépens de la population locale. Cet évènement entraîna des répercussions majeures sur la scène libanaise. Pour contrecarrer la volonté chrétienne d'un Liban indépendant et souverain, la communauté sunnite avait renforcé la notion d'Arabisme dans la mentalité de la population comme un bouclier contre des tendances collaboratrices qui auraient germé dans des esprits ouverts, puis s'était réfugiée dans le Nassérisme pour obtenir les concessions nécessaires à son ascension politique, aux dépens d'une minorité chrétienne, qui s'affaiblissait en nombre, et ne pouvait plus compter sur un support français par une France affaiblie et concernée par elle-même. Cette situation précaire avait abouti à accepter deux vagues de réfugiés palestiniens, en 1948 puis en 1970, à participer comme membre-fondateur de la Ligue Arabe, à tolérer des abus de la Résistance Palestinienne, et à douter de leurs intentions sécuritaires. L'identité du Liban avait été teintée de courants douteux. Les conséquences de ce relâchement moral et intellectuel dans l'armature fragile de la République avaient contribué à la détérioration sécuritaire dont le résultat ne pouvait aboutir qu'à des conflits militaires et civils. Le Liban, croyant être à l'abri des tempêtes, théoriquement contenues par l'accord du Caire de 1969, puis par l'accord de Melkart en 1973, vivait inconsciemment au bord de l'abime. Non satisfaite de la tournure des évènements, la communauté sunnite continua à supporter la Résistance Palestinienne, à tel point que le Président de la République, le maronite Sleiman Frangieh, un grand joueur de trictrac, alors qu'il aurait dû être un maitre aux échecs, devint le porte-parole de la cause palestinienne, durant la session de l'Assemblée Générale de l'ONU en 1974. À sa descente de l'avion, la délégation du Président avait eu ses bagages reniflés par les chiens de détection de drogue. Les Libanais n'avaient pas compris le message. La guerre civile de 1975 venait de commencer. Elle allait durer 15 longues années.

L'accord de Taif, en 1989, avait mis un terme à la guerre civile, ou du moins avait ravitaillé les assises d'une entente, après des efforts diplomatiques impressionnants de la part de toutes les parties concernées. L'accord venait de couronner une victoire politique sunnite, l'adhésion définitive du Liban comme patrie autonome dans l'enclave arabe, une reconnaissance du rôle culturel et constructif de la communauté chrétienne dans la nation libanaise, un rôle politiquement prééminent vu leur présence minoritaire, et leur diffusion éparse sur le territoire libanais, un statut plus visible et équivalent de la communauté chiite, devenue au fil des années la minorité la plus large, supplée par une jeunesse intellectuellement douée et une diaspora africaine richissime.

Rome avait vu son triumvirat. La France a eu le sien. L'Union soviétique considéra la Troïka. Le triumvirat libanais avait été articulé d'une manière telle que le régime syrien en était le parrain officiel. Mais nul n'avait envisagé alors que la Syrie était en train de devenir un vassal de l'Iran.

« *The vanished Imam* », Imam Musa Al-Sader, bien qu'originaire de l'Iran avait imprégné le Chiisme libanais de sa propre marque et lui avait donné un sentiment communautaire. Sa disparition mystérieuse, alors en visite en Libye, en avait fait une figure de proue du Chiisme libanais. L'évolution des évènements entrelacés par une série d'assassinats de personnalités libanaises, politiques et intellectuelles laisse penser que l'Imam avait dévié de sa mission originale. Sa politique personnalisée aurait pu arracher le Liban à la tenaille iranienne, et par le même biais, écarter la Syrie hors de son emprise. Mais, une nouvelle tragédie, la plaque tournante vers une nouvelle direction au moment le moins attendu, allait s'abattre sur le Liban : l'assassinat du Premier ministre R Hariri avait sonné le glas de l'hégémonie sunnite sur la politique libanaise et avait ouvert la voie pour l'infiltration iranienne à travers l'ascension fulgurante du Hezbollah.

L'essentialisme islamique avait changé de visage, et s'était camouflé sous un discours iranien, alors que précédemment, il avait toujours pris le masque variable à multiples facettes de l'Arabisme. Entretemps, la formule libanaise avait éclaté en mille morceaux, tiraillée par l'implantation chimérique de choix enduits par des théories dont l'essence était puisée dans des dogmes religieux révolus.

Le mythe de la liberté d'expression

Des décennies durant, la presse libanaise avait une audience régionale respectable, et pouvait même revendiquer la diffusion d'une certaine véracité considérée influente dans les affaires complexes et régimentaires de la région. Par suite d'une profusion non réglementée de l'opinion écrite, concurrencée par la diffusion imagée et radiophonique, elle s'était érigée en distributrice d'idéologies, de théories conspiratrices, de doctrines ou d'éthiques gérées par des esprits douteux, subventionnés par le plus offrant, profondément ancrés dans des rivalités mesquines découlant d'un essaim nourri par un flot de haines et de suspicions, mais toujours orienté vers un ennemi qui, s'il n'avait pas existé, on aurait tout fait pour l'inventer. En fait, si les Sionistes avaient imaginé Israël, les Arabes s'étaient engagés à amplifier sa présence en utilisant cet ennemi opportun pour achever leurs ambitions. La solution immédiate, c'était la formule instantanée des dictatures protectrices à défaut d'un Nationalisme Arabe authentique. La liberté de la presse allait être muselée ou régentée pour protéger l'autorité. La démocratie n'était qu'un reflet lointain d'un concept utopique, incompatible avec la réalité culturelle et le niveau éducatif de la population. La liberté d'expression dans le monde arabe allait subir une grande défaite.

Sans aucun doute, la presse libanaise de l'époque, encore libre de toute contrainte, reflétait impeccablement l'état d'esprit de cette période turbulente et écervelée, où la raison avait perdu droit de domaine. La cacophonie délivrée chaque matin par les journaux, tous à la solde de gouvernements arabes en guerre constante par gros titres interposés, souvent contradictoires ou insultants envers l'État libanais, ajoutait à la scène politique un arrière-fond chaotique, enlaçant le réel et l'imaginaire dans une étreinte péremptoire, n'ayant jamais abouti qu'à la défaite et à la tyrannie.

Manipulée par des régimes despotiques, dont le seul but était de se maintenir au pouvoir, la liberté de la presse n'avait jamais abouti à un résultat favorisant l'éclosion de la démocratie, ou simplement des réformes nécessaires à l'avancement de la société ou à un progrès civilisationnel. Les appels au changement, soit à travers des éditoriaux courageux, soit à travers une scène théâtrale satirique, étaient restés généralement lettre morte, dans une société satisfaite par son embonpoint et rassasiée par son opulence. La profession de journaliste n'est jamais une promenade de bord de mer. Les risques du métier sont réels et demandent une vigilance constante, car la distraction peut être mortelle, comme cela avait été démontré à plusieurs reprises, non seulement dans la région du Moyen-Orient, mais aussi mondialement, l'assassinat de journalistes étant une pandémie universelle. Il est certain que les assassinats politiques des gens de la profession sont venus ajouter une couche de peur et de prudence à la culture frivole de la société, et enrayer toute tentative d'émancipation. Le Liban n'a pas échappé à cette vague. Même du temps de l'Empire ottoman, on avait vu une fuite vers les Amériques de journalistes menacés pour avoir exprimé leur opinion.

Les assassinats, les coups d'État, les prises de pouvoir, les insurrections, la révolte contre un trône sont chose commune dans les pays arabes. Les révolutions ne le sont pas. La prétention de nommer chaque mouvement insurrectionnel une révolution est une anomalie. Et considérer le régime despotique qui s'ensuit, comme le rempart de la Révolution, tient de la culture emphatique prédominante dans la mentalité. Une révolution demande un changement de régime, mais surtout une éviction de l'ordre social établi, comme l'avait démontré la Révolution française ou bolchévique. L'évacuation de l'ordre social demande une cassure définitive avec des traditions et des croyances qui avaient jusque-là dominé les confins mentaux de la populace.

Le Christianisme offrait à l'individu la notion de la grâce, la liberté de penser et le libre choix. En fait, la notion du péché, réprimandé sur terre, et puni dans l'au-delà, offrait une bouée de sauvetage au concept de la liberté de choisir, car elle renforçait la notion de l'alternative, et au-delà, la capacité de l'indépendance. L'Islam, en tant que religion totalitaire, ne pouvait permettre à personne de s'affranchir de son étreinte. Les tentatives séculières de réformes et les velléités de changements ne pouvaient que basculer dans le traquenard de l'intransigeance religieuse. L'effort de certains érudits de mettre en valeur l'Âge d'Or de l'Islam, ou de prendre à témoin les démarches épisodiques avortées de la Renaissance arabe, dans l'intention de rapprocher les civilisations, relève de la pure fantaisie. Pendant que certains clamaient la conciliation et l'harmonie, d'autres voyaient dans cette approche rien qu'une invasion prédatrice et une image défigurée de l'Orient. Ce rapprochement, quoique louable, n'avait abouti à aucun résultat tangible, mais au contraire, avait condamné les observateurs à assister impuissants à un retour en force de l'Islam vers le passé par l'instauration d'une dynastie rétrograde, centrée autour du Wahhabisme, suivi de la mouvance des Frères musulmans, puis du Salafisme, en passant par la Révolution islamique Iranienne et couronnée finalement par Al-Qaïda puis Daech.

Pour les chrétiens d'entre les réformateurs, l'effort relevait plutôt d'une anxiété métaphysique qui dénotait une peur d'extermination ontologique, et pour les Musulmans, relativement conscients que l'Islam, basé sur un livre sacré « problématique », le Coran, est au mieux une hérésie ébionite, la secte judéo-chrétienne qui avait existé durant les premiers siècles du premier millénaire, de la peur d'une dérobade théophanique. Si les pays islamiques avaient accepté le Liban comme une projection alternative, sa naissance originelle aurait été célébrée par ces mêmes états, loin des conflits régionaux. La Suisse, en Europe, en est un exemple. Mais la fragilité du Liban, nanti de politiciens véreux, entouré d'états voisins prédateurs, ne lui laissait aucune chance de survivre dans sa formule initiale.

Dans cet environnement, la liberté de penser n'aboutissait qu'à des joutes oratoires stériles sans aucune critique constructive, et à des échanges d'insultes, souvent transmises par ondes électromagnétiques opposées, à charge négative. Cette schizophrénie à multiples personnifications créait une atmosphère liquéfiante à caractère envoûtant, capable de transmettre par un phénomène cryogénique à pénétration furtive une parodie invraisemblable d'une réalité inconcevable, et pourtant construite à coup de pioches et de marteaux, mais dont la structure imaginaire rappellerait l'image d'un croquemitaine déchiqueté par les vents.

La liberté de la presse, l'un des plus importants piliers d'une démocratie, est la fondation même de la Liberté. Les droits civiques du citoyen, conscient de sa responsabilité, ne peuvent être dépassés par des considérations religieuses, comme dans l'affaire tragique de « Charlie Hebdo », ou des considérations idéologiques, où l'assassinat et le meurtre collectif sont souvent considérés comme une solution finale. Malheureusement, quand le chaos idéologique et religieux prédomine, la presse est réduite à devenir un véhicule d'opinions diverses et perd de sa valeur constructive et libératrice. La presse, dans un Liban dont la vocation est le culte de la Liberté, prise dans la tornade des conflits géopolitiques, reflétait le chaos assourdissant de la région.

Mythe de l'arabisme

L'accord de Taif avait effectivement sonné la fin de la guerre civile, mais avait aussi permis d'élaborer un amendement de la Constitution de la République libanaise signée en 1943, contraire à l'esprit de l'entente nationale, forcé sur l'ensemble du pays par une communauté sortie politiquement victorieuse du conflit, et qui s'était sentie augmentée par la défaite du camp adverse. Le déséquilibre démographique, explicite depuis des années, permettait une plus grande acceptation du changement imposé, espérant faciliter une plus grande intégration de la population. La communauté chrétienne affaiblie et intimidée par sa défaite, confiante dans la bonne foi de ses concitoyens, pourtant intimement liés à tous les troubles infligés au Liban, n'avait d'autres choix que d'accepter une sortie honorable, généreusement accordée par les pays arabes, avec l'accord des États-Unis et de la France. En fait, d'éminents intellectuels et politiciens bien informés, avaient parlé d'une « guerre pour les autres » sur le sol libanais, une guerre par procuration infligée par des partis concernés pour résoudre leurs conflits sur un champ de bataille en dehors de leur sphère territoriale, avec comme épicentre du combat, le sort de la Résistance Palestinienne, mais effectivement loin du but avoué, la reconquête de la Palestine même. Si Israël était le plus souvent accusé de vouloir instiguer la guerre civile, l'innocence de pays arabes avoisinants ne pouvait en aucun cas être proclamée. Chaque éruption de violence au Liban suivait soit un désaccord sur la scène régionale, soit au contraire une entente, comme celle du « Camp David ».

Le Liban avait applaudi dans son ensemble l'arrivée sur la scène d'un homme à la stature hors pair, et qui allait travailler dans un esprit de conciliation dans l'espoir de rebâtir un Liban nouveau, encouragé par une ambiance internationale favorable, stimulée par les accords d'Oslo qui auraient permis l'accès à une paix permanente dans la région. Déroutée et dispersée, décapitée d'un leadership capable et visionnaire, la communauté chrétienne s'était pliée à la condition sine qua non de l'arrêt des hostilités. Au seuil d'une ère nouvelle, le Liban allait prendre officiellement une nouvelle direction, opposée à ses ambitions initiales, en s'autodéclarant « arabe dans son appartenance et dans son identité. »

Sans définir exactement ce terme et ses implications, ou la responsabilité de la République vis-à-vis de l'identité officiellement déclarée, la langue arabe venait de prouver une fois de plus, l'absence d'un vocabulaire adapté aux nécessités de la communication géopolitique, en ne différenciant aucunement entre Arabité et Arabisme. Le Liban, à travers ses politiciens intellectuellement déficients, s'était aventuré à adopter une notion mal définie, engageant le pays vers une identité à la fois linguistique, culturelle et politique, sinon idéologique, l'opposant à son aspiration originelle, et probablement fantaisiste de Phoenicisme, et pourtant dans la lignée de son existence à caractère unique dans un Moyen-Orient limité dans ses choix et ses ambitions d'émancipation et de réformes. Un engagement fait sous pression, sans définir le sens propre de chaque stipulation, l'Arabité étant un concept culturel à base identitaire, mais qui n'engage pas dans le programme politique de l'Arabisme. Cependant, nul n'avait anticipé que l'enrôlement du Liban dans l'idéologie de l'Arabisme allait le précipiter dans une nouvelle tourmente et consacrer un état de belligérance permanent avec Israël, qu'il avait essayé d'éviter des décennies durant, à travers l'ingérence d'un nouveau venu sur la scène levantine, la Révolution islamique Iranienne.

L'accord de Taïf avait été signé dans la douleur et dans le soulagement, donnant un nouvel élan au vol du Phoenix, ressuscité de ses cendres. Manipulé par le régime syrien désigné comme le de facto commanditaire de l'accord, il n'allait jamais être appliqué complètement ni dans son esprit ni dans sa lettre. Le régime syrien l'avait utilisé à son avantage, en manœuvrant avec fourberie entre les différents antagonismes politiques, tout en renforçant l'activité militaire de la milice iranienne prénommée Hezbollah, contrairement à l'entendement de l'accord. Avec le départ humiliant de l'armée syrienne du Liban, quinze longues années plus tard, l'accord de Taïf, administré par un Triumvirat politiquement astucieux, mais moralement répugnant, allait entrainer le pays vers une désintégration financière et civique presque totale.

L'esprit de l'accord insistait sur l'identité arabe du Liban, comme une sorte d'absoute pour effacer les égarements du pays durant presque un siècle d'étourdissement, soupçonné de vouloir échapper à l'emprise arabe, mais en fait voulant préserver sa culture occidentale et chrétienne, durement éprouvée durant les siècles ottomans, devant un Islam monopolisant, et qui ne s'était pas désisté de sa tendance conquérante et totalitaire. En fait, l'accord de Taïf, en établissant une promesse d'une parité supposée permanente, était une négation de l'esprit du Pacte National, mais surtout un rejet d'un Liban planifié comme une unique expérience pouvant aboutir à une mission providentielle, dont le monde pouvait en bénéficier, dans une région soumise à l'emprise étouffante des religions comprises souvent dans leur extrême entendement. La Chrétienté avait certainement été démographiquement amoindrie. Un nouveau réveil du conflit doublement millénaire sunnite-chiite pourrait certainement diluer encore plus la présence chrétienne dans un Moyen-Orient en constante ébullition.

L'Islam n'avait pas suffisamment mûri pour accepter un compromis. Une réforme de l'Islam conceptuel serait encore nécessaire, mais certainement inabordable, et serait sujette à des rejets intempestifs, probablement hostiles, pour achever cet objectif. La réticence des chrétiens libanais de qualifier le Liban d'État arabe reposait sur la peur d'être dilué dans le monde musulman périphérique et aussi de perdre une identité pour laquelle la communauté maronite, qui se considérait comme une nation, à tort ou à raison, avait si longtemps combattu et souffert. Le Liban, ayant toujours été un carrefour de civilisations, ne peut s'identifier à une seule race ou descendance. L'héritage varié de la population est clairement visible dans les strates de la société et génétiquement confirmé. La langue arabe avait dominé la région à la suite des conquêtes des tribus de la Péninsule arabe, la défaite de Byzance, la désintégration de l'Hellénisme, et la débâcle de la Perse Sassanide, supplantant les langues grecque et araméenne, créant ainsi un vaste déploiement ethno-social, riche par sa diversité, mais en même temps disloqué par une acculturation fragmentée et dominée par la religion. Quand la population avait décidé d'abandonner l'Araméen, la langue régionale et liturgique, prépondérante durant plus de 10 siècles et qui avait résisté à l'Hellénisme, pour adopter la langue arabe, l'intégration sociétale allait subir une transmutation importune. Cette « décision » collective signalait le début de la décomposition progressive de la Chrétienté orientale. Seule la communauté arménienne, installée dans le Premier Empire Chrétien de la région, avait, pour son grand honneur, gardé intacte sa langue vernaculaire. La création du Grand Liban, une extension de la montagne chrétienne libanaise, avait été considérée comme l'établissement d'un foyer national pour une Chrétienté orientale menacée d'extinction. L'insistance de la communauté musulmane de qualifier le Liban comme un État arabe, dont la quintessence est intimement liée à l'idéologie musulmane, niant l'accord initial et gommant une notion préliminaire de neutralité, allait entrainer le pays dans des considérations géopolitiques imprudentes, bien au-delà de ses capacités.

Le conflit Israélo-Palestinien qui, à un moment donné, était un conflit arabo-israélien, et qui avait occasionné deux grands conflits militaires, mais qui avait changé d'orientation à la suite de la paix avec l'Égypte et la Jordanie, la collaboration de la Résistance Libanaise avec Israël, l'intérêt des nations occidentales dans le Liban, et particulièrement des États-Unis, rendaient les intentions arabes du camp chrétien telles que perçues par l'Axe de la Résistance, suspectes et indignes de confiance. La nouvelle dénomination garantissait dans l'esprit musulman une certaine loyauté, négligeant de reconnaitre la contribution des chrétiens à l'esprit de la Nahda, ou l'épisode de la Renaissance arabe, qui avait débuté au XIXe siècle, pour contrer les réformes turques et se dresser éventuellement contre le colonialisme, aiguillonné par plusieurs intellectuels libanais ou syriens dans leurs efforts à moderniser la pensée politique arabe, encore obnubilée par une longue période de domination ottomane, croyant sortir de sa torpeur en souscrivant à des idéologies arbitraires qui furent éventuellement escamotées ou appropriées par les dirigeants au fil des années. L'ambition de la Nahda l'avait conduite à la modernisation de la langue et de la littérature arabe, l'ouverture vers le monde arabe de la culture occidentale, couronnée par les institutions éducatives qui avaient mis le Liban à l'avant-garde de l'instruction, l'esprit de tolérance et d'acceptation dont le Liban avait bénéficié, ainsi que le culte de la liberté qui avait enrobé toutes les couches de la société. La faillite de ce mouvement était due à l'intransigeance du dogmatisme musulman, qui avait opposé une barrière religieuse impénétrable.

En fait, le problème essentiel n'était pas la Chrétienté libanaise, dont l'esprit souple et débonnaire lui permettait de s'intégrer sans problème, mais bien l'Arabisme même, tourmenté par ses multiples démons. L'adhérence à sa culture ouvrait une trappe vers une grille de différentes et parfois contradictoires transpositions, sans aucune convergence de vue. Des extrapolations idéologiques avaient déformé sa tendance initiale, celle d'unir sous une même tente les peuples arabes, dispersés sur les deux continents, en une nation arabe, prête à célébrer la gloire de la civilisation arabe, à travers la richesse de sa langue et sa poésie. Le mouvement culturel qui avait pris naissance au XIXe siècle, pris une tournure militante durant la Première Guerre mondiale, avec la révolte arabe contre l'Empire ottoman, et l'installation d'États-Nations artificiellement créés, dont l'infortune résidait dans leur incapacité de posséder l'art de gouverner, tout d'abord sous une tutelle occidentale assidue et constructive, mais bientôt libérés de toute-puissance mandataire.

La période d'entre les deux guerres allait voir la dilution de l'Arabisme dans la notion de l'Orientalisme, qui reflétait l'intérêt artistique et littéraire de l'Occident dans ce territoire exotique, mais illustré par Edward Saïd dans son fameux essai comme une construction aberrante de l'imaginaire occidental, décidé à happer ses richesses, en ajoutant une réduction idéologique exprimée, selon Michel Foucault, en « un courant de pensée occidental qui figerait le monde arabe » dans un cosmos distant, isolé et irréel, voire déficitaire et inférieur, qui appellerait à une domination et à une structuration impérialiste.

Ce fut la Révolution égyptienne qui marqua le réveil du Nationalisme arabe, affirmant un héritage commun au monde arabe, uni par une histoire, une culture et une langue conjointe, sans aucune considération pour les grandes minorités ethniques qui peuplaient encore le territoire levantin, dont l'histoire et l'héritage n'avaient rien en commun avec celui des Arabes, sinon la mémoire des conquêtes et les récents génocides des populations de la Mésopotamie et de la Turquie par l'Empire ottoman. L'exode pénible de chrétiens qui s'ensuivit, en était le témoignage.

La Révolution égyptienne allait tout de suite avoir à se défendre contre l'assaut d'un mouvement extrémiste, les Frères musulmans, dont le postulat religieux était directement inspiré du Wahhabisme, mais dont les aspirations politiques le mettaient en conflit avec le pouvoir saoudien. La compétition entre les différents courants extrémistes allait prendre un essor international à la suite de la Révolution Iranienne en 1979, et de la naissance d'Al-Qaeda, à la suite de la débandade soviétique et le départ des Soviétiques de l'Afghanistan. Inspirée par les dogmes d'Hassan Al-Banna, le fondateur des Frères musulmans, rendus accessibles par les écrits du théoricien du mouvement, Sayyid Qutb, l'idéologie doctrinale chiite, sous la plume d'Ali Shariati, le théoricien de la Révolution islamique, « la tutelle du juriste-théologien » ou « *Velayat Al-Faqih* » allait envahir la psyché de la foule arabe, toujours réceptive à des allégories extrémistes, et dévier la courbe traditionnelle de la politique arabe, jalonnée de défaites et de compromis, même de trahisons, en s'appropriant la cause palestinienne et promettant de mettre fin à l'agonie du peuple palestinien. En jetant de l'huile bouillante sur un Arabisme déficitaire, déjà souffrant d'une pénurie idéologique, un substrat nécessaire à la mentalité arabe éduquée par des édits religieux et dogmatiques, on aurait relégué l'idéologie belliqueuse qui avait dominé la scène politique durant des décennies dans les coulisses de l'oubli, accentuée par la faillite du « Printemps arabe », puis par les Accords d'Abraham concernant la paix des pays du Golfe avec

Israël, dans le sillage de l'Égypte et de la Jordanie. L'Iran, à travers ses mercenaires dispersés stratégiquement, son hégémonie en Irak et en Syrie, deux pays indispensables pour un Arabisme fonctionnel, sa domestication du Liban, avait réduit l'Arabisme à une notion historiquement révolue. La suprématie de l'Iran avait éliminé la prépondérance idéologique de celui-ci, tout en gardant actif le lien religieux de l'Islam avec l'organisation transnationale arabe, la société des Frères musulmans, intimement liée avec le Qatar et la Turquie, et gardienne spirituelle de l'Hamas, à Gaza.

La guerre civile islamique, rappelant les guerres d'apostasie du temps des califes bien guidés, avec l'avènement de Daech, les troubles de l'Irak et le conflit syrien sonnent le glas pour un Arabisme mal conçu et mal géré, secoué par des soubresauts insipides de velléité unitaire, entrelacée de querelles, d'insultes, d'assassinats et de coercition. L'insistance sunnite d'adhérer le Liban à l'Arabisme, alors que l'Arabité était l'ultime vocation nécessaire et naturelle, restera une tare pathognomonique d'une culture déficiente et inhibée.

Réflexion sur les identités

Bien avant qu'Amin Maalouf n'ait projeté les lumières sur les crises identitaires dont souffre l'humanité, les conflits politiques ethniques, parfois sanglants et génocidaires, ont traversé l'histoire comme une fresque murale à cadres multiples.

Dans une région dominée par l'emprise religieuse, en proie à des tiraillements théocratiques inépuisables, on se demande qui, au XXIe siècle, est le peuple choisi de Dieu. La croissance exponentielle de la religion, liée à un phénomène étrange et pérenne, ineffable durant des siècles, n'a fait qu'ébranler les assises humaines de l'entendement. Des trois monothéismes, le Christianisme s'est rétracté d'une telle manière qu'il est presque invisible dès qu'on dépasse le Phare d'Alexandrie ou le Colosse de Rhodes. Le Vatican, réduit à une enclave, moralement déconstruit, obligé de s'excuser pour toute infraction, ancienne ou récente, émet une faible lumière, une veilleuse de nuit, toujours respectée, mais rarement écoutée, espérant guider l'humanité vers la Vérité, déchirée par l'absence perdurable de Dieu.

L'Islam est en pleine effervescence, faible dans ses réalisations, mais pour compenser, conquérant dans sa démarche, équipé d'un Dieu omniprésent dans les moindres recoins de son manège, réclamant ses dépouilles, revendiquant ses conquêtes perdues, sans considération pour la population autochtone qui occupe la terre, inébranlable devant les triomphes défigurant de l'épée.

Le Judaïsme, coupable de se lamenter sur les ruines de son passé, a l'air de s'être frayé un chemin à travers les dédales de la haine, de la mésentente et de l'injustice. Dieu qui, à un certain moment, avait donné l'impression de l'avoir abandonné semble satisfait pour le moment d'être présent dans les interstices d'un mur cerné par une citadelle, susceptibles de contenir les crevasses de l'harmonie.

La religion n'a jamais pu transmettre à la conscience l'égalité de la nature humaine sous ses différentes formes et aspirations. Au contraire, l'assaut contre les hérésies, l'inquisition, les guerres de religion ainsi que les conquêtes arabes, le djihad ont simplement renforcé la notion de l'essentialisme ethnique, basé entre autres, sur la langue, l'histoire, la géographie et sans doute la culture. À l'intérieur même d'une ethnie, l'équilibre qui maintient sa distinction est absolument nécessaire pour son développement et son intégration. Dès que la balance fléchit dans un sens ou l'autre, l'appât de l'extrémisme et de l'intolérance l'emporte vers des horizons dissimulés. Ainsi, l'agglomérat de groupes ethniques avait permis de créer et de consolider des Empires.

Nonobstant, à l'intérieur d'une même ethnie, l'Humanité avait trouvé moyen de s'autodiviser. L'Amérique du Sud est un conglomérat d'États parlant la même langue et pratiquant la même religion. On peut accuser l'accord de Sykes-Picot d'avoir subdivisé le Moyen-Orient, mais les États ainsi créés se sont accrochés à leurs lauriers avec acharnement.

Depuis les débuts du centenaire passé, le Grand Liban, établi par un accord des grandes puissances du moment, où on a essayé de consolider différentes ethnies ayant une seule caractéristique commune, le langage, s'était trouvé à la recherche de son identité. À un certain moment, il a cru l'avoir trouvée. Mais à la grande déception de son public, la construction de sa quintessence, compatible avec l'air de ses montagnes, la chaleur de ses vallées, la clarté de son ciel bleu, son rivage penché vers le monde, semble vouloir lui échapper. Son histoire tourmentée aurait dû être un avertissement. Sa quête s'est heurtée à des barricades géopolitiques imprévisibles, presque impossible de franchir sans avoir consolidé son modèle théorique de pensée et sans avoir discipliné son discours.

Ce qui rapproche ou éloigne les peuples reste dans le domaine de la spéculation. Les Grands Empires ont persisté grâce à une majorité ethnique dominante, mais en même temps privilégié par un paradigme universel, capable d'absorber un afflux allogène, sans affaiblir l'édifice de base. C'est le cas aujourd'hui des États-Unis, du Canada et de l'Europe en général. La condition sine qua non d'une immigration réussie est la disposition de la personne de s'intégrer à sa nouvelle société, en préservant son héritage, et sans importer dans ses bagages les préjugés et les aléas de sa culture. Le Liban n'avait qu'un faible coefficient d'autonomie symbiotique et un espace restreint pour développer sa personnalité. Pour compenser, il s'était découvert des mythes et des fantaisies intérimaires.

Le Liban, est-il encore capable de se recréer et de se reconstruire ? Le potentiel est à portée de la main, mais il a besoin de la solitude du désert, ou de l'isolation insulaire d'un naufragé, décidé à récupérer sa vie.

Au-delà de la crise existentielle du pays, plusieurs données nouvelles semblent favoriser cet espoir. « La liberté, c'est de savoir danser avec ses chaines » avait écrit Nietzsche. L'époque du nassérisme, la guerre civile et l'occupation syrienne ont imprégné le moule de la pensée du souffle de la liberté et pulvérisé les jougs de la soumission à des mythes usurpateurs. L'individu s'est trouvé engager dans sa quête du bonheur, en grec « *eudaimonia* », une notion développée dans la Grèce antique, et adoptée dans la constitution américaine, dans une collectivité concernée par sa prospérité, son existence, son salut, et moins par des considérations muettes et inaccessibles. Le chemin reste long et ardu. Construire une identité est l'art de dominer ses propres divergences.

Un coup d'œil tout autour de soi, à travers les créneaux d'une citadelle en train de crouler, devrait nous donner une pause pour réfléchir. Blâmer l'ennemi est la solution facile et spontanée. La vérité est beaucoup plus complexe et dure à avaler. Le Liban a besoin de reconnaitre ses erreurs à travers un « *soul-searching* » effort, une série d'examens de conscience, d'introspection méditative, et de réaliser que son existence est en proie à une politique de manipulation, que seul l'abandon des ambitions importées et des croyances provocantes, témoins d'un manque de civilité et le respect de l'altérité, suivi d'une période de réconciliation et d'engagement, peut aboutir à une entente. Rester autour d'une table de rénovation nationale sans avoir confessé ses erreurs serait une entreprise futile. La solution d'une 3e république sans vision morale ne serait qu'un déguisement illusoire. Des élections sur fond de confrontation portent le risque de faillir aux expectations. Pour reconstruire le Liban, il faudrait tout d'abord déconstruire ses mythes. La neutralité offre la perspective nécessaire.

Considérations sur l'enfer

« Lasciate ogne speranza, voi ch'intrate »

Quand le président de la République Libanaise, en réponse à une question d'un journaliste inquiet devant les catastrophes multiples qui s'étaient effondrées sur le Liban comme une avalanche de météorites à travers un cosmos imperturbable *« Ubi Libanum vadis ? »*, avait simplement répondu : « La Géhenne », en arabe, « En enfer ». Il ne croyait pas si bien dire, sans pour autant préciser le niveau de la descente spiralée ou les implications métaphysiques d'un tel désespoir. Ou bien avait-il eu une réminiscence de l'incendie qui avait ravagé le night-club dans les années soixante, situé dans la descente vers Beyrouth, non-loin de la demeure de la Présidence, nommé « L'Enfer » quand un ami, brûlé à 90 %, m'avait demandé si je l'avais reconnu ? En un mot, il s'était assigné le rôle d'Hadès, le dieu des enfers et le souverain des morts, décrit par Homère et Hésiode comme étant un personnage « impitoyable », « odieux » et « monstrueux », en bref, le gardien de la géhenne. Simplement, pour un esprit flatulent et mégalomane, l'enfer n'est qu'un charnier où s'entassent les cadavres, mais aussi les intentions et les intrigues. Que le peuple ait un autre concept de l'enfer n'avait aucune importance tant que les flammes n'atteignaient pas l'étage de l'autorité, telle que définie par Jean-

Jacques Rousseau dans une boutade fameuse attribuée plus tard à la reine Marie-Antoinette saisie par un élan historique de générosité, surprise par la colère incompréhensible du peuple.

En réalité, le Président venait de résumer l'épopée du Liban en un mot commun inspiré de croyances anciennes. En fait, la notion de l'enfer remonte à l'Antiquité, perçue comme « la maison des cendres et des ténèbres », et suit une évolution lente avant de pénétrer dans la théologie chrétienne. Tout d'abord, considéré comme un monde souterrain délimité par la Rivière Styx, l'enfer était le royaume des morts. Il aurait fallu attendre le Ve siècle pour que la mythologie chrétienne le définisse comme le chaudron des âmes damnées.

C'est seulement au XXe siècle que l'enfer prend un autre sens lorsqu'à travers l'axiome émis par J-P Sartre, « l'enfer, c'est les autres », la dimension existentialiste de l'enfer prenait forme. Simplement, c'est le drame intérieur de la conscience soumise au regard envahissant de l'autre, sans pouvoir ne jamais s'extraire à son verdict. « L'existence de l'autre » en projetant son propre paysage, considéré comme une souillure, aurait créé une faille assimilable au péché originel dans une humanité distincte et singulière, qui devient ainsi menacée dans sa propre destinée. La boutade du Président aurait pu figurer dans un passage de J-P Sartre, car l'on peut imaginer qu'il souffrait d'une grande nausée ce jour-là.

L'interaction entre les religions n'est pas un débat ou un dialogue, comme on a voulu nous faire croire, mais un litige réciproque, latent, quotidien, où le regard de l'un pénètre dans les rouages des convictions de l'autre, où l'on cherche à contourner les angles d'une autre croyance, à la déshabiller de sa sacralité, à la dépouiller de ses racines, et à la remodeler à tous les niveaux, culturel, légal, vestimentaire, alimentaire, et même intime. L'enfer, c'est la culture de l'autre.

Le Liban, depuis sa fondation, a connu l'enfer sartrien imposé par les religions. La montagne libanaise, sacralisée par une présence chrétienne qui remonte au temps des siècles fondateurs, avait servi comme refuge pour des sectes religieuses fuyant l'intransigeance byzantine ou les conquêtes arabes. L'idée du Liban était née de ce paradigme, un pays refuge pour les communautés chrétiennes du Levant. Une affinité culturelle et religieuse avec la France lui avait donné l'espoir nécessaire pour achever une entreprise délicate et unique : réunir sous un même toit des ethnies diverses qui avaient passé leur temps à se chamailler, et souvent à s'entretuer. Les quelques exemples européens donnaient certainement de l'espoir. Mais devant l'effervescence de la culture musulmane, son intransigeance dogmatique, et à travers les conflits qui ont infesté la région, l'idée originelle avait pris une tournure tout à fait différente. Le Liban allait succomber aux flammes de l'enfer par une asphyxie progressive.

Alors que les grandes familles chiites avaient montré une loyauté et un attachement incontestable à la formule libanaise, le sunnisme politique aurait cherché par tous les moyens tout le long des décennies de l'Indépendance nationale à éroder le pouvoir des chrétiens, à accaparer une plus grande portion de l'autorité, à gagner une latitude nuisible dans son comportement, pour finalement entrer en conflit avec lui-même, enflammé par les différents courants islamiques exclusivement autoritaires, ainsi qu'entre les deux grandes communautés, ravivant une dispute de succession âgée de 1500 ans, en imposant un système de pouvoir, basé sur un triumvirat dissymétrique. Tout d'abord soutenu par la Résistance Palestinienne, puis par une Syrie assise sur une plaque tournante, la communauté sunnite venait à réaliser un peu tard, sous l'influence d'une personnalité hors cadre et d'un calibre inaccessible, Rafic Hariri, en butte contre les mésaventures géopolitiques du régime syrien, l'abandon par l'Égypte de son autorité morale, l'expansion corruptible des Frères musulmans, les actions subversives de la Résistance Palestinienne, la Révolution islamique de l'Iran, la volonté conciliante de l'Arabie Saoudite, la valeur de la terre à travers les appels de Bachir Gemayel, mais surtout la civilité éthérée de la montagne libanaise, que le Liban était leur pays et pouvait aussi être leur nation.

Il fallait cependant traverser la période de réconciliation et de reconstruction. Pour s'assurer les faveurs occidentales, et faire croire à un esprit de tolérance, on avait inclus la communauté chrétienne, dépassée démographiquement, affectée par les vannes de l'émigration, affaiblie et vaincue après 15 ans de guerre civile dont les soubassements avaient des relents d'une guerre d'attrition, dans des réformes dites constitutionnelles, mais castrée de son rôle, diminuée dans son pouvoir et dans son efficacité. Les maronites, dont l'autorité s'étendait à toutes les branches du gouvernement, allaient être obligés d'accepter un système de power-sharing sous la forme d'un Triumvirat, une formule historiquement fallacieuse, dont chaque membre allait tirailler le pays vers le littoral qu'il favorisait. La nation, écartelée par une Syrie avide de contrôle, perturbée par des ambitions externes géopolitiques invérifiables, par une politique israélienne ambigüe, par l'ascension clandestine du Hezbollah, le Parti de Dieu, sous l'instigation furtive de l'Iran, cherchant à maintenir l'hégémonie de sa révolution par une expansion régionale, allait sombrer encore plus dans la spirale infernale.

L'attentat massif à la bombe suicidaire contre l'Ambassade américaine de Beyrouth en avril 1983 aurait dû être un avertissement. Cette explosion fut suivie par deux autres encore plus dévastatrices en octobre 1983, détruisant les baraques des contingents américain et français, causant la mort de plus de 300 personnels militaires. La naissance du Hezbollah s'était faite dans un bain de sang et de poudre, un signal direct et brutal qui annonçait que l'heure de la paix n'avait pas encore sonné. En fait, la Paix avait un très long et ardu chemin à traverser. Le complot contre le Liban venait de prendre une autre dimension. Le pays, déchiqueté, déjà par des conflits parfois limités à des quartiers, n'allait pas connaître de répit. En effet, durant la période 1980-1981, les forces palestiniennes avaient continué à harasser Israël par des actes de guérillas à intensité réduite. Israël, exaspéré par ces attaques provocantes, encouragé par le partenaire chrétien, anxieux de se débarrasser du poids palestinien, un accroc puissant dans la marche vers une entente nationale et dont la présence avait permis à la communauté sunnite de supporter ses revendications pour une plus grande participation gouvernementale, allait s'engager dans une invasion massive du Liban, chatouillant de près la présence militaire syrienne présente dans la plaine de la Bekaa.

Quand les combats avaient pris d'assaut les rues de la capitale, la guerre prit une tournure tragique. La flambée de l'industrie milicienne, qui n'avait pas cessé de grandir bien avant l'accord du Caire, avait rendu une situation difficile à gérer en un chaos impossible à contrôler. Un méli-mélo de forces syriennes, palestiniennes, enchevêtrées avec des forces gauchisantes, opposées à des forces d'extrême droite, encore plus diverses et plus éparses, occupait la scène militaire, rendue semblable à un chantier de destruction en pleine jungle abandonnée par sa faune et envahie par des créatures prédatrices, étrangères à la terre. Une horreur rendue encore plus grotesque par la présence de deux armées, prêtes à un échange d'hostilités destructrices sans aucune considération humanitaire, l'horreur de la guerre n'ayant d'équivalent que la démesure de la haine. La Résistance Palestinienne avait été défaite, puis soumise à l'exil, loin du Liban, où elle avait exercé un pouvoir nuisible et pernicieux durant plus d'une décennie.

La force multinationale, à la suite d'un cessez-le-feu, allait superviser le départ des forces palestiniennes du Liban vers la Tunisie, laissant derrière elles les camps des réfugiés, après une présence destructive qui avait marqué le Liban et la région d'un indélébile malaise et amoindri la capacité diplomatique de la cause palestinienne.

Le départ émotionnellement chargé de la Résistance Palestinienne, porteur d'une double sensibilité, une déchirure fraternelle pour certains, mais surtout une délivrance libératrice pour d'autres, signalait un nouvel épisode dans la destinée du pays. Une ère chargée de tragédies multiples et de courts triomphes allait continuer jusqu'à la fin de la guerre civile, secouée par l'assassinat de Bachir Gemayel suivi par le massacre des camps palestiniens de Sabra et Shatila, en passant par l'épisode folklorique du Général Michel Aoun, déclaré comme Premier ministre intérimaire du pays, suivi de la Guerre de Libération contre les Forces Libanaises, puis par la fuite nocturne du Général, cherchant asile dans l'Ambassade de France lors de l'attaque syrienne sur le Palais Présidentiel, pour être clôturée par l'accord politique de Taif, en réalité un armistice militaire soutenu par un partage dissymétrique des pouvoirs, mais hébergeant la semence de nouvelles querelles. L'accord stipulait le désarmement de toutes les milices, la reconstruction de l'armée libanaise et la démilitarisation des toutes les zones. Sous l'égide de la Syrie, le plan allait inclure toutes les parties concernées, excepté le Hezbollah. Cette dérogation s'est avérée être le cheval de Troie d'un plan machiavélique préparé dans les labyrinthes du Croissant Chiite.

La Syrie, sans aucun effort militaire, n'ayant rien à perdre, mais tout a gagné, avait feint de supporter la première guerre du Golfe, à la suite de l'invasion du Koweït par un imprudent Saddam Hussein, à l'époque où l'administration américaine croyait que le Liban, étant ingouvernable, avait besoin d'un baby-sitter, juste pour avoir la permission internationale d'en finir avec la présence embarrassante du Général Michel Aoun, emmuré dans le Palais Présidentiel à Baabda, à la suite d'une entourloupe constitutionnellement acceptable, quand il fut nommé Premier ministre intérimaire par le Président sortant, manœuvre maladroite pour échapper à un vide constitutionnel, d'un gouvernement militaire, devenu fantoche quand les autres membres refusèrent de siéger autour de la table. L'élection d'un nouveau Président avait été bloquée tout d'abord par l'absence d'un consensus politique obligatoire, puis par l'assassinat du Président élu par l'explosion d'une voiture piégée, portant la suspicion sur le régime syrien, probablement mécontent du choix de la personne convenue. René Moawad avait voté pour la Présidence de Bachir Gemayel en 1982.

Cet épisode avait élargi le champ devant l'ambition de l'occupant du Palais, qui avait endossé sans hésiter la chasuble décorative de président, et dont la mégalomanie avait été enflée par un éveil populaire massif, transformé en un spectacle quotidien folklorique, et dont le thème sous-jacent était une opposition farouche à la Syrie, accusée de tous les maux du Liban. Le double jeu du Général, en même temps brutal et astucieux, donnait l'impression d'une figure mythique, prométhéenne, et dont la seule mission était la sauvegarde du pays loin de l'emprise syrienne. En fait, la guerre d'annihilation contre les Forces Libanaises, lancée pour le contrôle des régions sous leur domination, avait pour but latent de fragiliser l'accord de Taif, dont le Général avait été exclu, et contre lequel il s'était opposé, sous le prétexte qu'il sapait l'autorité chrétienne, n'était en fait qu'un moyen de les affaiblir, de forcer les pays arabes intéressés par l'accord à se tourner vers lui pour tout agrément et un clin d'œil vers le régime de Damas, sous couvert d'un tapage médiatique inflammatoire antisyrien, donnant ainsi le prétexte à l'armée syrienne d'avancer vers le contrôle des régions sous l'autorité des Forces Libanaises, mettant en relief une ambition jusque-là dissimulée sous la discipline militaire.

La première guerre du Golfe libère le Kuwait de l'invasion irakienne, mais aussi, libère le Liban, au moins temporairement, de l'épisode populiste du Premier ministre désigné Michel Aoun, persuadé d'être un hôte permanent du Palais Présidentiel, supporté par une foule imbue de haine envers le régime syrien dont la politique étouffante et abusive portait tous les signes de l'autocratie et de la duplicité. Tranquillisé d'avoir convaincu les Syriens de sa bonne foi, il ne s'était pas douté qu'on lui préparait une surprise de taille, alors qu'il était devenu un personnage encombrant dans l'équation d'un règlement organisé. Après avoir lancé l'assaut aérien avec l'approbation américaine à la faveur du support syrien dans la guerre contre l'Irak, la Syrie avait décidé d'envahir le Palais Présidentiel, habité pour presque deux ans par le Général rebelle. La situation politique dans le pays tournait en faveur d'une mainmise syrienne. Le Général, après avoir tenu tête à une légitimité libanaise restaurée après l'élection d'un nouveau président, soutenue par le pouvoir de Damas, était le dernier maillon d'une chaine qu'il fallait briser pour commencer à appliquer l'accord de Taïf. Pris par surprise par le raid aérien nocturne, il trouva refuge à l'Ambassade française, habillé de son pyjama. Son exil en France accordait un répit sécuritaire au pays.

La prise de la Grande Mosquée de la Mecque avait vu un raidissement religieux du Wahhabisme saoudien. La même année, 1979, la Révolution islamique Iranienne, pourvoyeuse d'une idéologie cuisinée dans la forge des « voluptés divines », allait renverser les données géopolitiques du Moyen-Orient. Pour pouvoir exporter les dogmes de la Révolution et maintenir son hégémonie, la nécessité de justifier son expansion idéologique avait trouvé le prétexte idéal, un ennemi tout prêt à être la cible de l'essentiel de sa haine. Israël, un allié favori du Shah déposé par la Révolution, ainsi que le fournisseur d'armes durant les huit ans de guerre avec l'Irak de Saddam, devenait le symbole du Mal. L'invasion de l'Irak par les forces américaines en 2003 avait alors déroulé le rocher massif qui couvrait l'entrée de la cave aux trésors. L'Iran allait donc s'investir dans le Moyen-Orient avec l'aisance et l'impitoyable ambition d'un conquérant vainqueur, en utilisant le leurre de la religion, facilement vendue à des esprits endoctrinés par une aventure islamique fabriquée dans l'esprit des fables des « Mille et une nuits ».

La reconstruction du pays sous l'impulsion monumentale d'un homme, considéré comme un sauveur pour les uns et une aubaine pour les autres, ainsi que la refonte de l'État et de l'armée, commençait à se dessiner sous une autre forme d'occupation intruse et notoirement oppressive, nommément l'occupation syrienne, déléguée par la Ligue Arabe pour maintenir la sécurité fragilisée par des années de discorde et de belligérance, omettant complètement d'adresser les dessous des intentions syriennes. D'aucuns, qui avaient connu les soubassements du régime syrien, ne pouvaient négliger de connaître les méandres marécageux de son esprit et les fourberies de son intellect.

Quand le plan initial du régime syrien d'incorporer le Liban dans sa jurisprudence par l'action d'un vote orchestré du parlement libanais, dont presque tous les membres n'étaient que des fifres de la dictature syrienne, avait fait faillite devant la personnalité colossale de Rafic Hariri dont la seule présence était un obstacle massif à une intégration territoriale, bloquant ainsi une étape primordiale dans la formation du croissant chiite, l'ère de la terreur allait connaître une escalade rituelle et funeste.

Pendant que le Hezbollah déployait son emprise sur le gouvernement libanais, en s'infiltrant par la force ou la ruse dans tous les interstices de l'autorité, tout en élargissant son réseau de trafic de drogues et de blanchissement d'argent, le pays vivait le cauchemar des assassinats ciblés et l'élimination systématique de personnes susceptibles de contrecarrer le plan qui éparpillait au vent la cendre de ses victimes.

Le slogan électoral de Hariri « Le Liban, tout d'abord », déclaré ouvertement durant la période électorale, était une admission de culpabilité, en même temps qu'un changement de perspective, renversant la table sur toute la politique sunnite depuis la création du Liban, après avoir réalisé, peut-être un peu tard, la duplicité de la Syrie, ainsi que l'inanité de l'Arabisme, dont l'objectif principal avait succombé à l'incapacité fonctionnelle d'une culture périmée, accrochée à un passé religieux engourdissant. Louable dans son objectif, cette promesse était venue trop tard dans un monde qui avait vu des changements radicaux et perturbateurs, rendant toute initiative nouvelle sujette à la déroute.

Rafic Hariri, l'enfant chéri de l'Arabie Saoudite, était arrivé au Liban au moment où celui-ci se trouvait séquestré dans la mâchoire gloutonne de la Syrie, qui s'était distancée de son entourage arabe, pour se dévouer à la cause iranienne, malgré une population à majorité sunnite. La stature internationale de Rafic Hariri, un nouvel obstacle inattendu à l'expansion iranienne dans la région, tout d'abord courtisé par les autorités syriennes conquises par une politique financière corruptrice et des affinités religieuses, croyant pouvoir le dissuader de suivre un courant antagoniste, puis devenu la cible politique du Président Emile Lahoud, qui avait glissé subrepticement dans la nébuleuse syrienne et agissait en tant que satrape tortionnaire, avait des atouts incontournables. Le but inavoué de Rafic Hariri, en déclarant « Liban, tout d'abord », un slogan populaire dans la communauté chrétienne, coïncidait parfaitement avec les ambitions sunnites : sans trop pousser les appétits vers l'islamisation du Liban, tout en projetant une image islamique du pays encadrée par la disposition patriarcale de l'Arabie Saoudite. Malheureusement, avec Hariri, la corruption avait pris une dimension excessive.

L'arrivée au pouvoir de Bashar Al-Assad allait larguer le Liban dans le guêpier iranien. L'assassinat de Hariri en 2005 éliminait soudain un adversaire imposant. La guerre provoquée de 2006 contre Israël allait permettre au Hezbollah de renforcer sa poigne sur le pays, de consolider son influence, mais surtout de transformer le Liban en un otage négociable, ouvert aux tractations géopolitiques de la région. Le chemin de « l'Iranisation » du Levant avait pris une tournure plus accentuée, mais avait aussi éveillé l'attention des instances internationales, et surtout américaines, alertées par l'ambition de l'Iran de développer un programme d'énergie nucléaire, dont le potentiel militaire ne pouvait laisser les esprits indifférents. L'invasion iranienne inavouée du Liban par la milice du Hezbollah ajoutait une ample dose d'inquiétude concernant un conflit avec Israël convaincu de l'intention de l'Iran de développer une arme nucléaire.

La réponse occidentale allait aboutir à un plan d'attaque sur trois fronts. Des sanctions progressives imposées par les États-Unis avec l'intention d'étrangler l'économie et d'affaiblir le potentiel militaire de l'Iran et de ses milices ; des frappes israéliennes constantes contre les objectifs militaires ; un média blitz dont une grande partie concernait les activités illicites de Hezbollah, soulignant en passant la complaisance servile de l'autorité libanaise, complètement dissociée de la réalité. Les activités illégales de politiciens libanais, la corruption, la politique pro-iranienne déclarée du Hezbollah avaient déjà irrité les pays arabes du Golfe ainsi que l'Arabie Saoudite, qui avaient énormément réduit leur contribution à l'économie libanaise et leur assistance touristique à l'activité sociale. L'insulte au Premier ministre Saad Hariri, de passage dans le pays des Lieux Saints de l'Islam, détenu pour quelques jours et forcé de présenter sa résignation publiquement, aurait dû ébranler les plus solides édifices mentaux d'une pensée rationnelle, mais loin de sentir la gifle ou de comprendre les implications, la politique libanaise restait étroitement liée à son incapacité d'agir. Les alertes médiatiques sous forme d'articles d'analyse approfondie dans les publications les plus autoritaires, n'avaient qu'une audience limitée, ou pire un intérêt passager, même dans les milieux privés, universitaires ou religieux, pour être presque immédiatement rejetées. Nul n'avait identifié l'alerte sérieuse ou pesante d'une urgence économique.

« Tout allait pour le mieux dans le meilleur des mondes », ne faisait que répétait Pangloss, plongé au milieu d'une série de désastres. La mentalité libanaise avait le privilège de planter dans son jardin tous les fruits défendus sans craindre la colère divine, mais n'avait pas réalisé que Mammon avait pris la relève à l'insu du dieu de la foudre, armé d'un tout autre dessein. Les divinités absolues ont ce potentiel de pouvoir tournoyer à leur guise et jeter la confusion dans l'esprit faible des humains refusant de sortir de l'obscurité. La descente vers l'enfer ne passait plus par une désobéissance aux Dix Commandements, mais par un amalgame génial et coordonné des sept péchés capitaux, une chaîne indéfectible, et entièrement accessible à travers les louvoiements du couloir de la corruption. L'obscurantisme prévalent de la culture ne faisait qu'enfouir dans les recoins de l'esprit tout sursaut libérateur capable de réanimer la raison. L'enfer avait été intériorisé de telle façon qu'on s'étonnait quand une débauche ou un crime pouvait soulever un geste d'indignation ou un appel à la justice, signalant l'intégration d'une réalité indésirable, mais irréductible. L'enfer était devenu une émanation tolérable et séduisante, un état d'âme, plus puissant que l'appel de la conscience.

Le mythe de l'idolâtrie

Pour éviter des discussions interminables ou sémantiques, dans les cas de négligence médicale professionnelle, la valeur définitive d'une autorité médicale ou d'un livre de référence est toujours niée. Le cas est jugé selon les mérites délimités de la raison. Ce concept est contraire à toute éducation religieuse. La Bible ou le Coran médicaux n'existent pas. Au contraire, les Livres Saints, révélés ou inspirés, dont le contenu, figé depuis des siècles, est accepté comme une finalité immuable, considérant la foi comme une grâce divine, indépendante de la pensée humaine, sont les messagers ultimes de la Vérité. Seulement, la quintessence de la vie est un mouvement continu et fluide, qui n'obéit pas à un dogme figé, ou à une doctrine immobile et pétrifiée dans le temps et l'espace.

Les idéologies, la plupart importées, s'étaient répandues à travers des océans, des steppes ou des continents pour venir s'implanter dans des terres arides, assoiffées de renouveau, mais barricadées dans l'horreur de la soumission, quand le passé était régenté par l'absolutisme religieux. Raymond Aaron avait alors évoqué son « scepticisme à l'égard des systèmes globaux d'interprétation du monde historique au nom desquels un parti se croyait investi d'une mission et voué à la destruction de l'ordre existant et à l'édification d'ordre radicalement autre ». Assassinats, séditions, mutineries, coercitions sont quelques-unes des ressources illimitées et disponibles, utilisées pour achever la domination.

Devant la faiblesse du répertoire religieux, ces idéologies se sont transformées en culte avec un thème central et transcendant. Certaines, comme le Fascisme, le Communisme, le Nazisme, avaient pris des dimensions universelles, et avaient dominé des pays ou des empires martiaux et conquérants. Depuis Lénine jusqu'à Kim Jong-il, la déification de la personnalité a toujours été le leitmotiv central de ces idéologies. Et quand la personne faisait défaut, le concept lui-même prenait une dimension idéalisée, établissant, au cours des âges, des jours fériés propices à l'adulation, ou en élevant des journées symboliques vers un niveau d'adoration collective, évocateur des cultes du soleil ou de la lune. Durant le règne de l'Empire ottoman, le Moyen-Orient avait vécu dans une sorte d'isolation civilisationnelle. À la suite de la dislocation et du démantèlement du territoire, de la création d'États indépendants, suivie du départ du colonialisme, le Moyen-Orient, témoin de deux guerres mondiales, finalement libéré de ses chaines, avait adopté des idéologies importées, le plus souvent un amalgame groupant des tendances athéistes à des croyances pieuses, mais néanmoins compatibles avec les convictions immanentes, lui permettant ainsi de s'infiltrer dans la populace souvent ignorante, d'une manière scélérate, sans déranger les esprits particulièrement dévoués à leurs religions. L'invasion politique de pays à la structure fragile et incertaine allait causer des changements radicaux, soit en favorisant des autocraties despotes, soit en incitant le chaos.

La cause palestinienne était devenue la doctrine dominante de l'après-guerre et la tragédie qui avait accaparé la structure névrotique de la pensée des Arabes depuis la défaite contre l'insurrection sioniste de 1948, marquant l'exode palestinien pesant vers les pays avoisinants. Elle peut certainement être définie comme une idéologie, issue de l'appartenance culturelle et géographique à un environnement consolidé dans un moule linguistique caractéristique. Devant les faillites répétées des pays arabes à achever une victoire ou à obtenir un compromis acceptable, le Liban avait alors été jeté en appât à l'afflux des Fédayins venant de Syrie, Jordanie ou des territoires occupés, renforçant leur présence dans les camps de réfugiés, dispersés sur le territoire libanais, en dehors de l'autorité de l'État. Subventionnée par les pays arabes du Golfe, la Résistance Palestinienne était née pour immédiatement se scinder en plusieurs groupuscules à tendance gauchistes ou communistes et dont la plupart étaient des mercenaires à la solde de régimes arabes despotes, avec l'arrière-pensée d'être avalisés par l'Union soviétique, encore prépondérante à cette époque. Dominés par le Fatah, incapables de construire une entité nationale solide pouvant négocier un retour à la terre perdue, impuissants à trouver un terrain d'entente, mais aussi à accepter la défaite, et se satisfaire d'un compromis, ces groupements antagonistes étaient devenus responsable des camps de réfugiés, disséminés tout autour des villes libanaises, au début formant une ceinture de misère, mais devenus à la longue un périmètre menaçant véhiculant l'insécurité et la terreur. Le terrorisme, soutenu financièrement par les pays de l'or noir, avait trouvé le terrain favorable pour s'épanouir. Protégés par leur statut de réfugié, les Fédayins avaient pris la garde totale de ces camps devenus un no man's land pour l'autorité libanaise, tout d'abord timidement présente avant de perdre complètement le contrôle. L'état d'esprit, indiscipliné et rebelle, de la Résistance Palestinienne allait faire un ennemi d'un élément essentiel de leurs hôtes libanais, alors que le sunnisme politique, encouragé par des partis politiques gauchistes, encore dévoré par l'appétit de dominer la scène politique libanaise, mais aussi consumé par un antagonisme latent contre la domination chrétienne, avait préféré se ranger du côté palestinien, considéré comme une cause arabe sacrée, et par ce même biais, une cause islamique, pour créer une situation forçant une nouvelle entente nationale, favorisant ses ambitions. Le message était clair : le Liban pouvait attendre. Il fallait tout d'abord libérer la Palestine. L'Entente Nationale de 1943 avait perdu toute sa valeur constructive. Le débat sur l'Histoire du Liban ne faisait qu'envenimer une discussion déjà fragilisée par la dichotomie culturelle. Les divisions étaient si profondes que les dissensions autour des différentes versions soutenues de l'histoire avaient créé un champ miné de pièges, étalé un terrain de mésentente infranchissable et découvert un risque de conflit armé. L'unité du pays avait été offerte aux charniers de l'ignorance et de la cupidité.

À la suite de la débandade de l'OLP, devant l'invasion israélienne du Liban en 1982 et de son départ forcé, puis de l'évacuation humiliante de l'armée syrienne, sous l'injonction des États-Unis, devant l'élan de la « Révolution du Cèdre », le sunnisme libanais, découragé par ses mauvais choix, allait trouver un grand soutien dans les langes de l'Arabie Saoudite, prête à soigner les plaies du pays, profondément blessée par l'assassinat brutal de son fils favori, Rafic Hariri. « Liban, tout d'abord », avait-il clamé, une nouveauté dans l'esprit encombré du sunnisme libanais.

En contrepartie, devant la faillite de la gauche internationale de supporter la Cause Palestinienne et devant les tergiversations de l'OLP, les mouvements séculiers gauchistes s'étaient effondrés, non sans subir une mutation théophanique, sous l'impulsion de la Révolution islamique Iranienne, pour réapparaître comme un instrument divin, prémuni d'une mission céleste, centrée autour de la Mosquée al-Aqsa. Hamas, la branche intégriste de la Résistance Palestinienne, avait gommé le souffle nationaliste et laïque de l'OLP. Une balance d'extrémisme religieux établissait une dualité surnaturelle entre Israël et l'entité palestinienne.

Le Nationalisme arabe, dont l'âme était la personne de Nasser, avait dominé la région durant presque deux décennies et était à l'origine de la mini-guerre civile libanaise de 1958. L'Arabisme s'était présenté comme l'héritier du rêve des Arabes d'avoir leur propre empire, et qui, pour des considérations géopolitiques, leur avait toujours échappé. Allant à contresens de l'Histoire, les Arabes, sans aucune expérience gouvernementale, n'avaient pas compris que l'ère des grands empires avait touché à sa fin, et que le règne des États-nations, dominés ou manipulés par les grandes puissances, avait déjà émergé. Puisant sa conviction dans des considérations religieuses, comme « *l'Ummat al-Islām* » ou la Communité de l'Islam, le monde arabe ne pouvait accepter la notion d'un même territoire divisé en états indépendants. Un État à domination chrétienne, et un autre sous emprise juive avaient vu le jour, l'un par l'action de la perfide Albion, et l'autre sous l'œil réticent de la diplomatie française. L'état kurde et l'État alaouite avaient été subrepticement mis en veilleuse. La notion d'un état juif, déclaré ennemi depuis son implantation pour avoir déplacé la population autochtone, avait été le point de déclenchement de la naissance de mouvements insurrectionnels et l'installation de dictatures militaires, qui avaient trouvé une audience favorable dans le monde bipolaire de l'après-guerre. Pourtant, la diaspora juive était disséminée à travers le monde arabo-musulman depuis la Reconquista. Une relation prudente, loin d'être idyllique, s'était installée entre les communautés, mais qui allait se détériorer à la veille de la déclaration de l'État d'Israël, devant l'afflux massif juif durant la période britannique mandataire. Devant le refus arabe d'accepter un état sioniste en son sein, l'État palestinien, malgré l'opportunité offerte, allait manquer le rendez-vous de sa destinée. La création de l'État d'Israël avait été vue comme une insulte, alors que la création du Liban avait été depuis le début relativement toléré. Les états arabes despotiques étaient nés et l'ennemi israélien s'était avéré être une garantie sine qua non de leur existence. Nul ne voulait revenir vers le passé et chercher à reconstruire un Empire. D'ailleurs, les deux grandes puissances de l'époque avaient tout intérêt à diviser la région en mini-état, plus facile à manipuler ou à contrôler, d'autant plus que les minorités, se sentant protégées par les puissances mandataires et donc en coordination avec elles, auraient la charge du gouvernement ou de l'armée. La religion dominante des Arabes suffisait amplement à les garder unis. Ou du moins, c'était le grand espoir.

La grande unité impériale des Arabes avait cependant ses adeptes, mais sous une autre forme. Alors que la religion avait pris du recul devant l'apparition de nouvelles idéologies prétendues laïques, inspirée par un amalgame de plusieurs ingrédients populaires de cette époque, mais qui avaient en commun une fidélité sacrée à la notion de l'Unité Arabe, cette aspiration singulière s'étant diversifiée en plusieurs groupes, dont les plus influents étaient le parti Baathiste et le Parti Nationaliste Socialiste Syrien, plus familièrement connu sous le diminutif de PPS, Parti Populaire Syrien, à la suite de la faillite du Nationalisme Arabe Nassérien.

Le Ba'athisme, motivé par la langue comme la base unificatrice, était effectivement la mesure de deux partis aux considérations idéologiques différentes. L'inimitié personnelle entre les deux principaux contributeurs à sa fondation résulta dans la sécession du parti en deux entités distinctes et ennemies, l'une à dominance irakienne et l'autre à dominance syrienne, finalement dirigées par deux personnalités contradictoires et rivales dont le style dictatorial et oppressif était pourtant similaire, mais qui en dernière analyse, allait aboutir à la destruction de leurs pays respectifs dans des circonstances différentes, mais certainement à la suite d'une politique obtuse et perverse.

Le trajet du PPS fut encore plus mouvementé. Malgré au moins deux tentatives de coup d'État, les activités insurrectionnelles et pamphlets inflammatoires de son fondateur, Antoun Saadeh, qui attirait nombre d'adhérents et de supporters surtout dans le milieu intellectuel, probablement séduit par la fusion de concepts mythiques avec des aspirations nationalistes, le Parti n'a jamais pu prendre le rôle de leadership. Accusé par les Français de comploter avec les Allemands, A. Saadeh avait continué à supporter l'Allemagne Nazi durant son séjour en Argentine. Il semble avoir puisé l'idéologie d'une terre viscéralement liée à un peuple, celle du Croissant Fertile habité par une race syrienne ainsi que l'attirail symbolique de son parti, directement du Nazisme, dont il était un grand admirateur sinon un fervent adepte, imprégnant ses écrits de la politique antisioniste, tendance acquise durant la période d'endoctrinement lancée par l'Allemagne Nazi vers les pays arabes entre les deux guerres. Ses élans romanesques et son imprudence naïve lui auraient finalement couté la vie, quand, leurré par le Président Syrien, il fut livré aux autorités libanaises accommodantes, où il fut soumis à une mascarade de procès et exécuté sur-le-champ. A. Saadeh devint l'objet d'un culte, et son parti, chevauchant entre la Syrie et le Liban, un groupe mercenaire à la solde du régime syrien et des brigades palestiniennes, avec une activité criminelle notoire, récompensée de lauriers diplomatiques, et même gouvernementaux, dans un pays exclu géographiquement de son répertoire idéologique.

Cette profusion de partis idéologiques avait conduit à la « confusion des sentiments », génératrice de conflits intestins et destructeurs, et finalement à une débâcle sociétale, qu'on avait qualifiée de « Printemps Arabe », à des guerres civiles, à des insurrections religieuses, à des milices à la solde de pays rogues, et à un bouleversement constitutionnel encore difficile à délimiter.

Le trajet du fleuve Styx dont l'embouchure se déverse dans les Enfers fut facilité par l'apport d'une milice à la solde de l'Iran, portant l'emblème intégriste de la « Tutelle du Juriste Islamique », une théorie chiite supplantant le concept de l'Occultation du Mahdi et de son retour après une absence presque millénaire, confectionnée sous l'égide de l'Imam Khomeini, sous prétexte de préparer le terrain à l'avènement de sa réapparition, mais effectivement pour imposer les dogmes de la Révolution Iranienne à tout le Moyen-Orient à travers l'endoctrinement des ilots chiites dispersés stratégiquement dans la région. La présence d'Israël offrait une opportunité toute prête pour tresser le complot et convaincre la masse arabe, toujours prête à suivre ses sensibilités au nom de l'Islam, blessée dans son amour-propre d'avoir été destituée de sa terre, du bien-fondé de la théorie.

Jouant sur ses divisions internes, la faiblesse de sa structure sociale et gouvernementale, et devant la mentalité véreuse et négligente de sa population, vivant presque dans un état mental flottant dans les relents enfumés du nirvana, adepte tenace du narguilé, le Liban était un terrain favorable et suffisamment mûr pour être enchaîné par le complot iranien, et remorqué sans remous vers des espaces inexplorés. Manœuvrant la politique libanaise avec une dextérité filoute, utilisant la méthode antédiluvienne de la carotte et du bâton, le Hezbollah allait détenir les rênes du pouvoir, en positionnant un allié fantoche, mais cupide et inconsistant, à la présidence de la République. Une corruption endémique, présente dans la culture administrative du gouvernement, avait pris des dimensions gigantesques, protégée par une coercition armée, à laquelle s'ajoutaient des sanctions économiques et une politique financière douteuse, un abandon des investissements arabes et apports étrangers, un aventurisme militariste imprudent, doublé d'actes terroristes et de contrebandes, soutenu par un marché de la drogue, légitimé par une présence gouvernementale supportée par une faction chrétienne importante, qui allaient précipiter le pays, malgré des avertissements répétés et publics, dans la désintégration sociale et institutionnelle, dans une ruine financière irréversible sans des mesures draconiennes de réformes, un répertoire des responsabilités et une réévaluation des instances gouvernementales. Le conflit entre l'Empire ottoman et l'Occident durant la Première Guerre avait bousculé le Liban vers la famine. Le récent conflit entre l'Iran et l'Occident avait culbuté le pays dans la faillite.

Au cœur de chaque idéologie, une idole réside. Le culte de la personne, réduit à un hommage temporel, ne devrait pas déborder les frontières de la pudeur. Dans la région où les trois monothéismes sont nés, la culture de l'inféodation n'a pas cessé de se répandre au-delà de la simple adulation d'une divinité, d'un saint, ou d'un prophète. En l'absence de l'Être Divin, les dieux se sont multipliés. Le paganisme a repris ses droits sous une autre forme. On peut continuer à prier Dieu, mais on écoute son idole. La conception « du mouton de Panurge » trouve sa meilleure expression dans la vie politique libanaise, quand une masse uniforme, prise dans l'étau de la démagogie, se fond dans un mouvement collectif sans exercer un esprit critique, dont l'essence est le doute et la raison. L'idolâtrie n'en est que la conséquence nécessaire pour justifier un engagement métaphysiquement orphelin. Les idéologies séculières sont des dictatures avortées à la recherche d'une forteresse. La soumission a pris des dimensions déraisonnables et mystiques. Les conduites conflictuelles n'ont pas cessé de submerger proportionnellement la raison.

Réflexions sur la moralité

Le pouvoir politique, sous toutes ses formes, se trouve généralement encerclé par les poteaux entrelacés en une clôture formée par les lois de l'éthique reconnues nécessaires pour l'application de la justice au sein de l'état, louées par Cicéron comme le seul ciment capable de maintenir une cohésion sociale. Selon Protagoras, l'État a la responsabilité de supporter la fonction de l'éducation et de la morale, dont la synthèse aboutie sans contrainte à l'épanouissement de la justice. Le devoir d'un homme d'État serait guidé par deux principes, *honestum,* une conviction du devoir moral, et *decorum* un respect de la convenance. Cicéron était convaincu que la chute d'un État est due à la décadence de ses dirigeants.

La décadence se nourrit sur les tares invisibles d'une société soumise à des courants contradictoires et insolubles. Depuis l'Antiquité, l'Histoire est remplie d'événements illustrant la disparition, la mort, ou la chute d'une entité à la suite de conflits inhérents et autodestructeurs. Les conflits idéologiques, séculaires ou religieux, ont le pouvoir de configurer la perspective morale de telle manière que les frontières de la bienséance deviennent brumeuses, et que l'horizon politique prend une dimension extrémiste. C'est Machiavel qui a le mieux défini la relation entre la légitimité du pouvoir et les exigences de la morale, en promulguant la notion que la seule préoccupation d'un dirigeant devrait se concentrer uniquement sur la monopolisation et la sauvegarde du pouvoir. Nul n'a compris Machiavel mieux que les hommes politiques libanais.

Le mythe de la Tour de Babel expose le thème de la compétition entre Dieu et l'humanité. Devant la défiance des hommes, de vouloir atteindre les hauteurs célestes, la colère divine s'est manifestée par un acte de dispersion les séparant à travers une intervention punitive linguistique. D'autres ont considéré ce geste comme une gratification, cherchant à diversifier les cultures et à propager des civilisations.

La destruction de Sodome et de Gomorrhe, ordonnée par un Dieu impitoyable, dont la colère n'était pas nécessairement due à leur dépravation sexuelle déjà condamnée par les Prophètes, mais plutôt à l'attitude acrimonieuse des habitants envers leurs visiteurs et la violence collective contre les inconnus.

La querelle des deux Chrétientés durant la haute antiquité, suivie de l'agression puis du saccage de Constantinople par la quatrième Croisade, aurait sans aucun doute contribué à l'affaiblissement de la défense de la ville et sa chute le 29 mai 1453. L'ambition temporelle des hommes, l'inimitié des États-nations allaient de nouveau éloigner la conscience humaine de ses devoirs édifiants.

L'injustice commise contre les habitants de la Palestine par un peuple convaincu de son voyage planétaire béni par Yahvé allait traverser les champs de la mort et les vallées de la douleur sans interruption, semant la haine et la colère dans un monde inattentif. L'état d'esprit ainsi créé, mélangé à la sauce religieuse, allait bloquer la raison et empêcher tout entendement.

Depuis les temps bibliques, l'Homme avait à faire face à ses choix. Les mythes de l'édifice moral, depuis les Dix Fléaux d'Égypte, le Déluge, la Colère de Moïse, les Dix Commandements, l'Exode, les Murs de Jéricho, jusqu'à l'imminence de l'Apocalypse, se sont évaporés dans le chaudron de la nature humaine, sitôt que la religion avait été mise au service de son ambition. Main nul n'a utilisé le rempart de la religion, tout en délaissant la morale, avec plus de subtilité et plus de dextérité que la taupe politicienne libanaise, prête à surgir de son trou, couverte de la mante religieuse, au-devant de toute menace. Dieu en a certainement pâli, et sans aucun doute, aurait déclaré son impuissance. La morale n'est ni chrétienne ni musulmane. Et c'est bien dommage que la religion, qui semble exercer une influence prépondérante dans la vie quotidienne libanaise, mais aussi semble diriger les décisions politiques, culturelles et parfois économiques, ait failli dans son devoir le plus déterminant.

La confrontation sanguinaire avec ou au nom du Tout-Puissant, sous des dehors folkloriques de piété et d'adoration, l'agression institutionnalisée contre l'altérité, l'antagonisme idéologique ou économique des communautés, enlève le doute sur le niveau de discernement du concept moral dans la gérance du pouvoir. Rien ne semble indiquer que la moralité ait fait naufrage à la suite d'événements traumatisants et indépendants de toute volonté locale. Plutôt qu'elle avait été victime de la négligence collective, d'une attitude de laisser-aller ou de laisser-faire caractéristique d'une certaine mentalité levantine, diffuse et indifférente, qui déroute la responsabilité et décourage la culpabilité. Serait-il que le Levantin, traumatisé par le va-et-vient millénaire des civilisations, ait appris, à travers le croisement des âges, à perfectionner la nonchalance et à cultiver l'ignorance ? La décadence en est le résultat.

Les liaisons dangereuses

« Si l'État est fort, il nous écrase ;
s'il est faible, nous périssons. »
Paul Valery.

« Fuyons cette passion funeste, qui ne laisse de choix qu'entre la honte et le malheur, et souvent même les réunit tous les deux, et qu'au moins la prudence remplace la vertu. » Une phrase tirée du texte de Pierre Choderlos de Laclos qui aurait pu être la conclusion de son fameux roman qui célèbre les bénéfices de la séduction conçue comme une arme pour le contrôle d'autrui, suivi de son exploitation. La prudence, en d'autres termes la réflexion, était presque toujours absente des mésaventures politiques du drame du Liban. La vertu, une grande perdante.

L'histoire du Liban est encerclée par un chapelet de liaisons téméraires dont l'aboutissement avait fini par achever une déconfiture de la République, sinon une déconstruction de sa composition, un démembrement de l'entente nationale, alors que nul ne voulait une séparation totale, mais une cohabitation comprise chacun selon son entendement. Séduit par son rôle de station thermale champêtre du Moyen-Orient, le pays s'était livré à une cascade ininterrompue de liaisons incongrues sans prendre le temps ou l'énergie de mesurer les conséquences imprévisibles de ses actions. Les bonnes intentions ne manquaient pas, car elles pointaient dans la direction de son essentialisme, compris comme le moyen de consolider sa vérité, ignorant qu'un pacte pouvait souvent corrompre une âme avant même de la déraciner. Méphistophélès est un caméléon impondérable.

L'antagonisme entre les communautés chrétiennes et musulmanes n'allait pas pour autant diminuer, malgré l'accord verbal du Pacte National, dans un Moyen-Orient tourmenté par le conflit arabo-israélien, par les crises successives des États ayant nouvellement acquis leur indépendance, par l'avènement du Nationalisme Arabe sous l'égide du Nassérisme, par l'ambition sunnite de dominer, issue du panégyrique islamique, par la formation du Pacte de Bagdad dans le but de contenir l'Union soviétique. Une insurrection armée avait secoué la nation libanaise, endiguée par le déploiement d'un contingent américain de Marines, pour contenir une situation qui se détériorait au Moyen-Orient et qui aurait été suivie par une infiltration communiste subversive. Le Pacte avait divisé le monde arabe, et mit le Liban entre l'enclume et le marteau. Le Président Camille Chamoun, un homme charismatique et fin limier, imbu de la prépondérance chrétienne sur le pays, mais convaincu d'une protection occidentale qu'il avait crue inépuisable, avait cependant fait suffisamment d'ennemis pour que le blâme du conflit fût attribué à son ambition.

LES LIAISONS AVENTUREUSES. À la suite de l'insurrection de 1957, un modus vivendi fut établi entre le Liban et le monde nassériste à la grande satisfaction de la communauté sunnite. La rencontre entre le nouveau président, le Général Fouad Chehab, qui avait acquis la confiance des Libanais durant la période du conflit, en maintenant une distance sécuritaire entre les partis opposés sans jamais militariser son intervention, avec la figure prééminente du monde arabe, Nasser, à la frontière syro-libanaise, alors que la Syrie était dans le giron de l'Égypte, sous la forme de la République Arabe Unie, signalant le respect de la souveraineté libanaise et l'intention de ne pas forcer le Liban à se joindre à l'union des deux pays que rapprochent la langue et des relations familiales, allant à l'encontre de l'espoir des sunnites d'avoir toujours voulu une unité avec la Syrie. Cette rencontre était une victoire pour l'entente nationale, sinon un encouragement. On aurait cru que les sunnites avaient compris, sinon accepté la situation particulière du Liban, et la nécessité de respecter le pacte national, en ajoutant des modifications et des changements d'équilibre. L'attroupement musulman autour du Président Fouad Chéhab avait commencé à déplaire aux leaders traditionnels de la communauté chrétienne, qui s'étaient trouvés exclus de la marche de la République et mis au banc du pouvoir, d'autant plus que les services secrets de l'armée géraient abusivement le pays et contrôlaient la vie des citoyens avec la main lourde de l'autorité subversive. Une tentative maladroite d'un coup d'État par le Parti Populaire Syrien et la présence accablante de la résistance palestinienne allaient forcer le Président d'utiliser les services secrets de l'armée pour maintenir l'ordre, mais comme corollaire malheureux, limitant ainsi d'une manière coercitive l'ascension des partis prochrétiens à acquérir une base électorale importante, qui, par des manœuvres politiques, aurait pu affaiblir l'autorité de l'armée, nécessaire au maintien de la souveraineté. Les leaders chrétiens, habitués à une protection occidentale, confidents de leur importance et de leur capacité, ne voyaient pas les fissures multiples dans la coquille fragile de leur acropole.

Malgré tous ses efforts, quand le Président Helou, un homme de haute éducation et sans aucune affiliation politique, prit le pouvoir, les conflits entre la Résistance Palestinienne et l'Armée allaient prendre des proportions alarmantes. À une réunion au sommet, le Président avait acquiescé avec réticence au parrainage politique et financier par les États Arabes de la Résistance Palestinienne, tout en refusant de laisser le stationnement de bases à l'intérieur du territoire libanais. Mais cela ne pouvait durer. La conquête de la Palestine était une nécessité divine, chantée par toutes les cordes vocales arabes et clamée sur toutes les ondes radiodiffusées. Le bruit de la victoire suprême résonnait dans toutes les consciences. L'esprit enflammé de la nation arabe avait mobilisé le verbe, la chanson et la poésie en une armada conquérante, une force de frappe qui allait soumettre l'ennemi à sa volonté de puissance oratoire. La vérité était que l'*Ummah* avait subi l'affront de grandes défaites et commençait à prendre conscience du recul scientifique et civilisationnel de la société arabe par rapport au reste du monde, que les discours tonitruants et menaçants ne pouvaient avancer la cause palestinienne, que la terre arabe commençait à accepter l'idée d'États-nations, dont les autorités garantes de la souveraineté tenaient à en garder jalousement le butin. Une compensation vocale était le moindre mal pour calmer les émotions, tout en donnant un espoir à une foule affligée d'un savoir primitif et manœuvrée par des slogans et des concepts stéréotypés. Seul le vide moral de l'Union soviétique, dont les activités étaient dissimulées derrière un rideau de fer, pouvait endiguer le flot des émotions qui débordait l'entendement collectif. Le Prophète, inspiré par Allah, alors qu'il avait détruit toutes les idoles païennes de la Kaaba, devrait en fin de compte, peut-être malgré lui, réparer les pots cassés et se réconcilier avec un pays athée.

LES LIAISONS HASARDEUSES. Soumis à la pression des États Arabes, et sous l'intimidation menaçante de la communauté sunnite, sous couvert d'un arrangement stipulant une coordination entre l'Armée et le PLO, le Liban avait cédé une partie de son territoire à l'activité subversive d'une organisation décidée à vouloir s'imposer avant d'essayer de conquérir son espace perdu. Ce novembre 1969, l'accord du

Caire venait de naître. Les portes de l'enfer s'étaient refermées sur un Liban insouciant. La spirale de la descente aux limbes avait commencé. « Abandonnez tous les espoirs, qui entrent ici ». Des voix isolées et puissantes se faisaient entendre contre un accord scandaleux et opaque, dont le contenu était resté secret, même après avoir été ratifié par un parlement servile et atteint de cécité mentale. Intimidée par des forces occultes et de l'attachement de la rue musulmane à une lutte sacro-sainte contre l'état hébreu, la raison avait sombré dans les marécages de l'apathie et de la soumission. L'erreur des autorités au pouvoir, amarrées à l'imaginaire de cultes importés et chimériques, était d'avoir fait croire à une population inculte la potentialité d'une victoire éventuelle, sinon imminente. La parole dans l'esprit arabe, dont la contribution majeure à l'humanité est la poésie, est considérée l'acte en devenir, éliminant la nécessité du geste, aboutissant à la satisfaction intellectuelle de l'accomplissement définitif. La parole s'approprie la dynamique de l'action. Sans chercher à éliminer la valeur de certains exploits historiques, l'étendue de la parole maintient l'esprit dans un état d'incapacité biophysique.

Le tournant décisif de la tragédie libanaise avait été nommé « Printemps de la Jeunesse ». La nuit du 9 avril 1973, un commando israélien débarquait à la rue Verdun, à Beyrouth, et assassinait trois membres éminents de l'OLP, sans aucune réaction des forces de l'ordre ou de l'armée. La fureur s'était emparée de la rue musulmane. Déjà, l'armée, dépouillée de son efficacité par les autorités civiles, n'avait pas pu contrôler la présence armée palestinienne, empêchée par des pressions politiques arabes, et par des interventions ciblées de l'armée syrienne. Devant l'offense israélienne, l'armée avait perdu toute crédulité. La résistance palestinienne obtint la permission de bâtir des fortifications à l'intérieur des camps palestiniens, et de s'acquérir des armements lourds. Les milices chrétiennes commencèrent à s'entrainer et à s'armer devant l'impuissance avouée de l'état de garantir la sécurité.

LES LIAISONS PÉRILLEUSES. Le Président Sleiman Frangieh, avait une histoire : accusé d'un massacre organisé dans l'église de son village, où 17 personnes avaient été assassinées à bout portant, il s'était réfugié des poursuites judiciaires en Syrie, à Lattaquié, où il avait rencontré deux officiers syriens, avec qui il s'était lié d'amitié durant son séjour forcé : Hafez et Rifaat Assad, le futur Président de la Syrie et son frère. À la suite d'une gronde populaire contre les régimes précédents du Chehabisme et de l'emprise contraignante du Deuxième Bureau, les leaders chrétiens, confiants dans leur rôle protecteur de la communauté chrétienne, s'étaient lié avec le leader chrétien du nord pour pouvoir obtenir gain de cause contre l'emprise chéhabiste, en une alliance électorale favorable. Son élection représentait une rupture brutale entre le pouvoir politique et l'institution militaire. Les efforts du Président élu d'organiser une purge des officiers pro-chéhabistes de l'armée, de démanteler les services secrets, et de dégrader ses institutions, au moment où la Résistance Palestinienne gagnait une plus grande popularité et jouissait d'un dévouement sacré, ainsi qu'une plus grande ampleur militaire et une effervescence abusive intolérable, tenaient plus d'une culture mafieuse que d'une stratégie délibérée. Son action maladroite avait fragilisé l'armée et l'avait handicapée dans le maintien d'une supériorité militaire nécessaire. Malgré les abus des services de renseignements, le Deuxième Bureau n'en aurait pas moins joué un rôle essentiel dans le respect de l'ordre et de la sécurité. Les portes de l'enfer n'avaient jamais été aussi spacieusement ouvertes.

LES LIAISONS PERNICIEUSES. Les conséquences de la nuit de Verdun furent déterminantes. L'armée fut accusée de négligence d'avoir même facilité l'accès au commando israélien, et dans tous les cas, d'avoir failli à son devoir de protéger le territoire libanais, mais surtout la résistance palestinienne. Le Premier ministre démissionnaire, Saeb Salam, répondant à une rue sunnite enflammée, demandait une plus grande autonomie pour la Résistance, ainsi que le limogeage du chef de l'armée. Les affrontements entre l'armée et les milices palestiniennes allaient en crescendo. La maigre aviation libanaise participa à la bataille sans grand succès. À la suite d'interventions diplomatiques arabes, des incursions militaires syriennes contre l'armée libanaise, et en vue de l'incapacité de l'armée de contrôler l'insurrection, un nouvel accord diplomatique fut mis en place à l'Hôtel Melkart, du nom du dieu phénicien de Tyr, Fils de Baal, Roi du Domaine des Morts et Protecteur de l'Univers. L'accord stipulait une nouvelle fois, entre autres, un encadrement de la Résistance Palestinienne par l'armée, avec l'interdiction d'utiliser le territoire libanais pour ses aventures. Nul n'était persuadé que ce nouvel accord allait avoir une valeur effectivement respectée.

En effet, l'encre n'avait pas encore séché sur les documents de l'accord que les abus de la Résistance commençaient à se faire sentir dans la vie quotidienne, et parmi la population civile, totalement laissée dans l'obscurité quant au déroulement des événements. En novembre 1974, le Président Frangieh, dans l'espoir d'amadouer la Résistance ainsi que la rue sunnite, se dirigeait vers les Nations Unies pour délivrer un discours de support, sans comprendre qu'il venait d'élargir son champ d'action au Liban, sous la bénédiction d'une couverture étatique, tout en montrant au reste du monde l'incapacité du Liban de protéger sa souveraineté, ou au moins de maintenir l'ordre. À l'aéroport de New York, les chiens policiers décident de renifler la délégation présidentielle, sous prétexte de vérifier l'absence de narcotiques.

LES LIAISONS MALHEUREUSES. Le 13 avril 1975, la guerre civile libanaise venait officiellement de débuter. Elle allait durer 15 longues années. En 1976, La Syrie, rentrait au Liban avec un mandat arabe et occidental, sous prétexte de mettre fin à la guerre civile libanaise, mais surtout pour encadrer l'organisation palestinienne en vue de contrôler ses agressions contre Israël. Dans tous les cas, cette incursion militaire, bénie par la communauté internationale et régionale, répondait aux ambitions syriennes qui avaient toujours cultivé la revendication d'inclure la Résistance Palestinienne, ainsi que le Liban, dans la délégation syrienne en cas d'éventuelle conférence de paix. Malgré la stratégie meurtrière favorite du régime syrien, culminant dans l'assassinat de Kamal Joumblatt, la Syrie s'était trouvée incapable d'imposer sa volonté et l'OLP, associée avec les forces islamo-gauchistes libanaises, n'était pas non plus prête à se laisser soumettre. À la suite de conflits frontaliers incessants, en juin 1982, Israël envahit le Liban. Trois mois plus tard, l'OLP était forcée de quitter le sanctuaire libanais, et d'abandonner l'idée d'en faire une plate-forme équipée pour envahir la Palestine. Israël avait réussi à déloger l'Organisation Palestinienne après plus d'une décennie de dissension et de dissentiment au grand bonheur d'une partie des Libanais. Le sunnisme politique libanais avait souffert une grande déception, et pourtant satisfait de s'être libéré d'une obligation dont il avait finalement réalisé l'incongruité.

La réunion de Nahariyya et l'accord du 17 mai étaient deux tentatives maladroites de faire une omelette sans casser des œufs, séparés par l'assassinat de Bashir Gemayel, le massacre des camps palestiniens, et l'élection d'Amin Gemayel à la Présidence de la République. Pour justifier l'invasion du territoire libanais et la perte de soldats israéliens, le PM Menahem Begin avait besoin d'exhiber une victoire. Le début d'un processus de paix était à portée de la main. Non seulement il isolait le Liban des conflits régionaux, mais à long terme, ouvrait un portail vers des négociations entre tous les antagonistes. Un climat politique favorable, et des circonstances propices régionales et internationales, ayant abouti à la chute du mur de Berlin, et à l'abdication progressive du communisme en Europe de l'Est, auraient pu être la toile de fond pour désamorcer un contexte permanent d'hostilités. Seulement, devant l'attitude prosaïque du contingent libanais, encerclé par des mentalités rigides et un état d'esprit inflexible incapable d'assimiler une vision globale, et encore moins de comprendre le risque continu de belligérance, le Liban, condamné à ne jamais oser se révolter, allait voir une contingence favorable lui échapper, mais aussi assister impuissant à l'agonie de toute la région. La paix allait « manquer » à l'appel.

Croire que l'on pouvait laisser les israéliens laver le linge sale sans vouloir y participer relève de la culture de la déception. Croire que l'aventure israélienne allait être une contribution charitable relève de la naïveté politique. L'image d'un seigneur de la guerre, « assoiffé de sang », décrite dans un éditorial du New York Times n'était qu'une exagération motivée par les circonstances, camouflant celle d'un politicien novice mal conseillé. La réunion de Nahariyya était simplement le moment de la vérité, où la facture à payer allait être dévoilée. On ne va pas à une réunion pareille sans préparation, et sans au moins un support américain ou à la rigueur, français. Quant au rejet de l'accord du 17 mai, rien ne peut justifier une retraite stratégique devant « un ennemi » qui a aidé le Liban à sortir d'une impasse existentielle ; on ne recule pas, quel que soit le prix. On perd sa crédibilité. Jamais la diplomatie n'a travaillé dans un vide intellectuel aussi aride. Malheureusement, on ne peut que porter un jugement limité sur l'épisode de Nahariya, ni sur Bachir, sachant que son assassinat le 14 septembre 1982, ainsi que les hostilités incessantes, allait désarçonner de nouveau la politique libanaise, mais aussi empêcher le regain de la souveraineté, et surtout, et peut-être un éventuel accord de paix, dont le potentiel sera toujours du domaine de la spéculation.

Nulle société n'est aussi confuse à propos de ses relations, de son appartenance, ou de ses loyautés autant que celle imbue de religion, d'idéologies, et de cultures opposées et incompatibles, prête à pivoter pour une aumône ou à voltiger vers une autocratie, après avoir négligé de développer la notion vitale de l'idée libanaise. La crédibilité nationale et culturelle allait en souffrir. Ces deux bavures démontraient sans faille l'incapacité mentale libanaise de venir à terme avec son dilemme, et encore plus à renforcer sa dichotomie. Dans le cas d'une paix, les dictatures, les théocraties, les cultes idéologiques auraient perdu une raison d'exister. Une région levantine sans passion et sans haine aurait été impossible à imaginer, sinon insolite à accepter. La religion épiait. Dans tous les cas, la Syrie veillait à faire échouer toute tentative d'apaisement.

Le jeu des nations allait prendre une tournure macabre, en commençant par l'assassinat de Bachir Gemayel, les massacres des camps palestiniens par les milices chrétiennes, suivi d'un renouvellement sauvage des hostilités. Dans les deux cas, la crédibilité libanaise avait souffert une débâcle irréversible, partie en flamme durant l'explosion de la baraque des Marines américains et du contingent français en 1983. Le départ des Américains et des Français sonnait le glas de l'intérêt occidental. On ne peut demander l'aumône, puis tourner le dos au bon samaritain. La présence chrétienne, et particulièrement maronite à la tête de l'État, rentrait dans le domaine de la spéculation. La fin du mandat présidentiel d'Amin Gemayel approchant, nul ne voulait élire un nouveau président. Par une décision inopinée et maladroite, néanmoins probablement légale, le Général Michel Aoun fut nommé Premier ministre et prit en main les rênes du pouvoir.

LES LIAISONS IMPRUDENTES. L'accord de Taïf, soutenu par les pays arabes et l'occident, avait signalé la fin de la guerre civile. Le pouvoir chrétien, ayant perdu le conflit armé, avait été mutilé. Le pouvoir sunnite renforcé. Le pouvoir Chiite consolidé. Un triumvirat était né. Sous un parrainage syrien. Historiquement, les triumvirats n'ont jamais pu se maintenir ou gouverner, mais quant à aboutir à la construction d'un état, il fallait compter sur l'optimisme béat des Libanais, d'autant plus que les intentions syriennes n'étaient pas évidentes. La Syrie n'avait pas encore reconnu le Liban comme un état indépendant, et les frontières syro-libanaises n'avaient jamais été définies ou consolidées officiellement. Il ne faudrait pas avoir beaucoup d'imagination pour prédire le chemin planifié déjà par un régime dictatorial. Car si le Liban s'était vu assigner comme parrain obligatoire la Syrie, malgré l'affinité ou la parenté de certaines couches de la population entre les deux pays, l'Histoire avait définitivement montré la différence culturelle et identitaire entre les deux peuples.

L'accord a souvent été divinisé comme une victoire constitutionnelle constructive et incontournable, mais que la détérioration ultérieure de la situation était due à la non-application de toutes les clauses de l'accord. C'était définitivement ignorer la réalité de la dimension identitaire, les clivages intrinsèques à la formule libanaise, ainsi que les loyautés formulées au détriment de l'intérêt national. L'accord de Taïf n'était en réalité qu'un armistice déplaçant la ligne de démarcation d'une périphérie militariste vers le nœud central des antinomies idéologiques. Les batailles rangées se conduiront dorénavant sous une couverture parlementaire, en échafaudant des alliances dans un but de gain exclusif, au mépris de la construction d'une nation. Un amendement était absolument nécessaire. Croire qu'un accord politique, dont le but était de distribuer les rênes du pouvoir selon des données communautaires, pouvait sauvegarder la présence d'une permanence religieuse, c'était ignorer l'histoire, mais aussi trahir l'intelligence.

LES LIAISONS NÉFASTES. En 2005, après le départ de la Syrie du Liban à la suite de l'injonction humiliante des États-Unis, la formule du triumvirat s'avéra inadéquate pour gouverner le pays. À son retour d'un exil de 15 ans, Michel Aoun s'empressa de conclure avec le Hezbollah l'accord de Mar Mikhael, un protocole d'entente, qui garantissait au Hezbollah une couverture chrétienne, et à Michel Aoun, l'arrivée au pouvoir présidentiel. Cet accord était effectivement une manœuvre astucieuse du Hezbollah lui permettant d'étendre son pouvoir sous un camouflage légal, aux dépens d'une autorité chrétienne, dont l'ambition avouée était de récupérer des privilèges perdus à la suite de l'entente de Taïf, prétendument dépouillée de sa latitude exécutive et affaiblie dans sa capacité de négociations. Bref, mis à part des acquis positionnels, l'accord de Mar Mikhael n'était qu'un leurre, propulsant entre les mains du Hezbollah toute l'autorité de l'État. Les manœuvres de la communauté chrétienne l'avaient amenée à s'installer dans les tranchées de la division musulmane, car si les sunnites avaient été les bénéficiaires de l'accord de Taïf, la communauté chrétienne, dans sa majorité, s'était rangée du côté chiite pour pouvoir récupérer les acquis perdus. La guerre de juillet 2006 entre Hezbollah et Israël, qui s'était terminée en queue de poisson, avait été considérée comme une victoire divine par le Parti de Dieu, en lui conférant une autorité morale transcendante engraissant son pouvoir politique. Le 7 mai 2008, l'effort de mettre un terme à l'intempérance politique et au militantisme du Hezbollah fut handicapé par une agression armée de ses milices, instruites d'envahir des régions sensibles et déterminantes, réveillant dans la psyché libanaise le spectre de la guerre civile. Après une période de 18 mois de crise politique et sécuritaire, l'accord de Doha affirmait l'unité, la stabilité et l'indépendance du Liban, mais aussi la parité de l'armée et du Hezbollah, et l'affirmation explicite du gouvernement d'un soutien non équivoque à la résistance armée contre Israël. Officiellement, allant à l'encontre de l'armistice de 1948, le gouvernement libanais, impuissant de s'opposer à l'ingérence d'un parti, dont les intentions belliqueuses étaient promulguées ouvertement, déclarait indirectement la guerre à Israël, à travers une de ses composantes communautaires et gouvernementales.

Malgré cette déclaration implicite de guerre, le pays retrouvait sa vocation festive et son humeur paisible, alors que le Hezbollah continuait subrepticement, sous le nez des autorités dépravées, alléchées par la corruption et préoccupées par la politisation, à s'imposer sur le plan politique et gouvernemental, à s'infiltrer partout dans la vie économique et culturelle du pays, à contrôler tous les accès internationaux du Liban, mais surtout à s'ingérer dans la guerre civile syrienne, alors que se préparait dans la pénombre une crise existentielle qui allait secouer les fondations de la République.

LES LIAISONS PRÉJUDICIABLES. À la suite d'une crise de pouvoir concernant l'élection d'un nouveau président, bloquée par des tractations sectaires pour une période de plus de deux ans, l'accord de Merab, supporté par l'acquiescement sunnite dans la personne de Saad Hariri, garantissait en fin de compte l'élection de Michel Aoun à la magistrature suprême. Le choix ne pouvait être plus mal à propos pour clôturer un centenaire, et pour réhabiliter une longue période agitée et sombre de la courte histoire d'une nation toujours à la recherche de son identité. Cette identité était en train de se diluer progressivement, d'autant plus que l'élection n'aurait jamais pu avoir lieu sans l'approbation implicite du duo Chiite. Il avait fallu un regroupement chrétien pour permettre le déploiement de cet imbroglio ainsi que son exécution, mais le scénario ne laissait aucun doute quant à la domestication des rouages.

La position de la présidence avait toujours été sujette à des tractations régionales, sinon internationales, à tel point qu'on avait accusé Bashir Gemayel d'avoir été élu à la présidence, porté sur des chars israéliens. Un jeu d'ombres toujours inavoué, mais accepté comme une tradition nécessaire occupait la toile de fond, même quand la scène était vide, pour supporter un accord consensuel traditionnellement pratiqué dans le pays. À la suite d'un blocage politique de plus de deux ans, l'élection présidentielle allait finalement voir le jour quand la réticence sunnite avait été apprivoisée par l'inféodation nébuleuse et suspecte de son cadre hiérarchique.

Le nouveau président de la République, le Général Michel Aoun, exilé durant 15 ans en France, après son retour en force avec la bénédiction syrienne, s'étant débattu par tous les moyens pour accéder à l'autorité de l'état, n'allait pas laisser l'opportunité lui échapper. Malgré ses mésaventures, il avait gardé une aura de sauveur encore vibrante depuis sa démarche aventureuse, riche en folklore et harangues politiques, s'opposant à la présence syrienne sur la terre libanaise, à la suite de son ascension à la position de Chef de Gouvernement, nommé maladroitement par le Président sortant, malgré tous les avertissements. Mais d'aucuns, à distance de ses voltefaces et de ses élucubrations, auraient pu facilement comprendre que cette personne n'avait ni les qualités ni l'intellect d'un chef d'État, seulement une prétention insatiable. Durant cette période pleine de faux espoirs insufflés par une attitude conflictuelle où il avait défié le pouvoir du régime de Damas, portant la pèlerine d'un conquérant qui défilait dans une marche triomphale vers son destin, supporté par un rassemblement populaire naïf, mais inaltérable, l'absence d'une couverture médiatique américaine des événements était incompréhensible. Puis un soir, après plusieurs mois, la vedette du plus prestigieux programme politique de l'époque, Ted Koppel annonça qu'à la demande de ses amis libanais, étonnés du silence médiatique, avait arrangé d'avoir une interview par satellite interposé avec le Général Aoun. À notre grande désillusion, malgré tous les efforts de Ted Koppel, l'entretien était un fiasco total, et le Général, un pantin désorienté et incapable. Comment cet homme a pu par la suite décevoir tout un peuple, et bien de personnes capables, a toujours été un mystère. On ne peut que blâmer une incapacité intellectuelle de percevoir la réalité derrière le mythe.

Son retour, réveillant la nostalgie d'une période euphorique, avait souligné la popularité énorme dont il jouissait encore. Au tout début, durant son exil en France, il avait joué la carte américaine. Invité à Washington, il avait participé avec le Congrès américain à l'élaboration de la « *The Syrian Accountability Act* » en contresignant le document, pour ensuite faire un revirement abrupt, probablement confiant que le chemin de la Présidence, qui lui avait échappé dans l'engrenage de la première guerre du Golfe, venait de nouveau de lui être décalqué dans une antichambre hermétique de l'autoritarisme syrien. Une députée, membre du Congrès américain, qui avait connu le Général durant les tractations politiques, était tout étonnée en nous posant la question suivante : « Mais qu'est-ce qui arrive au Général Aoun ? », avec une voix incrédule et un regard ébahi.

L'Histoire regorge de sauveurs inattendus. Jeanne d'Arc, brûlée vive à Rouen le 30 mai 1431, est une figure emblématique de l'histoire de France, mais aussi une sainte de l'Église catholique, qui, à la suite d'injonctions verbales surnaturelles, avait reçu la mission de libérer la France du joug anglais. Les hallucinations sonores ne sont pas nécessairement indicatives de troubles de la personnalité, mais ont été déterminantes dans sa vocation. L'appel du Général de vouloir libérer le Liban du joug syrien avait réverbéré tout au long de sa carrière dans l'esprit mutilé du peuple libanais. Son opposition à l'emprise syrienne avait fait de lui un rempart essentiel derrière lequel la communauté chrétienne, toujours suspecte du rôle fourbe de la Syrie au Liban et consciente de sa détermination à vouloir le mettre sous sa maîtrise, avait trouvé en lui un sauveur inespéré, mais aussi une promesse ontologique, acclamée avec enthousiasme à la suite d'une longue guerre civile où l'avenir avait échappé à maintes reprises dans le dérapage des tractations géopolitiques. Le déroulement populaire de son ascension au pouvoir suprême allait jouer en sa faveur bien plus tard. N'ayant aucun doute sur ses capacités héroïques, affublé d'un camouflage politique dément, mais favorable, il entrera en conflit armé avec les milices chrétiennes, laissant la marée infernale déborder les limites du rationnel, sans toutefois prendre conscience de sa situation précaire, quand, à la suite de la guerre du Golfe, l'armée syrienne envahit le palais présidentiel, se faisant annoncer par un bombardement intensif précédé par la fuite nocturne du général obligé de chercher un sanctuaire auprès de l'ambassade française.

Il devenait évident que l'ambition du Général n'avait pas de limites, ni politique ni morale. Le pacte diabolique ainsi conçu, allait dépasser la portée du mythe faustien, car il allait aboutir à l'enchaînement de la liberté, au bâillonnement de la décision autonome, enveloppant dans sa démarche une grande fraction du peuple, qui soudain s'était trouvée contrainte à l'obéissance et à la soumission, avec pour conséquence la perte de toute opportunité de se voir offrir l'occasion de s'arracher au piège où l'état s'était vu barricadé. La vague populaire qui avait soutenu le Général dans son déchaînement politique, hypnotisée par un mirage, allait se noyer dans les sables mouvants de l'erreur et de la sottise. La volonté de s'ériger comme une composante fondamentale, animée par la cécité collective, allait se désintégrer, devant l'intransigeance forcenée et ingénieuse de l'Ange des Ténèbres. La lutte existentielle avait perdu toute son énergie, et peut-être tout son sens. Bien sûr, le système politique allait subir l'ire de la faillite intellectuelle des partisans du pouvoir, surpris de se voir dénier une victoire politique clamée à haute voix durant l'ascension vers l'ultime prestige, et de n'avoir pu récupérer les privilèges chrétiens perdus à travers l'accord de Taïf. Sans aucun doute, l'accord reste un témoignage avilissant des intentions sunnites de se voir octroyer une plus grande intégralité du pouvoir, en utilisant des ponts-levis ou des ponts mobiles, en distribuant des aumônes politiques aux chrétiens affaiblis par la guerre, pour ne pas couper court à des relations jugées importantes et nécessaires pour sauvegarder la compassion occidentale envers le monde arabe, indispensable à son bien-être, en étalant leurs bonnes intentions, en rassurant leurs partenaires chrétiens par des garanties électorales proportionnelles et une représentation fictive sans toutefois établir une base définitive de coexistence, alors que le sunnisme politique s'était toujours emmuré derrière des idéologies solvables.

Les sunnites n'avaient pas alors pris conscience du réveil chiite. Ce renouveau politique et religieux chiite allait renverser la table sur l'ordre jugé permanent et allait démontrer que la présence chrétienne n'allait pas empêcher l'occident d'agir dans son propre intérêt quand il s'agissait de défendre les assises du pouvoir, même si la Chrétienté locale allait en souffrir. D'ailleurs, ayant accouru pour les sauver à plusieurs reprises depuis 1860, sans que ceux-ci n'arrivent à comprendre l'idée d'une date d'expiration, ou la notion de neutralité constructive qu'ils auraient dû adopter, sans s'aventurer dans des coalitions hasardeuses ou refuser d'accepter de faire la paix avec Israël, un pays considéré ennemi, mais précieux dans la hantise occidentale, alors que l'armée israélienne s'était sacrifiée pour délivrer le Liban de l'emprise palestinienne. Les chrétiens orientaux, dénués d'une identité bien définie, divisés sur eux-mêmes, avaient perdu leur valeur universelle et n'étaient plus qu'une commodité encombrante.

À travers les décennies, aucune alliance, aucun pacte n'avaient duré plus qu'un cycle lunaire. Parmi les plus importants, le Pacte National, Taïf ou Doha avaient été bafoués, dénigrés ou simplement ignorés. Toutes ces liaisons auraient simplement montré que la sottise avait beaucoup plus d'adeptes que la sagesse, et qu'une alliance mal conçue entraînait des conséquences délétères, sinon fatales.

Le mythe de l'identité religieuse

La religion a toujours joué un rôle prééminent dans la culture levantine ou du moins, depuis que les minorités non-musulmanes vivant sous l'Empire ottoman se référaient spécifiquement aux tribunaux judiciaires distincts en vertu desquels les minorités étaient autorisées à se gouverner elles-mêmes selon leurs affiliations religieuses plutôt qu'à travers leurs origines ethniques. Face à la décomposition de l'édifice impérial, la Sublime Porte avait réagi en instrumentalisant la religion. Les réformes instituées pour moderniser l'Empire ottoman en déclin, appelées Tanzimat, furent considérées comme une influence étrangère, néfaste imposée au monde de l'Islam. Devant l'imminence d'un danger extérieur, l'Empire ottoman avait fait appel à la solidarité islamique et à la menace d'une Guerre Sainte. Cette politique défensive, dont la conséquence allait engendrer plusieurs épisodes de révoltes et d'insurrections à travers la région, sera suivie de massacres de chrétiens. La division arbitraire des régions sous des autorités communautaires séparées allait engendrer un terrain fertile où vont proliférer des conflits internes et externes interminables et répétitifs, sans aucune solution permanente et viable.

À la suite de la faillite des activités militaires de l'Émir Béchir II, s'appuyant sur les troupes égyptiennes de Mehmet Ali, en révolte contre le sultan, le pays fut réorganisé selon des circonscriptions confessionnelles pour renforcer l'autonomie du Mont Liban. Les événements de 1860, causés par une rupture de l'autorité centrale et des querelles de clocher, marquèrent un tournant dans la vie géo-confessionnelle de la petite entité montagnarde. Ils avaient éclaté à la grande émotion des pays occidentaux, en déversant leurs lourds contentieux théophaniques sur des âmes fragiles, sectaires et enchaînées. À la suite de la signature d'un protocole d'intervention sous l'impulsion de Napoléon III, un corps expéditionnaire européen fut dépêché pour arrêter les massacres et empêcher l'extermination des chrétiens. Cet épisode malheureux ouvrit quand même la porte au colonialisme, à l'afflux de missionnaires américains et français, à une haute éducation ainsi qu'à l'ouverture du pays vers des horizons encore inexplorés. Cependant, les répercussions de cette hécatombe, dont la plus pénible et la plus enracinée est la prolongation d'une suspicion mutuelle constitutive, mais vacillante, existant à fleur de peau, prête à hiberner la raison ou à l'enfouir dans les catacombes, mais sans se faire oublier pour jaillir avec des étincelles dès le premier accroc, se prolongèrent au-delà de la création du Grand Liban, malgré plusieurs tentatives sincères et honnêtes de reconduction.

La tragédie de 1860 avait été considérée comme une régression morale, mais aussi culturelle, loin de l'évolution vers la modernité. Une tentative de nationalisme séculière avait buté contre le paradigme sectaire de l'Empire ottoman, désireux de dominer la montagne libanaise. Dès lors, une dissociation profonde et rigide s'était établie entre les idées laïques d'une Europe brassée par la Révolution française, ainsi que par la propagation de son message à travers les campagnes napoléoniennes et la culture tribale essentiellement religieuse de la montagne libanaise, prolongée vers l'intérieur par le marécage musulman.

Néanmoins, le régime des *Moutassarifiah*, un régime fédéral modifié, mis en place à l'issue du conflit intercommunautaire, sous les pressions politiques des puissances européennes, connaîtra une période de paix et un essor économique considérable, avec l'expansion du Port de Beyrouth. Cette période vit cependant une immigration chrétienne massive du Mont-Liban et de l'intérieur syrien vers les Amériques, à la recherche de plus amples opportunités.

La Première Guerre mondiale venait à éclater. Pour éviter toute révolte dans ses territoires, en particulier levantins, ou toute tentative de collaboration avec l'ennemi, Jamal Pacha, surnommé « le Sanguinaire », ou le « Boucher », décida de suspendre le régime des *Moutassarifiah*. Les Alliés imposèrent en 1914, un blocus maritime du Levant, presque immédiatement suivi par un blocus terrestre par Jamal Pacha, en vue de réquisitionner les récoltes pour nourrir ses troupes. La famine, aggravée par une invasion de sauterelles, le Typhus et la Malaria, décima la population du Mont Liban. Elle devait durer jusqu'à la fin de la guerre, mais la vie ne se normalisera pas avant 1919. Alors que le Mont Liban vivait avec les affres de la nature, de la maladie, et de la famine, d'autres tragédies se jouaient presque à la même époque, comme des contrecoups sismiques, rejoignant les lignes de faille chrétiennes, non loin de l'épicentre originel, rapportées entre autres par Gibran Khalil Gibran dans une de ses lettres, le génocide arménien et le génocide assyrien.

C'est avec cet arrière-plan angoissant sur fond apocalyptique que le Grand Liban fut déclaré le 1er septembre 1920, en incluant des territoires originellement à la périphérie de l'entité libanaise, en vue d'englober des terrains agricoles en cas de nouvelle période de famine imposée. Manifestement, la fin de la guerre et la défaite de l'Empire ottoman n'avaient pas complètement tranquillisé le leadership religieux libanais, décidé de créer un foyer national pour les chrétiens du Mont-Liban, en cherchant à s'intégrer au monde arabe, à travers une entente nationale avec leur cohabitant musulman et à y trouver un refuge permanent. Le Liban, gouverné par la France mandataire, connaissait une période de paix et de tranquillité.

À travers les multiples épisodes sécuritaires, depuis l'indépendance en 1943, jusqu'à la fin de la guerre civile en 1989, les différentes entités religieuses avaient connu des changements didactiques et structurels, issues d'une dichotomie dans l'éducation et les loyautés régionales, influencées par des révolutions théophaniques, des guerres d'occupation ou des coups d'État, tel qu'il fallait repenser la formule libanaise, et soulever la question de partition ou de fédération. La question religieuse avait non seulement pris le devant des affaires d'État, ou la construction d'une nation, mais avait aussi englobé toute question d'ordre national et l'avait réduite à une entreprise inspirée. La question d'une nouvelle entente nationale était devenue impérative s'il fallait sauver le pays de la désintégration. La guerre civile avait divisé le Liban et affaibli ses institutions. La solution qu'on allait trouver allait enfoncer le dogme religieux dans les esprits fragilisés par la séparation et l'isolement. La nation allait sombrer dans les sables mouvants des croyances mythiques.

La garantie religieuse, solidifiée par l'accord de Taïf avait consacré le communautarisme, amplifiant le clientélisme laissant la République flotter à la dérive des humeurs régionales et des désaccords géopolitiques. Car Taïf a certainement renforcé dans l'intellect des Libanais la nécessité de trouver dans des nations intéressées et puissantes un support politique, financier et certainement religieux. Une tradition établie depuis le XIXe siècle à ne jamais chercher une solution intrinsèque, mais à toujours compter sur l'intervention bénévole ou maléfique d'une puissance étrangère. Le communautarisme n'a pas seulement fracturé le pays, mais en plus, isolé les différentes communautés au niveau régional et international. La communauté chrétienne, divisée sur elle-même, a continué à perdre une audience dialectale et cosmopolite, surtout depuis son refus de jouer son rôle moral d'artisan de la paix et médiateur nécessaire, même quand elle était offerte sur un plat d'argent. L'erreur stratégique de cette communauté, c'était d'avoir nié sa vocation et de s'être rangée comme collaboratrice. Seul, le Vatican continuait à insister sur la valeur plénipotentiaire de la coexistence islamo-chrétienne, encore présente sur le territoire libanais. Surchargées par les conflits régionaux, et une inimitée noyée dans des disputes millénaires, les communautés sunnites et chiites n'avaient plus qu'un accès sélectif et conditionnel.

La défaite militaire chrétienne eut pour conséquence l'effritement partiel du pouvoir chrétien présidentiel, et le renforcement de l'autorité sunnite et chiite. Pratiquement, le pouvoir était entre les mains d'un triumvirat, qui avait fonctionné vaille que vaille tant que le gardien de cette formule, la Syrie, se trouvait sur le terrain. Historiquement, nul triumvirat ne put gouverner sans aboutir à une discorde. Dès que la Syrie fut obligée de quitter le Liban, et quand soudain, elle s'était trouvée embrouillée dans sa propre guerre civile, le triumvirat se transforma en un spectacle de marionnettes personnifiées par des chefs de file incapable de trouver une solution à leurs divergences. Le président Michel Aoun, qui avait depuis le début montré son opposition à l'accord de Taïf, déplorant la perte des privilèges de la Présidence, commençait à prendre des postures autocratiques, espérant rétablir l'autorité de la Présidence aux dépens du Premier ministre sunnite, qu'il considérait avoir usurpé ce pouvoir. Un homme militaire à l'esprit jalonné de ravines, dont le comportement obstiné ne l'avait pas empêché d'être manipulé par son allié, le Hezbollah, sans pouvoir lui imposer une seule demande favorable à l'intérêt du pays, mais considérée nuisible au parti d'Allah, le Général, dont les proclamations visaient à faire croire que les chrétiens étaient sous la protection du parti, n'avait de présence politique que par son support chrétien de la politique de Hezbollah, convaincu d'être le protecteur des frontières sud du pays contre Israël, d'avoir protégé le Liban d'un assaut par les hordes islamiques, et d'être le garant de la sécurité intérieure du pays. L'argument clé réside dans son obstination contraignante d'être le défenseur du territoire libanais empêchant un ennemi prêt incessamment à envahir sa souveraineté, alors que ce même ennemi s'était retiré de ces mêmes territoires depuis bientôt vingt ans, peut-être à la suite des harassements miliciens constants, mais surtout par un enchaînement de considérations logistiques, rendant sa présence inutile et onéreuse. L'argument invoqué par le Hezbollah pour maintenir son statut de milice armée est l'occupation par l'armée israélienne d'une région frontalière appelée les Fermes de Chébaa à la suite de l'invasion du Golan en 1967, soudain devenue un territoire libanais, un contentieux jamais résolu avec la Syrie, car jamais considéré. Quand deux mensonges se rencontrent, le dilemme devient politiquement insoluble.

Entre les dunes, dans les vallées, et au-delà des collines, la religion domine les esprits et préoccupe les cœurs, mais se désiste de son rôle devant l'appel de la raison. On s'attend, devant la piété étalée socialement avec ostentation, à ce que la religion dirige la boussole morale, mais devant le comportement irresponsable des congrégations humaines gratifiées d'une prétention de sainteté, l'on se demande où se situe la faille responsable d'une telle discordance. L'inaction métaphysique de ce décalage anthropologique et la suspension de la théodicée en faveur d'un folklore religieux, marginalement pernicieux, avaient augmenté l'intervalle de la désunion avec la réalité en réhabilitant l'arrogance et la présomption comme mécanisme compensateur, à travers une eulogie nostalgique du passé, la construction de fantaisies, un narcissisme morbide et une complaisance dans la psychose.

Les courants séculiers associés avec certaines idéologies avaient avalé une dose de passivité leur donnant un atout pour avancer leur programme qui, s'il différait avec les ambitions théocratiques de certaines classes dirigeantes, s'en rapprochait néanmoins par une similarité d'intentions. La religion a été une source de divisions et de séparations, encourageant chaque communauté à suivre son propre chemin, imbu de l'esprit identitaire particulier à chaque dénomination, souvent détourné par des allégeances extraterritoriales gérées par une jurisprudence transfrontalière. La prétention que le Liban était un pays qui englobait 18 communautés religieuses, avec chacune ses traditions et ses dogmes, comme une preuve de coexistence pacifique et d'harmonie anthropoïde, était une vue de l'esprit sans aucune assise solide.

La République Libanaise, pervertie par des considérations religieuses antagonistes, l'une vivant dans la peur de l'annihilation, et l'autre guidée par un violent appétit du pouvoir, ne pouvait survivre devant l'indécision et l'ineptie de ses dirigeants supportés par un peuple dont l'esprit avait été distillé par des croyances fantaisistes et subi la perte de l'acuité historique. L'identité religieuse avait engourdi la raison et dissous l'entendement.

Le mythe de l'identité libanaise

La construction du Liban comme une Nation et une identité n'est que de récente mémoire. Caractérisé comme un accident de l'Histoire, le Liban apparait comme une entente mercantile, réfractaire à s'intégrer dans un moule national. Malgré la richesse historique indéniable de la terre de Canaan, le côtoiement des différentes minorités confessionnelles n'aurait pas abouti à un canevas de valeurs morales et civiques bien concerté, qui aurait formé la charpente de la jeune nation. Les convictions religieuses et les intérêts personnels avaient aussitôt déchiré tout tissage élaboré par un effort ardu et laborieux quand, après une longue et pénible guerre civile, les protagonistes victorieux avaient cherché à récolter les butins de la guerre. Bien que la société libanaise eût acquis une grande éducation et un esprit moderne, elle avait gardé un système politique féodal et tribal, résistant à toute évolution et ennemi de toute intégration. La guerre civile n'avait fait que renforcer cet enchevêtrement. D'aucuns s'étaient aventurés à créer une nation libanaise basée sur des concepts jugés fantaisistes et archaïques, pourtant louables, mais incompatibles avec l'environnement. À cet algorithme unique et prometteur, on avait omis d'ajouter un coefficient contemporain et local, et on s'était contenté de naviguer dans les eaux troubles de la région. Une identité libanaise continue à échapper à l'entendement, malgré un rapprochement communautaire et social indéniable, un moment retardé par le conflit civil, mais ravivé par une sincère, mais tardive réconciliation nationale, toujours boiteuse, à cause de nouvelles circonstances apparues sur la scène libanaise. Plusieurs éléments variables et capricieux empêchent une synthèse stable et permanente.

Le Mont Liban est mentionné à plusieurs reprises dans l'Ancien Testament. Le roi Hiram de Tyr avait envoyé ses ingénieurs portant les troncs de Cèdres pour bâtir le premier Temple de Jérusalem, le temple de Salomon. Le mot Bible a la même étymologie que le mot Byblos, la ville côtière phénicienne du Liban moderne.

Les Phéniciens auraient habité cette terre, mais sont-ils les ancêtres des Libanais, dans une région qui garde les empreintes de plusieurs civilisations. ? Sans aucun doute, s'il fallait croire les « Jeunes Phéniciens », dont le guide spirituel et éminent intellectuel, Charles Corm, fondateur de La Revue Phénicienne, avait écrit ce verset d'un poème intitulé « La montagne inspirée » :

Si je rappelle aux miens nos aïeux phéniciens,

C'est qu'alors nous n'étions au fronton de l'histoire,

Avant de devenir musulman ou chrétiens,

Qu'un même peuple uni dans une même gloire...

La présence du Liban sur les côtes phéniciennes antiques lui avait conféré un statut géographique unique, certainement compatible avec son ambition historique d'être une entité à part, tout d'abord concentrée au Mont Liban, occupé par les deux communautés rivales, druze et maronite, et qui s'est développée malgré des secousses sécuritaires en un équilibre instable durant l'occupation ottomane à travers les efforts diplomatiques et militaires de deux leaders prééminents, l'émir

Fakhreddine et l'émir Béchir II. Tous les deux furent les victimes de leur vision d'un Liban autonome. À la suite de l'avènement révélateur du Grand Liban, après avoir acquis une extension de son territoire à travers l'intervention de puissances mandataires, l'action diplomatique et militaire s'était transformée en une mutation culturelle et ethnique, mais toujours dans l'espoir de maintenir la notion de la spécificité de l'entité libanaise et sa caractéristique unique indépendante de l'environnement prédominant. Pour renforcer cette divergence, le Phoenicianisme était né. La communauté maronite était convaincue du bien-fondé de sa mission, de la valeur de son paradigme civilisationnel et espérait attirer les autres communautés vers cet entendement. Ce nouveau concept du nationalisme libanais allait avoir bien de difficultés à pouvoir s'imposer. Tout d'abord, contrairement à la nation grecque, l'héritage Phénicien s'est avéré très limité dans sa culture et dans son influence. On ne peut parler de philosophie phénicienne, ou même de religion propre. Une culture mercantile, mouvante et maritime, ne pouvait laisser des traces indélébiles. Cette culture, tournée vers la mer et la colonisation de terres lointaines, comme l'établissement de Carthage, avait laissé une biographie insignifiante, malgré l'invention de l'alphabet, dont allait profiter énormément la civilisation helléniste. Carthage, détruite par Rome, « *Carthago delenda est* », était devenue un mirage. La mythologie phénicienne, établie d'après les tablettes de Ras Shamra, est restée au stade primitif d'un culte de divinités, dont les noms pouvaient varier d'une cité à l'autre. Inspirée par la mythologie mésopotamienne, elle est restée cependant élémentaire dans sa perspective et son entendement, et selon les données disponibles, elle n'a jamais atteint la valeur littéraire ou spirituelle des œuvres mésopotamiennes, comme « l'Enuma Elish » ou l'épopée de « Gilgamesh », et encore moins le potentiel civilisationnel de la Grèce antique. Il n'est pas difficile de théoriser que la Grèce aurait peut-être subi le même sort, si elle n'avait pas été conquise par Alexandre le Grand, responsable de la propagation de l'Hellénisme à travers le monde connu de l'époque. Au contraire, la Phénicie fut conquise par le Macédonien, et après la destruction de Tyr, soumise à l'Hellénisme, puis à Rome. La Phénicie avait été plus ou moins absorbée par des conquêtes, qui avaient non seulement accaparé la terre, mais aussi les esprits. À l'instar des « Polis » grecs, les cités phéniciennes vivaient elles aussi dans des conflits permanents, quand elles n'étaient pas sous la domination babylonienne ou perse, adorant les mêmes dieux sous des noms différents. La Phénicie n'avait jamais été une nation ou un empire.

Durant les temps relativement modernes, à part la location géographique du Liban par rapport à la Phénicie ancienne, l'idéologie phénicienne avait assimilé l'immigration massive chrétienne soumise à la suprématie ottomane à la vocation maritime du peuple phénicien et son aptitude à avoir colonisé le bassin méditerranéen, développé le commerce maritime et fondé la ville de Carthage. Certaines découvertes archéologiques avaient aussi identifié les Phéniciens comme les premiers voyageurs ayant foulé le sol des Amériques. L'émigré libanais était devenu le descendant de l'aventurier phénicien qui avait vagabondé les mers à la recherche d'autres foyers.

Cependant, le concept de Phoenicianisme représentait un effort intellectuel honnête pour préserver l'identité chrétienne, menacée d'extinction à la suite des conquêtes arabes du Moyen-Orient, entrelacées par les Croisades et les harcèlements byzantins, soumise au risque de disparition durant la domination ottomane. Anxieux de se dissocier du Nationalisme Arabe et de ses intonations islamiques, ce concept apparaissait comme une alternative séduisante. Un effort certainement louable, mais fantaisiste, considérant l'identité libanaise sous une lumière purement géographique et historique, ne possédant pas les éléments nécessaires ou suffisants pour convaincre une population encadrée par une religion théocratique et dominante, confiante dans une destinée musulmane, de la validité de la formule phénicienne.

L'Arabisme n'était pas la seule barricade à traverser. Après la fin de la Première Guerre mondiale, une floraison de nationalismes fascistes ou marxistes, inspirés par des mouvements européens, allait apparaitre sur la scène moyen-orientale, certains restreints, mais d'autres imprégnés d'ambitions impériales et conflictuelles, portant en elles une semence équivoque et antagoniste, et qui allait rendre tout nationalisme libanais difficile à faire germer.

Une idéologie nationaliste arabe favorisant le développement et la création d'un seul état arabe uni, basée sur les théories d'intellectuels d'origine syrienne, et adoptée par des gouvernements révolutionnaires, avait vu le jour, tout d'abord happé par le Nassérisme, puis trouvant son équilibre par l'édification de deux états autocratiques et despotes, l'Irak et la Syrie. Le Ba'athisme ainsi pratiqué avait subi des divergences significatives loin de sa pensée originelle et avait été appliqué avec des modifications séparatistes entre les deux états.

Le Syrianisme, développé par un esprit brillant et romantique, influencé par la tendance fasciste, répondant à la propagande nazie de l'entre-deux-guerres, prônait plutôt l'État de la Grande Syrie géographique de l'antiquité, augmentée de la Mésopotamie, et peut-être s'étendant jusqu'à la vallée du Nil, connue sous la dénomination du Croissant Fertile, une abstraction biopolitique, introduite par l'archéologue américain James Henry Breasted dans son ouvrage sur l'histoire européenne.

Croire qu'un petit bout de montagne sacrée, augmenté d'un espace côtier, quoique prestigieux, pouvait imposer son concept d'autonomie bio-spirituelle et d'indépendance géopolitique, s'isoler des intempéries et des raz-de-marée successifs qui inondaient le paysage, relevait de la fiction cosmique.

Considérations sur la violence

« L'ignorance mène à la peur, la peur mène à la haine et la haine conduit à la violence. Voilà l'équation. »
Averroès

La violence n'est pas l'apanage des religions monothéistes, mais perpétue à travers les âges l'héritage des traditions guerrières des cultes païens, pour ensuite enflammer les mœurs occupées à construire des nations, pour s'étendre aux idéologies séculières, lesquelles avaient adopté pour gouverner une omnipotence despotique, qui ont prouvé être en plein XXe siècle, l'équivalent de l'enfer allégorique où la pensée se consume bien avant que le corps ne soit incinéré.

Depuis la haute antiquité, la violence joue un rôle majeur dans les relations humaines avec les dieux. L'histoire de Caen et Abel renforce l'inévitabilité de la violence dans les relations humaines, devant la distanciation divine et le besoin d'un espace d'auto-préservation. Mais le premier acte de violence mystique documenté est celui de la mort mystérieuse de Enkidu, probablement aux mains des dieux, pour venger le meurtre de Humbaba, tué par Gilgamesh et son ami, ce monstre géant qui gardait la forêt des Cèdres où les dieux vivaient avant de déménager sur le mont Olympe. Cet acte, en lui-même commun, allait larguer la grande anxiété humaine devant le mystère de la mort et lancer Gilgamesh dans une quête de l'immortalité. Sonder la mort avait mis à jour les limites de la pensée humaine, l'abîme inévitable signalant le dénouement de la poursuite spirituelle, mais devant la capacité monumentale de l'esprit humain, avait aussi ouvert la voie vers d'autres aspirations. Les deux épopées d'Homère, où la violence des hommes et leurs émotions sont manipulées par les dieux, la quête de la gloire et de l'amour remplace la poursuite de l'insaisissable et vaporeuse immortalité pour finalement aboutir à une errance interminable entrecoupée d'aventures et d'infortunes, à la recherche d'un foyer. L'ancre de l'homme est sa terre.

Exacerbée devant l'indécision humaine d'accepter un sort limité dans le temps, visible par une activité guerrière constante, palpable à travers une pensée philosophique antinomique à la tradition mythique, bousculée par la capacité humaine d'embrasser la liberté, la violence divine s'épanouit avec autorité dans la Bible, tout d'abord en chassant le couple élu du paradis, coupable de vouloir acquérir la connaissance illimitée, et d'aspirer à la vie éternelle, puis en éprouvant la tendance de la créature au crime et à l'homicide, et ensuite en insufflant par coercition la notion de la terre promise, comme le seuil temporel final vers une permanence fictive, en échange d'une immortalité qui échappera toujours, inaccessible par définition à un mortel. Les excès de l'homme, ayant abouti à gommer les transactions des dieux multiples et encombrants et à découvrir que la vérité divine n'avait qu'un seul interlocuteur, avaient cependant ignoré le besoin de se voir réintégrer la discipline et la moralité. Par une charité spirituelle désintéressée, le royaume des cieux allait s'étendre sur la terre. La dimension mystique de la violence ne pouvait se permettre de s'imposer des limites.

Pour parachever son objectif, le protocole de la violence codifiait au cours des âges 3 états spirituels différents, mais intimement entrelacés.

La violence légiférée. Accusé d'impiété contre la religion de l'état et inculpé dans la corruption de la jeunesse, Socrate fut condamné à mort, le forçant à boire la ciguë. Mais les conflits de la haute antiquité n'avaient pas d'intonations religieuses mystiques ; les dieux, seulement une fonction protectrice et les oracles l'annonce d'un augure. La répression des peuples vaincus portait aussi sur leurs dieux.

La violence inspirée. Il faudrait attendre la bataille du pont Milvius, quand Constantin avait déclaré avoir eu une vision qui lui était apparue sous la forme d'un Chrisme, un symbole du Christianisme primitif, accompagnée par une injonction visuelle ou auditive : « Par ce signe, tu vaincras ». La religion d'État était née, suivie de l'emprise du Christianisme sur les rouages du pouvoir, puis l'association de la royauté au sacré. Durant sa campagne de Christianisation, Charlemagne donna l'ordre de décapiter 4 500 Saxons, après les avoir forcés à se convertir. Les épisodes de violence durant les Croisades défilent comme des pylônes de feu, où se consument les sacrilèges et se dissipent les péchés. La Reconquista redonna son identité à l'Espagne. L'Inquisition allait rendre fameux le temps des grands bûchers, la chasse aux sorcières, la persécution des hérétiques, puis l'annihilation des cathares aux mains d'une Croisade.

La violence sacralisée. Malgré les nombreux désaveux émis par différentes institutions islamiques, les tentatives des intellectuels bien intentionnés de peindre l'Islam comme une religion pacifiste, et d'embellir ses dogmes, sa genèse a connu des événements sanglants et brutaux, dont les conséquences résonnent encore de nos jours. Un effort remarquable a été entrepris d'intégrer la religion musulmane à la société occidentale, mais une incompatibilité culturelle empêche une alliance tangible.

Des siècles de cohabitation au Moyen-Orient ont dérapé à plusieurs reprises, et tout récemment devant l'apparition d'ISIS, une aberration aussi religieuse que sociale, née des fondements de la religion islamique. Malheureusement, dans le domaine qui mélange le sacré et le politique, qui donne au politique une consistance plus compacte, et au sacré une auréole plus touffue, il devient difficile, sinon impossible, de séparer les protagonistes conceptuels en vue d'achever une harmonie constructive où l'altérité porte en elle l'hégémonie de l'entente et de la civilité. La violence est constitutive de l'Islam. Selon le discours de la tradition islamique, depuis même le temps de la Prophétie, la belligérance est considérée comme l'expression légitime de la foi religieuse et l'outil justifiable dans la défense de l'Islam. Durant le premier siècle de son existence, la propagation de la foi islamique s'est servie du Jihad militarisé pour achever son expansion. L'Islam s'est alors considéré comme l'ultime religion qui doit s'étendre à toute l'humanité dans l'attente du Mahdi, dont le retour est promis avant la fin des temps. Une réciprocité contagieuse s'était établie entre les différentes sociétés tribales de la péninsule arabique, juives ou hérétiques chrétiennes, harcelées par Byzance. Cette relation adverse et discordante avait abouti à une corrélation mimétique qui encourageait l'association de la religion à la politique, décrite plus tard par Ibn Khaldun sous le concept de « l'*Assabiya* », l'amarrage nécessaire pour maintenir la cohésion sociale ou politique, mais qui aussi, permettait de majorer les rapports vers un niveau conforme.

Sans aucun doute, l'humanisme issu de la Réformation, de la Révolution française, de la Renaissance, suivie de la Révolution industrielle, n'a pas achevé un rejet immédiat de la violence, ni même une suspension des hostilités durant la période coloniale ou les conquêtes territoriales, mais a abouti, à travers la séparation de la religion et du pouvoir, et en s'amarrant à des concepts acclimatés à soutenir la valeur de l'individu, comme la vie, la liberté, la conquête du bonheur, la propriété, à la Déclaration des droits de l'Homme, et à la construction d'États-nations, souvent à travers des guerres interminables et des périodes ensanglantées, pour finalement aboutir à un équilibre de l'ordre civique, nécessaire à la vie des nations.

Ces notions n'ont pas pu franchir la barrière de l'Islam qui, malgré un cri d'alarme lancé par des intellectuels de tout bord, est resté étanche à toute infiltration contemporaine de peurs de perdre son authenticité originelle, enchaînée à des dogmes périmés et figés dans une construction rigide et imaginaire. L'Islam craint le changement. Privilégié par une culture poétique remarquable et civilisationnelle, et par la présence dans son sein, d'un discours d'une grande capacité intellectuelle, et malgré une expansion démographique inépuisable, il est resté à l'état statique et rétrograde, comme s'il était impossible de modifier la configuration d'une pierre angulaire de peur que tout l'édifice ne s'écroule.

La violence, si elle n'est pas l'apanage des religions, prend une dimension plus radicale quand son essence est potentialisée par le sacré, créant une synergie incandescente entre le surnaturel et le subconscient. La « radicalisation religieuse agressive » (RRA) n'est pas nécessairement un phénomène islamiste, car elle a flétri toutes les religions depuis le début des temps. Les forces chrétiennes libanaises avaient renoncé publiquement au recours à la force et à la violence, cherchant à éviter les tentations multiples qui risquaient de les entraîner sur cette pente dangereuse, revivant la mémoire d'une guerre civile, que tout le monde cherche à oublier, mais jamais à analyser, et dont la solution avait dilué la substance incendiaire, sans toutefois éteindre l'étincelle coupable. Le sunnisme politique, qui a toujours utilisé des mercenaires dans sa défense, s'est rétracté dans sa tanière tout en restant en marge d'une réalité aussi grotesque qu'offensive, permettant à ses coreligionnaires libérés de toute contrainte morale de s'aventurer dans l'horreur et dans l'obscénité. La présence massive du sunnisme à travers le globe, en train d'éroder les contours de la civilisation occidentale, de grignoter à sa culture et de coloniser ses gouvernements, constituait un dôme protecteur suffisant, pour pallier toute activité cathartique.

Le réveil tardif et brutal de l'Islam Chiite, dominé durant des siècles par l'Islam Sunnite, négligé par les régimes despotiques, et amadoué par des convictions mystiques, libéré soudain d'une intransigeance accablante, allait découvrir un monde déconnecté d'un passé exigeant, une réalité qui avait dépassé les convictions fantaisistes d'antan, une société qui honore ses morts et ses héros tout en gardant ses distances, bref un paysage hostile et menaçant, qui encourage l'adhésion à la radicalisation, comme formule de préservation.

Un destin presque similaire et contemporain, mais a l'autre bout du spectre, le Sionisme découvre que la croissance d'un état est plus difficile que sa fécondation, que l'adoption d'une radicalisation offre une plus grande garantie de survie, que l'ennemi compte plus sur la Providence que sur lui-même. Encerclé par une pléthore d'adversaires toujours prête à proférer une litanie de menaces, l'État d'Israël, à travers une politique de radicalisation culturelle, d'expansion agressive et forcenée, de militarisation excessive, a su garder une distance prudente des états de la Résistance, et finalement aboutir à une entente cordiale, quoique frigide, avec certains pays arabes, fatigués de supporter une cause dont les bénéficiaires étaient dénués d'authenticité, de loyauté et d'une perspective judicieuse, et qui, tout au long de leur existence, avaient provoqué plus de dégâts et suscité plus de consternations que la plus désastreuse des guerres. Si les gouvernements des pays musulmans se sont finalement engagés dans un processus de paix, il faudra peut-être attendre que les peuples se joignent à la clairvoyance de leurs dirigeants, pour finalement déclarer non seulement la paix, mais surtout une réconciliation des cœurs et des esprits.

Le monde arabe a vécu des siècles dans l'incertitude et la précarité spirituelle, concerné plus par la théogonie que par l'architecture de la nation. La progression de la civilisation arabe, ponctuée par des guerres et des conquêtes, rythmée par l'expansion de l'empire sous la dynastie omeyyade, dont le siège était Damas, et l'épanouissement éclatant d'Al-Andalous, puis définie par la révolution abbasside, et son autorité titulaire sur l'*Ummah*, en installant son siège dans une ville nouvelle, construite sur les rives du Tigre. Bagdad connut un essor incroyable et nous donna les légendes des « Mille et une Nuits ». Sur un arrière-fond de conflits et de guerres, la religion de l'Islam se dessinait progressivement dans les labyrinthes du pouvoir, tant sur le point théologique que sur le plan structurel, tiraillé entre différentes jurisprudences occupées à émettre des opinions adverses et parfois considérées blasphématoires contre le concept islamique. Depuis son éclosion, l'Islam est en guerre. Tout d'abord, pour construire une religion basée sur une révélation divine, et un livre compilant des aventures bibliques et des légendes contemporaines appuyées sur la Prophétie, dont la parole incréée est supposée planer dans une matrice parallèle avant toute éternité et avant d'être délivrée à un homme illettré, par l'Archange Gabriel dans une région isolée de la péninsule Arabe. Si la Mecque ou Médine étaient les centres du message prophétique, c'était pourtant Damas, puis Bagdad, sans oublier Pétra et surtout Jérusalem, qui avaient tout d'abord intéressé la structuration de l'Islam.

Le sunnisme, se considérant l'orthodoxie musulmane, a accepté la soumission à l'Empire ottoman, qui s'était camouflé sous la mante du Califat, puis quand l'Empire fut démantelé, abandonnant l'abri de la juridiction impériale, se joignant à l'impulsion du moment quand les puissances avaient commencé à éliminer pratiquement la structure des empires, il s'est concentré, aidé par les pétrodollars, à répandre la théologie fondamentaliste, dont l'interprétation allait engendrer des écoles encore plus extrémistes, comme le Salafisme et la Confrérie Musulmane, à la grande déception des wahhabites, qui craignaient ainsi de perdre l'ascendant de leur autorité religieuse, et par là leur hégémonie sur le monde musulman, déjà secouée par des nationalismes arabes divergents.

Le Chiisme, obnubilé durant des siècles par l'assassinat de ses dirigeants politiques et spirituels puis par l'Occultation du XIIe Imam, un descendant de la famille du Prophète, qui s'était caché pour éviter les répressions des autorités abbassides, mais dont le retour resterait suspendu jusqu'à la fin des temps, vivant dans un monde invisible, mais toujours en contact secret avec ses fidèles, et dont l'absence avait pris un recul diplomatique à la suite de la déclaration de la Tutelle de la Jurisprudence islamique par l'avènement de l'Ayatollah Khomeini et de la révolution iranienne, allait prendre un itinéraire tout à fait différent, mais surtout hostile à tous les partis défavorables, qu'il allait accuser de décompensation religieuse. Doté d'une manne terrestre abondante, en mélangeant fiévreusement le politique au sacré, portant l'injonction coranique d'islamiser le monde vers des horizons inexplorés, le Chiisme politique prenait un essor électrifiant, en s'infiltrant avec force dans toutes les minorités chiites du monde arabe, frustrées d'avoir été considérées comme des déshérités durant des siècles, des dépossédés en marge de la société, en achetant leur allégeance, mais surtout en s'alliant au salafisme et au puritanisme musulman, sous le nez des états sunnites, favorisant la guerre à outrance contre Israël, faisant de la question palestinienne le cri d'un appel divin et supportant les partis dont l'extrémisme religieux était le plus pernicieux. L'idéologie du martyr et de la culpabilité allait prendre une tout autre dimension, celle de la défiance et de l'identité, rejoignant la tradition islamique de se servir de la religion à des fins politiques.

Le 11 septembre 2001 marquait le début d'un tournant décisif, signalant une période trouble et pathétique dans la région. Une situation précaire allait s'installer au Moyen-Orient, dont l'équilibre allait connaître une grande secousse à la suite de l'invasion de l'Irak, et où les régimes dictatoriaux n'arrivaient pas à secouer les divisions intestines et le nœud colonial, plongeant les pays dans une tourmente à facettes multiples et souvent violentes, qui allaient culminer dans la faillite disparate du « Printemps Arabe », une ébauche de révolutions qui n'ont jamais pu avoir lieu dans une région habituée aux coups d'État ou aux changements de pouvoir, malgré les prétentions mégalomanes et exagérées des auteurs de l'acte rebelle, car les principes fondamentaux d'une nouvelle société n'avaient jamais été planifiés. On ne faisait qu'entasser des données empruntées sur des certitudes imaginaires enfermées dans une culture désuète, structurée par les préjudices et la religion. Les dogmes religieux de la soumission à la volonté divine, de la croyance dans un déterminisme doctrinaire, de l'essentialisme musulman délivré par un édit céleste, étaient les coordonnées principales dans la faillite de toute évolution. L'algorithme de l'insécurité existentielle s'était enflé du doute identitaire, se déplaçant sur un terrain instable, considéré comme hostile. La soumission à l'autoritarisme, la conformité clanique, le fascisme témoigne de l'incapacité humaine de s'adresser à l'incertitude pénible de prendre des décisions, à l'inaptitude de trouver des solutions rédemptrices, et de pouvoir échapper à un champ de contrainte, en s'abandonnant à la fantaisie ou à la belligérance. La

« radicalisation religieuse agressive », douée du pouvoir d'unifier un état de discordance personnelle ou collective, aiguillonne la pensée vers une attitude motivée dont le pouvoir essentiel est de calmer toute anxiété métaphysique, en offrant en compensation les ressources d'immortalité, de sécurité spirituelle, d'intégrité identitaire, de respect moral, présents en général dans une religion. À plusieurs reprises, et à travers des étapes différentes, le Liban allait souffrir les outrages de la nature rétrograde des prétentions religieuses, certifiées comme une menace à l'identité nationale secouée de toute part par un espace instable et agressif, malmenée par une disparité de tendances, inquiétée par des idéologies envahissantes, et dont l'unité était continuellement débattue.

Sous l'hégémonie syrienne officialisée par l'accord de Taïf, qui avait mis fin à la guerre civile sans cependant adresser les points essentiels de la mésentente, espérant qu'un partage réglementé du pouvoir contrôlé par une mainmise fraternelle allait alléger les risques de dérapage et garantir la docilité des forces en présence, contraintes de se plier à la volonté internationale et régionale, la violence allait se canaliser dans une nouvelle direction. Si l'accord de Taïf avait omis des détails importants, laissant l'horaire au hasard, et absout l'illégalité de notions mal définies, considérées académiques et traditionnellement tolérées, il a certainement négligé de s'enquérir des desseins ultimes des factions engagées dans le processus de la réconciliation, mais surtout des intentions du protagoniste essentiel, la Syrie.

Hafez Al-Assad avait apparemment affirmé à l'un de ses visiteurs que les Libanais et les Syriens étaient un même peuple vivant dans deux pays séparés par une chaine de montagnes. Avant l'Anschluss, Hitler avait aussi pensé que les Allemands et les Autrichiens étaient le même peuple. Le seul problème était que les commanditaires de Taif, inclus les Américains, avaient cru en Hafez Al Assad, perpétuant la même erreur actualisée dans l'accord de Sykes-Picot, et encouragée par le patriarcat maronite, anxieux de trouver un pays pour les chrétiens du Moyen-Orient, isolés dans toute la région en état de dispersement. Or la guerre du Liban, et l'incapacité de celui-ci d'arriver à une entente nationaliste, suivies des années plus tard par les conflits sanglants irakiens juxtaposés à l'invasion américaine, puis la guerre civile syrienne, bien plus dévastatrice que le conflit libanais, était l'antithèse que l'unité géopolitique de peuples divers dont les cultures appartenaient à des pôles opposés, était une conjoncture suffisante pour permettre la construction d'une nation, une notion supportée par des idéologies cousues de toutes pièces, qui continuent à se débattre, soumise à des pouvoirs contraignants, et à rendre toute entente difficile à achever. La diversité multiculturelle ne pouvait cimenter une relation nationaliste en dehors d'un pouvoir central fort, travaillant dans le cadre de la justice et de la loi, sans une maturité civique et pédagogique absolument essentielle.

Thucydide aurait écrit : « La paix est une trêve durant un état constant de guerre ». Autrement dit, la violence est un état de perpétuel retour. Alors que le supplice de la mort sur la croix, l'ultime violence concevable, était le plus brutal instrument de la justice romaine, depuis que Constantin utilisa le monogramme du Christ dans sa victoire du Pont Milvius, ce fut la Croix qui allait devenir le symbole d'une Chrétienté militante, dominatrice ou conquérante. Elle n'était jamais loin de la violence. Plus significatif est le symbole de l'Islam conquérant, le cimeterre, instrument du Jihad en faveur de l'Islam, souvent opposé à toute imposition chrétienne. C'est un instrument essentiel dans la compréhension du paradigme islamique. En revanche, le symbole de la Croix, qui aurait projeté l'ambition chrétienne d'omnipotence, a été mal interprété et compris, et souvent utilisé, à tel point qu'il était devenu pour certains un symbole d'intolérance et d'abus, alors qu'il était de toujours, et encore plus maintenant, à travers le sacrifice du Fils de l'Homme, le symbole du triomphe de l'amour sur la violence.

Le mythe de l'ennemi allégorique

« Et l'obscur Ennemi qui nous ronge le cœur
Du sang que nous perdons croît et se fortifie ! »
Baudelaire

Huit siècles après que Dante avait décrit Satan comme un Démon banni du ciel pour avoir cherché à usurper le pouvoir divin, celui-ci continue à jouer un rôle dans les conflits géopolitiques des temps présents. La question palestinienne a occupé le centre du conflit israélo-arabe depuis sa constitution, et continue à alimenter la verve intellectuelle et militaire des régimes arabes ou perses, qui se sont succédé avec la promesse d'éradiquer l'intrus de la terre inviolable réclamée par sa population indigène. Tous les efforts ont succombé devant l'incapacité d'achever une victoire diplomatique ou militaire. Même les idéologies séculières ou théocratiques, qui avaient proclamé l'ennemi comme un anathème à bannir, n'avaient pu débloquer les rouages de son annihilation. Les guerres justes, les guerres civiles, les guerres provoquées, les guerres génocidaires avaient toutes failli à achever un redressement de la conjoncture infernale, mais n'avaient pas encore convaincu les protagonistes de leur impuissance. Satan était donc de retour, sous un camouflage facilement reconnaissable, car il avait envahi Dar-Al-Islam et contaminé sa terre de son venin. La mémoire des

Croisades restait toujours bien actuelle dans les esprits, et une récidive de l'histoire n'était pas impossible à imaginer, surtout quand l'imagination s'accroche encore à l'époque infantile de la mythologie et de l'occulte.

La présence d'Israël avait offert à des peuples soumis durant des siècles à l'autorité ottomane abusive, ayant recouvert une certaine liberté et l'opportunité pour une gouvernance autonome, la conjoncture de retourner la table sur les autorités gouvernementales imposées par les puissances coloniales, et à travers des coups d'État successifs, d'instaurer des gouvernements autocratiques et des régimes despotiques. Les pays arabes soumis tous à des théocraties ou à des régimes dictatoriaux y ont vu une opportunité unique. La nécessité d'avoir un ennemi a toujours joué un rôle vital dans le maintien de ces régimes. Seuls, les Palestiniens ayant rejeté ce choix, après les défaites successives des armées arabes, et devant l'inconcevable solution pacifique, avaient choisi la lutte armée et l'action subversive, entrainant dans leurs sillages tous les pays pris dans l'étau. Bien que parrainées par la plupart, seules la Syrie, l'Égypte et la Jordanie avaient été sérieusement impactées par le conflit. Le Liban, une victime, une boite postale, un champ de Mars, et souvent une baraque, gardait le silence. Les pays du Golfe, ainsi que l'Arabie Saoudite étaient satisfaits de déverser les aides financières pour garder vivante la cause palestinienne, tout en négligeant le côté humanitaire, éducatif, médical des réfugiés palestiniens dans les camps disséminés entre ces pays, inclus le Liban, mais supportant directement le leadership, garantissant une immunité martiale pour leur survie. Tant que la misère restait confinée, le monde arabe était tranquille.

Le Liban, immobile dans l'œil du cyclone, pris en otage, devait en payer le prix, en consentant sous menaces et pression à l'accord du Caire, et par une suite successive de phénomènes politico-religieux, inhérents à la condition libanaise, en devenant le protecteur et le plus acharné défenseur de son ravisseur. Soumis aux insurrections répétées de la résistance Palestinienne, aux abus des Fédayins, à un afflux de combattants du Fatah à la suite de la débâcle du Septembre Noir en Jordanie, le pays sombrait dans la désintégration et dans le chaos, alors qu'un large segment de la population continuait à privilégier les actions de la résistance palestinienne contre Israël du Liban, qui avait signé un armistice en 1948 avec l'État Juif, comme si la souveraineté libanaise n'avait aucune valeur intrinsèque. La Question Palestinienne devait passer outre toute autre considération. Le cercle du chemin vers l'abime venait de se fermer. Le syndrome de Stockholm ne pouvait avoir de meilleur exemple géopolitique.

Cette conjoncture avait ouvert les portes vers un état d'hostilité inévitable. Le véritable conflit sous-jacent était cependant entre la Syrie et la Résistance Palestinienne, tous les deux décidées à vouloir s'emparer du Liban pour leur propre intérêt. La Syrie ne pouvait admettre que l'OLP devienne une force autonome au Liban et acquière une manœuvrabilité indépendante alors que celle-ci cherchait à contrôler le Liban, comme patrie de rechange, une géo-théorie attribuée à l'ancien Secrétaire d'État américain, Henry Kissinger, alors que d'autres pensaient que contrôler le Liban ouvrait à l'OLP une plate-forme exclusive pour continuer leur lutte contre Israël sans contrainte. N'avait-on pas annoncé par la bouche d'un des leaders de l'OLP que la route de Jérusalem passait par le port de Jounieh, le fief chrétien par excellence ? Dans les deux cas, Israël n'aurait jamais toléré la présence d'une force militaire menaçante à sa frontière nord. La guerre civile libanaise était une meilleure solution.

Les avances des islamo-progressistes, et le risque de leur emprise sécuritaire sur le pays, accompagné d'une menace génocidaire, allaient cependant permettre à la Syrie de rentrer au Liban et de s'opposer à leur avance, mais en se trouvant incapables de contrôler militairement l'OLP, elle courut le risque de perdre toute influence politique, à la grande déception des États-Unis. L'invasion israélienne de 1982 contribua à remédier à cette déficience, quand Israël avait réalisé qu'une victoire Islamo-Progressiste était inévitable et le passage vers un déséquilibre régional des forces en présence, une nouvelle menace. Le départ forcé de l'OLP coïncidait avec le réveil chiite, sous l'impulsion de l'Iran révolutionnaire, avec dans l'arrière-plan, la Syrie et les activités terroristes d'une nouvelle confrérie, qu'on connaîtra plus tard sous le pseudonyme dogmatique de Hezbollah, le Parti de Dieu.

Le départ des Marines américaines et du contingent français, à la suite de l'attentat mortel à la bombe contre la Force Multinationale pour le maintien de la paix, annonçait le début d'une nouvelle ère, dominée par la milice politisée du Hezbollah. Cette période verra le Liban récupérer une souveraineté conditionnée, avec le départ de la Résistance Palestinienne, et l'hégémonie de l'occupation syrienne, alors que, en coulisse, aiguillonnée par l'Iran et la Syrie, l'instrumentalisation du Hezbollah prenait une dimension incontournable et autocratique pour finalement s'imposer comme le vigile décisif de l'état libanais. Le pays allait sombrer sous la tutelle impérieuse et débordante de la puissante milice chiite.

En se prévalent de vouloir conquérir la Palestine, et reprendre Jérusalem, assisté par un fragment de la société libanaise convaincu par le bien-fondé de ses intentions, et secondé par un parti chrétien présomptueux dont l'unique ambition était de monter les échelons du pouvoir, et d'accaparer les leviers de la gouvernance, le Hezbollah, en protégeant la corruption endémique de la faction politique, et en éliminant systématiquement les opposants, avait bousculé la souveraineté du Liban, en instaurant un nouvel ordre militant indépendamment de l'État, plus puissant que l'armée, militairement et politiquement, mais soumis à l'Iran, renforçant l'allégeance religieuse aux autorités théocratiques de la Révolution Iranienne, créant une distanciation encore plus séditieuse avec le reste de la société libanaise, ajoutant une fragmentation culturelle et ethnique destructive envers une tentative éventuelle d'unification.

« L'ennemi israélien » qui avait laissé échapper l'opportunité de se débarrasser du Hezbollah en 2006, perché sur les hauteurs du Golan et de Ras Al-Naqoura, n'avait aucune raison de s'inquiéter. La présence constante d'une politique menaçante, mais inoffensive lui permettait de se renforcer, de coloniser le territoire palestinien, de se déguiser en artisan de la paix, et de toujours s'offrir comme une victime potentielle de l'agression vocale arabe. Car il s'était persuadé qu'on ne faisait pas la paix avec un pays dont le gouvernement était faible, hésitant, sous l'emprise de pouvoirs visibles ou invisibles et incapable d'une décision autonome. L'expérience décevante avec le Liban des Gemayel l'avait immunisé contre d'autres tentatives.

À nul moment, Israël n'a pas agressé le Liban sans être provoqué. L'assertion libanaise qu'il avait des ambitions sur les richesses aquatiques du pays, élaborée par la tendance maladive de se délecter dans des théories conspiratrices, s'était avérée fictive. La cause palestinienne, supportée par une partie de la population libanaise, avait causé plus de préjudices au Liban que n'importe quelle guerre avec Israël ou l'invasion aérienne de la souveraineté libanaise, mille fois piétinée par la Syrie, ISIS, la Résistance Palestinienne, et maintenant par la milice iranienne prénommée Hezbollah. Soumettre le Liban à une obligation morale qu'il est incapable d'honorer, celle de vouloir supporter cette cause légitime en elle-même et renforcée par la présence de réfugiés palestiniens sur son territoire, concentrée dans des camps en dehors de la jurisprudence libanaise, et devenus des ghettos militarisés et militants, découlant d'une ancienne revendication musulmane, maintenant dépassée, à un plus grand partage du pouvoir, appartient à un état mental maladif, incapable de dépasser les frontières de l'insanité. La population chrétienne, dont la plupart considèrent la présence palestinienne responsable de la guerre civile, refuse de se plier à cette mascarade et considère la Neutralité comme une planche de salut, sans toutefois nier le besoin de respecter la légitimité des doléances palestiniennes. En échange, la population musulmane devrait se désister de son insolence morbide en se libérant du joug de cette obligation et sa tendance à soumettre l'intérêt du Liban à la résolution de la cause palestinienne.

Le Liban a célébré le centenaire de la peur. Le visage de l'ennemi a été plus problématique et plus ambigu qu'un monstre imaginaire aux dimensions bien établies. Son caractère distinctif s'est estompé au cours des décennies pour devenir une figure abstraite dont les attributs louvoyants pouvaient être octroyés à des profils divers, modifiés selon les besoins de la cause ou les nécessités de l'adversité. Le Liban a survécu à plusieurs assauts d'un ennemi variable dans ses intentions et ses moyens. Pris dans l'engrenage de la fatalité identitaire, tiraillé par un destin indocile, le Liban s'engage contre un ennemi phallocrate, dont l'essence est la métaphore de nos coupables pensées.

Considérations sur la « banalité du mal »

Dans sa lettre aux Romains, Saint Paul avait écrit : « Je ne fais pas le bien que je voudrais, mais je commets le mal que je ne voudrais pas. » La notion du Mal sert encore de nos jours à définir un ennemi, ou à insulter un concurrent.

Dans son livre semi-historique situé au 5e siècle, « Azazeel » Youssef Zeidan décrit l'agonie morale puis le meurtre brutal de Hypatie, la philosophe-mathématicienne responsable de la librairie d'Alexandrie, suivi du saccage de la librairie par une horde fanatique en colère, incitée par l'évêque Cyril concerné par la popularité de la culture païenne et la menace qu'elle pesait sur la Chrétienté naissante.

Deux siècles plus tard, l'avènement de l'Islam cherchant à répandre une nouvelle doctrine religieuse dans un monde qualifié « d'ignorant », car il n'avait pas été exposé à la parole révélée, signalait un tournant majeur dans l'histoire de la région. L'Âge de l'Ignorance aurait dû subir une conversion divine, mais s'était contenté d'être éduqué à la pointe de l'épée. Le polythéisme s'estompait graduellement, alors que le Christianisme perdait de son ascendant.

L'absolutisme religieux, soutenu par le silence d'une masse apeurée et complice, paralysée par une religion déployée jusqu'aux confins de l'insanité, allait sévir durant des siècles, pour s'effondrer, du moins dans les contrées à l'héritage chrétien, devant le défi de la Réformation, prolongée par l'épanouissement de la Renaissance, entrainant dans sa chute l'hégémonie de la culture chrétienne. L'ambition théocratique de l'Homme avait été déçue. Une nouvelle formule était nécessaire. Inspirée par le Marxisme, la Révolution Bolchevique de 1917 allait enfanter une série d'idéologies corrosives et séculaires, formant la charpente de l'absolutisme politique du XXe siècle. Le concept du *Übermensch* définissait l'Homme idéal et établissait la base d'une société à la race épurée, alors que Teilhard de Chardin préconisait une vision cosmique du Christ, envisagée comme la finalité de l'évolution humaine par la convergence des consciences vers le point Oméga.

La défaite du nazisme, la chute du communisme, la déchristianisation de la société occidentale avaient donné l'impression d'une évolution dynamique de la société mondiale, dirigée vers une uniformité de pensées et d'actions, illustrée dans un livre clé de Francis Fukuyama publié en 1992, « *The End of History* », « La fin de l'Histoire », où il affirmait que la démocratie libérale allait dominer le monde.

« Le XXIe siècle sera religieux ou ne sera pas », aurait dit André Malraux. Alors que le monde cherchait un nouvel équilibre, la communauté arabe avait préservé sa rigidité doctrinale et politique, en restant à l'écart de toute évolution, en sombrant encore plus socialement et intellectuellement dans l'intégrisme religieux, qui s'était accentué dramatiquement à la suite de la Révolution islamique Iranienne. La faillite du Nationalisme Arabe mettait à l'évidence que l'unité arabe n'était qu'une vue de l'esprit entrainant dans son sillon d'autres idéologies appelant à une même conformité sous une narration différente.

Le monde arabe se considérant à un moment séculier, s'était réfugié dans des idéologies importées, incompatibles avec la culture autochtone et rebelle, mais surtout antagonistes au monde occidental accusé d'avoir usurpé les trésors naturels de l'Orient par le phénomène de l'Orientalisme, d'avoir fomenté des massacres et encore pire, des génocides, d'avoir implanté une culture allogène sur sa terre, la guerre d'Algérie, la guerre de Suez, ainsi que les abus de pouvoir pendant les périodes coloniales. La goutte qui avait fait déborder le vase, c'était la création de deux états à la prédominante controversée, Israël, et le problème des réfugiés qui en avait résulté, et à moindre échelle, le Liban. La théorie des complots allait prendre un essor intellectuel obsessionnel, pénétrant dans les moindres recoins de l'intellect levantin, persuadé d'être la victime prométhéenne du monstre occidental. Rien ne pouvait dissuader l'esprit moyen-oriental que le jeu des grandes nations faisait partie de l'ordre mondial, et que le meilleur moyen de lutter était la légalité, la justice et la dignité. Dans un univers dominé par le despotisme, noyé dans des idéologies coercitives, cerné par l'obscurantisme de la pédagogie, le Mal ne pouvait être combattu que par le Mal.

La décadence du monde moyen-oriental, illustrée par un soutien insolite et introverti du terrorisme, par les orgies révolutionnaires fugaces, par la prodigalité de la violence, témoigne de l'avantage que le Mal jouit dans la nature humaine, quand celle-ci continue de vivre dans l'ignorance et le déni, néglige l'essence de son énergie intrinsèque, et adopte des valeurs aliénantes, incapables de tolérance et de compromission. La radicalisation religieuse étale un terrain favorable à la jouissance spirituelle, interprétée comme une compensation du déficit intellectuel.

Le désarroi de ce monde en ébullition allait pénétrer dans la sphère fragile d'un Liban divisé en plusieurs sectes et communautés. Le spectre destructeur du Mal allait y trouver un champ fertile pour ses débauches, et un allié pour satisfaire son ambition expérimentale devant les diverses couches de corruption et de dépravation morale, à travers une société prise dans l'étau de la connaissance dénuée d'authenticité. Le penchant au Mal, en subordonnant la loi morale à la satisfaction des ambitions personnelles, au détriment du bien-être universel, est à l'origine de la carence intellectuelle fondamentale.

Devant les changements géopolitiques en devenir, la notion d'un Liban unanime reste tout aussi imprécise que volatile. L'expérience du Grand Liban a abouti à une nation dysfonctionnelle. Des servilités qu'on aurait voulu dépasser continuent à faire surface. Il n'en reste pas moins qu'il est pénible d'imaginer le Liban amputé ou divisé. Pourquoi en fait ne pas considérer une reconstruction de la Phénicie antique, ou de la terre biblique de Canaan ? La présence du Liban est l'étincelle qui a remédié à l'ignorance du monde arabe et permis son essor vers des horizons nouveaux. Sa permanence est salutaire et ne devrait pas être ignorée. Une nouvelle orientation est nécessaire, mais aussi un pragmatisme dénué de toute culpabilité. L'ennemi est celui par qui le Mal arrive.

Le défi du multiculturalisme

> « De l'incertitude profonde des desseins naît
> une étonnante liberté de manœuvre. »
> Jean Anouilh dans Beckett.

La définition de la culture est complexe et ardue. Une simple précision suffirait. La culture est une conscience de soi présente dans un même collectif. Ibn Khaldoun, le grand philosophe et sociologue tunisien du XIVe siècle, dans sa *Muqaddimah*, avait développé le concept de la « *Assabiyyah* », autrement dit la « cohésion sociale », la force motrice qui maintient l'unité d'une société ou d'une tribu, souvent renforcée et amplifiée par une religion ou une idéologie. L'Histoire nous enseigne que les Sociétés, les Empires, les Alliances s'affaiblissent à la suite d'une série de circonstances adverses, soutenues par des éléments économiques, sociaux, politiques ou militaires, résultant dans le déclin d'un règne ou d'une lignée, pour être remplacées par une force plus virile, dynamisée par une cohésion robuste et contraignante. Les gouvernements occidentaux n'avaient pas lu Ibn Khaldoun, et pour des raisons humanitaires ou économiques avaient ouvert leurs portes généreusement à une immigration équitable et massive. Cet afflux indiscipliné a le potentiel de modifier le tissage de la société, à tel point que l'héritage fondateur du cadre social pourrait graduellement s'estomper pour complètement s'effondrer et devenir méconnaissable.

Le Canada avait émis une loi favorisant la diversité culturelle comme une plate-forme vers une harmonie sociale intégrale. Aux États-Unis, on parle du « *melting pot* », ou autrement dit, un creuset de race. En Europe, on accepte la notion d'assimilation dans une société diverse. Aucune formule ne s'est trouvée suffisamment étanche pour parer à des troubles communautaires. La fragilité de la société multiculturelle, soumise aux intempéries ethniques, désavoue l'hypothèse de valeurs universelles indélébiles et uniformes. L'on vient à se demander si la volonté de vivre dans une société diverse devrait être accompagnée d'une insubordination au particularisme traditionnel et d'un rejet des croyances isolationnistes, avec l'intention d'accepter la dissimilitude et ainsi de tolérer la particularité de l'altérité, ou simplement serait-ce une transposition d'une conscience de soi dans un univers étrange et impénétrable, accompagné d'un cloisonnement de la pensée et un refus de s'intégrer.

Une plus grande divergence existerait quand la religion commence à se mêler des relations sociales, raciales, politiques et humaines. L'Europe a dépassé le stade des conflits des religions à travers des guerres, des rivalités intestines, des coups d'État, des massacres, des génocides, mais aussi à travers une évolution spirituelle et intellectuelle, stimulée par les différents courants qui avaient ébranlé les assises religieuses ancrées dans les esprits depuis des siècles. L'apparition d'idéologies fasciste ou communiste a certainement aidé à dérouler sans peine le processus de la déchristianisation des sociétés. La priorité humaine avait pris la relève de l'emprise divine. L'Existentialisme athée avait renversé les données. L'Église en est sortie affaiblie, presque mise au ban de la société, faisant face à une situation incertaine, fragilisée par le désintéressement des fidèles et aggravée par une transplantation migratoire incompatible et souvent antagoniste.

L'Islam des pays arabes, au contraire, malgré plusieurs secousses subversives, des revers politiques, des faillites sociales, un retard scientifique préjudiciable n'a pas connu l'essor intellectuel ni le recours à un narratif rationnel pour sortir de l'état de léthargie dominant depuis des siècles. Au contraire, tout appel à une modernisation de la pensée fut rejeté en faveur du salafisme, un retour vers les valeurs et pratiques religieuses en vigueur durant l'époque de la Prophétie, et une lecture littérale du Coran et de la Sunna. La présence d'une communauté musulmane importante en Europe et aux États-Unis n'a pas endigué l'afflux de la perversion religieuse. En Europe, au lieu de s'adresser directement au problème confrontant le monde musulman, en abordant la question des réformes ou de l'interprétation, une dichotomie commence à percer avec la diaspora intellectuelle musulmane cherchant à montrer que l'Islam européen bénéficie de sa propre persona. Aux États-Unis, la culture du ghetto ouverte vers le monde arabe prédomine, mais se dilue progressivement dans les nécessités économiques de la vie imposées à une société ambitieuse pour son bien-être et consciente de ses atouts, sans toutefois s'adresser, soit par ignorance, soit par refoulement religieux, aux urgences délétères du monde arabe, plus profondément ancrées qu'auparavant dans sa culture musulmane. Les doutes ont commencé à émerger sur la capacité de l'Islam occidental de modifier le parcours de l'Islam oriental, tel qu'il a été ressenti durant les replis identitaires éprouvés durant l'épisode Al-Qaïda-Daech, dont le destin est encore incertain, et dans l'afflux de mercenaires endoctrinés en Occident vers les rives de l'intégrisme. La confrontation des deux types de fondamentalisme, sunnite et chiite, à travers l'Irak dans la tourmente et la guerre civile syrienne, avait conduit à la métamorphose des équilibres religieux. La récente ouverture des pays de la péninsule arabe vers une plus grande acceptation des valeurs et traditions occidentales, signalant un alignement formateur effectif, pourrait contrebalancer la dégradation démagogique de la multitude éparpillée et soumise à l'ostracisme culturel.

Durant la guerre de l'Irak avec l'Iran, Israël aidait l'Iran, alors que les pays occidentaux supportaient l'Irak. En 2003, quand les États-Unis avaient envahi l'Irak sous l'impulsion des néoconservateurs, il devenait clair que le renversement du régime de Saddam Hussein n'était qu'un moyen de libérer Israël d'une menace que d'aucuns auraient cru existentielle, mais qui s'était avérée être un augure exagéré, qui avait ouvert la boîte de Pandore, et libéré des forces jusque-là contenues. En fait, nul n'avait apprécié la présence de Saddam à sa juste valeur, un horrible dictateur pour son peuple, un aventurier lunatique, qui avait cru être la réincarnation moderne du roi babylonien Nabuchodonosor, mais un barrage puissant devant les ambitions expansionnistes de l'Iran. Nul n'avait compris l'idéologie colonialiste de la Révolution islamique, qui, tout en maudissant l'Empire du Mal, était en train de bénir son action imprudente.

Malgré les conflits religieux au cœur des siècles, la religion en général a contribué à l'avancement des civilisations et des cultures. On ne pourrait dire la même chose des idéologies. En fait, la plupart ont fait faillite ou se sont escamotées. Malheureusement, les débris des grandes idéologies du XXe siècle, modifiées et adaptées aux traditions locales, ont continué leurs mésaventures sur la terre libanaise, où un bouillon de religions cherchait depuis déjà des siècles à imposer ses lois hétéroclites. Chaque idéologie croyait être porteuse de l'ultime vérité, cherchant à l'imposer coûte que coûte à ses rivales, alors que nulle n'avait jamais prouvé sa valeur constructive ou humaine, satisfaite d'être une abstraction fantaisiste, capable seulement d'avancer une ambition politique ou perfide. La collision entre ces divers courants empêtrés dans la géopolitique régionale et internationale a rendu toute solution impossible à concevoir. Chaque idéologie avait trouvé un réceptacle à sa mesure, convaincue du bien-fondé de ses droits ou persuadée d'être le vaisseau d'une mission divine dont le pays avait été sanctifié, sans aucune considération générale ou nationale. La plus faible de ces idéologies, le Nationalisme libanais, et pourtant la seule susceptible de former la base d'une République, diluée dans des sauces doctrinales que ses promoteurs n'arrivaient plus à déchiffrer, fut consumée en offrande sur les autels des cultes aux seigneuries disparates.

Ranimer cette idéologie, c'est bien sûr un pas vers la reconquête du pays épuisé de ses ressources, qui, à sa petite échelle, a joué le rôle d'un laboratoire collectif où, tout le long de décennies tourmentées, les grandes divergences humaines dans le domaine de la pensée politique et des valeurs morales, se sont débattues dans une interminable hostilité souvent militarisée, ou se sont mesurées dans des querelles cosmiques disproportionnées avec sa dimension. L'envergure du pays n'est pas à la mesure des ambitions qui lui ont été assignées par divers courants politiques étrangers dans la course à sa valorisation. La responsabilité mondiale n'a jamais été aussi urgemment ressentie, pour sauver du naufrage la validité d'une entreprise jugée moralement édifiante et bénéfique par l'accord des nations, et empêcher la propagation par synergie de la dislocation de structures similaires, fragilisées par leur propre incapacité et discordance, et embrouillées dans leur démagogie, avec le risque d'une plus vaste déflagration. La balance de l'ordre mondial pourrait en souffrir. On ne peut laisser cette idéologie se dissiper dans le vent, car sa faillite serait la négation de l'honneur de l'Homme devant les adversités malignes qui entravent la recherche de la dignité et du bonheur, et qui signalent le naufrage de la morale.

L'histoire du Liban a été jalonnée par la promiscuité de différentes ethnies religieuses, tantôt en désaccord, tantôt en collaboration, mais sans jamais sacrifier leurs identités particulières ou abandonner leur culture propre en faveur d'une intégration structurelle. Le multiculturalisme du Liban, un sanctuaire pour les uns et un refuge pour d'autres, s'est comporté comme un train en marche qui, à chaque station collectait de nouveaux passagers, s'alourdissant d'une nouvelle entité, tout le long de l'hégémonie de l'Empire ottoman, puis sous le mandat français, et bien au-delà de l'Indépendance en 1943, à tel point que la République du Grand Liban pouvait étaler sa fierté d'avoir une collection de 18 communautés religieuses vivant dans une harmonie enviable. Mais rien n'était plus loin de la vérité. Ce n'est que durant le mandat français qu'une certaine stabilité avait prévalu, pour se défaire une décennie plus tard.

Pourtant, le multiculturalisme, qui avait déconstruit le Liban, présent dans son tissage depuis 2 ou 3 siècles, à la suite de plusieurs vagues d'immigration, l'apport massif de réfugiés, une économie rétrécie, est devenu une norme globale quoique controversée. Le concept de la diversité culturelle dans l'espoir de construire une humanité solidement intégrée, confrontée à une grande diversité dans le substrat d'une population minée par des relations inégales et asymétriques, devient un défi ethnique opposé à une démocratie libérale. Le privilège des minorités, laissées à leur propre choix, est handicapé par l'apparition d'une synergie corrosive contre une culture dominante, et qui aboutirait à une déflagration, signalant les limites du multiculturalisme non accompagné par un processus d'assimilation culturelle et d'une intégration citoyenne. Une acculturation de la société à la faveur d'une réhabilitation pédagogique capable d'élever l'état d'esprit de la population à un niveau acceptable susceptible d'encourager le fusionnement dépend de la présence d'un état conscient de ses responsabilités et libre de ses décisions.

À la suite d'ingérences externes aggravées par l'incapacité et la dépravation de son leadership, le Liban s'est vu nier les ressources nécessaires pour lui permettre de poursuivre son destin. De grandes figures libanaises s'étaient aventurées à lui trouver une vocation privilégiée dont les racines remonteraient dans la mémoire des temps, quand la terre était habitée par un peuple maritime, les Phéniciens. L'image de la Phénicie servira comme toile de fond pour une construction ethnocentrique de l'identité libanaise, indépendante des peuplades venues de la péninsule arabique, basée sur un déterminisme géographique dont l'édifice serait la contribution phénicienne au patrimoine de la civilisation, et servirait à étoffer l'histoire et l'ethnicité du Liban. Nul ne devrait considérer les Phéniciens comme les ancêtres des Libanais. Au carrefour des civilisations, la terre phénicienne aurait connu le passage de plusieurs cultures et l'invasion de plusieurs armées. Tel ne devrait pas être le cas. Mais isoler le Liban de la terre qu'il habite serait une aberration historique et à plus forte raison, géographique, et servirait à nier à son peuple un héritage incontestable. La Phénicie antique, dénommée Syrie-Phénicie après l'occupation romaine, constituait une province riche et peuplée, jalonnée de citées caravanières, subdivisée en plusieurs entités, dont la Phénicie maritime et la Phénicie libanaise, depuis Tyr jusqu'à Émèse. « *Phoenice Libanensis* » englobait la ville de Damas et de Palmyre. La reconnaissance d'une indépendante idée géographique était d'ailleurs admise par les esprits de l'époque, comme en témoigne une déclaration par Agathiou Scholastikou, un poète et historien grec du VIe siècle, dans ses écrits sur le tremblement de terre qui avait détruit la ville de Béryte et son école de droit, « la perle de la Phénicie », en l'année 551. Entretemps, les études génétiques ont montré quand même une descendance héréditaire présente dans un segment non négligeable de la population.

L'Empire ottoman avait rétabli la province syrienne, faisant de la Grande Syrie, déjà amputée de la région d'Antioche, la plate-forme que les Alliés allaient partitionner en entités séparées : la Syrie actuelle, le Grand Liban, la Palestine, la Transjordanie. La notion du Croissant Fertile, le berceau de la Civilisation, élaborée par un archéologue américain Henry Breasted, en 1914, pour décrire cette région dont la signification archéologique ne pouvait passer inaperçue, fut politisée et adoptée par un parti syro-libanais fasciste, encombrant le climat idéologique déjà alourdi par diverses doctrines, religieuses ou séculaires, ainsi que par une virulente désaffection, particulièrement étrange dans une société vouée à l'unité par la solidarité religieuse. Ce n'est qu'en 1945 que la Syrie est devenue un état dans son propre droit.

L'ambition culturelle du Liban a précipité une avalanche de déchets cosmogoniques, qui ont finalement ébranlé la structure fragile d'une entente illusoire, basée sur les bonnes intentions, sans grande conviction patriotique et sans ancrage solide. L'éclosion du terrorisme comme une arme de persuasion et une politique pour avancer les négociations, qui a débuté graduellement à la suite des frustrations palestiniennes et de l'intransigeance israélienne à accepter un interlocuteur incontournable, et qui s'est transféré tout d'abord sur la scène européenne, puis la scène libanaise, a été mal comprise et mal régentée. Des solutions à petit feu attestaient de la perception nonchalante vis-à-vis de la démesure ontologique séparant les assises ethniques. L'inimitié avec l'Amérique restait bouillonnante par soubresauts. Le réveil fut brutal, le 11 septembre 2001, et la réponse fut maladroite.

La guerre contre le terrorisme commença par une invasion d'un État rogue, qui avait hébergé des terroristes, puis contre un autre État despotique, qui terrorisait sa population, sans adresser le concept derrière l'acte terroriste, la culture totalitaire ou la nature des revendications. Deux grands mouvements terroristes avaient émergé du Moyen-Orient, supplantant l'action anarchiste de la Résistance Palestinienne, dont les revendications étaient légitimes, mais dont la préoccupation servait surtout à vouloir conquérir ses hôtes. Ce déferlement inattendu, mais en même temps soutenu par des forces occultes et antagonistes avait créé un désarroi tel que les activités subversives de l'Iran empêtré volontairement dans le débordement d'une révolution islamique, dont les dimensions temporelles et dogmatiques naviguaient en une concordance hermétique, avait atterri dans un ouragan d'inattention et d'ignorance. « Le terrorisme est une obligation dans la religion d'Allah » avait annoncé Oussama ben Laden, après l'assaut du 11 septembre. Malgré toutes les analyses découplant le terrorisme de la religion, malgré toutes les réfutations ou les reniements, souvent sincères, le fanatisme, présent d'une manière structurelle si profonde dans le dogme musulman, sinon sa genèse, tel qu'il faudrait un tsunami intellectuel puissant pour l'en déloger, se répandait comme une tache d'huile. La violence en est la conséquence indubitable.

Le XIIIe siècle avait vu l'abdication de la raison inspirée par la philosophie grecque, le Logos, en faveur d'une lecture littérale du Coran et de l'Hadith. La liberté de conscience est pratiquement éliminée. La notion du libre arbitre est remplacée par la fatalité de l'acte, rejetant l'intervention de la raison humaine et le concept de causalité aristotélicienne, comme abstraction philosophique, intégrée dans la progression du monde. Le déterminisme divinisé avait abouti à une passivité non productive et à une culture dysfonctionnelle, rendant toute considération séculière ou existentielle absente de la structure du rationnel musulman.

La relation des trois religions Abrahamiques aux Moyen-Orient modelés par la compétition, l'acrimonie et les conflits, sans négliger la discorde sunnite-chiite, avait créé un environnement inapproprié pour l'épanouissement du multiculturalisme. Le Liban n'a pas échappé à ce dérèglement. Envahi par un Chiisme militant à travers un parti politique militarisé, il a perdu son autonomie et son identité. La politique moyen-orientale a toujours exploité le sectarisme religieux pour avancer son dessein à l'accès au pouvoir, pour justifier la corruption, pour amasser la richesse et l'influence politique. Les textes religieux et les narrations reportant une victimisation historique ou des griefs insatisfaits, intercalés par des théories de complot, garnissent souvent le discours politique des états de la région, d'autant plus que la plupart sont gouvernés par des dictatures ou des théocraties.

Sous le Shah, au XXe siècle, l'identité nationale farsi avait été ressuscitée, s'opposant au nationalisme arabe, accusé d'être responsable de l'effondrement de l'Empire sassanide durant les conquêtes arabes du VIIe siècle ainsi que de la destruction de la civilisation perse. L'Ayatollah Khomeini avait utilisé la notion de nationalisme religieux pour accuser l'impérialisme occidental d'avoir propagé cette notion pour induire les peuples musulmans dans l'erreur dans le but de les diviser et de les séparer, et ainsi de les contrôler, déclarant que le chemin vers Allah était uniquement à travers l'Islam et le Coran. Les conflits régionaux avaient alors pris une nouvelle direction. L'universalisme de la Révolution Iranienne, illustré par une série d'actes subversifs depuis son apparition fracassante sur la scène mondiale, ne cherche pas à tempérer la poursuite acharnée de sa vocation. La politique d'apaisement et de compromis, suivie par l'Occident, espérant aboutir à un modus vivendi acceptable, encouragée par un leadership ignorant de la culture levantine, selon une rationalisation nourrie dans un contexte éduqué par le Logos de la philosophie grecque, ne peut s'appliquer à des mœurs endiguées par la mythologie théophanique, par définition impénétrable, où l'absence de la logique judicieuse et de la relativité des relations humaines domine le spectacle mental.

Le Printemps Arabe, malgré sa faillite et les guerres qu'il avait engendrées, aurait permis d'ouvrir des discussions sur des sujets tabous, comme le sectarisme, le rang de la femme dans la société, la paix avec Israël, le rôle de la religion, mais dans une région où la dictature, la politique sectaire et l'analphabétisme, sont les contribuables aux conflits et à la violence, la charpente de la Démocratie et des droits de l'Homme restant une lointaine éventualité, néanmoins la seule solution viable pour cette région en désarroi. Le multiculturalisme, qui avait prospéré durant les siècles passés, s'est contracté d'une manière révélatrice, alors que l'Islamisation de la région prenait une dimension plus visible et plus menaçante. Une seule lueur d'espoir, les Accords d'Abraham, dans l'équilibre complexe et fragile de la région, pourraient ouvrir les vannes de la réforme religieuse et de l'entente, toujours menacées de dissensions et de querelles, traduites par le passé, à la suite de l'accord du Camp David, par une recrudescence de la guerre civile libanaise. L'affinité entre des Libanais de différentes souches, acquises à travers une évolution naturelle de voisinage, créant une osmose culturelle irréductible, loin de toute liaison artificielle, pouvant survivre l'assaut de l'ignorance et de la cupidité, qui s'était manifestée avec force et conviction durant la « Révolution du Cèdre » restera le seul tremplin valide pour une reconstruction de la nation.

Le choc des civilisations

Quand Samuel Huntington publia son fameux livre sur « le choc des civilisations » où il insinuait que les guerres futures seraient l'apanage des identités culturelles et religieuses, il avait circonscrit, probablement intentionnellement, la définition de civilisation par des considérations restrictives qui coïncidaient mieux avec les conflits qui surgissaient dans des pays secoués par des remous identitaires entremêlés par la maladie du pouvoir et la corruption. Toutefois, la définition de « civilisation » ne peut être limitée à une si étroite perspective, alors qu'une interprétation plus authentique devrait refléter « un stade de développement et d'organisation sociaux et culturels de l'homme, considéré comme le plus avancé. » En d'autres termes, une civilisation devrait dépasser une identité culturelle ou religieuse intrinsèque, acquise par l'avantage ou l'accident d'une naissance, pour s'extrapoler vers une liberté de pensée périphérique qui, en s'arrachant au berceau patriarcal, dévoilerait un terrain favorable à une collaboration dans un but constructif avec l'altérité. Or, presque rien au Moyen-Orient n'engage à des rapports civilisationnels.

La guerre civile libanaise, qui avait duré 15 longues années, et qui pour certains n'était qu'une continuation des conflits qui avaient débuté en 1840, et seulement interrompus par les Grandes Guerres et le mandat français, était un choc des civilisations en miniature. Ou étaient-ce vraiment des civilisations barricadées derrière leur croyance et leur préjudice ? En réalité, ce n'était qu'un conflit entre des tribus outillées chacune de considérations archaïques et doctrinales, puisées dans une histoire fermée sur elle-même par un concours de circonstances fatidique, et encerclée par des barbelés idéologiques, brandis comme des foyers de la rédemption.

Aucun groupement ethnique, mis à part les civilisations asiatiques, ne peut prétendre en être une, excepté la civilisation occidentale, dont le pilier est la théosophie judéo-chrétienne, modérée par le Logos, à travers des siècles de conflits, de guerres et de douleurs, qui s'est libérée de ses chaines pastorales, mais qui a préservé les valeurs humanitaires ainsi acquises. La démarcation entre la Chrétienté latine et orientale est si profonde, que rarement, en écrivant l'histoire de l'Église, on tend à inclure les sectes chrétiennes du temps de l'Empire byzantin, leur présence au Levant, leur migration vers l'intérieur de l'Asie ou l'exode vers la Russie, avec la chute de Constantinople. Aucune de ces dénominations n'a dépassé le stade tribal pour permettre une intégration globale et prétendre à transcender les divisions et les dichotomies. Une culture personnelle, laïque ou religieuse n'est pas l'équivalent d'une investiture civilisatrice, surtout quand la collectivité n'arrive pas à franchir le cap de l'intolérance. Au contraire, on a vu ces factions religieuses se cramponner encore plus à leur persuasion et oublier de s'affranchir de leur isolement culturel, plus aptes à rester cantonner dans une citadelle théologique qu'à fusionner dans un récipient salutaire. À nul moment, la Chrétienté orientale n'a su ouvrir ou maintenir un dialogue avec la religion dominante, mais s'est contentée de croire aux bienfaits de la cohabitation, sans comprendre l'implication du conflit israélo-arabe sur sa destinée, ni l'influence nocive des régimes tyranniques sur sa quiétude, ni même l'étendue de la conviction de l'Islam dans sa prédestination. Le dialogue islamo-chrétien, pris dans le tourbillon géopolitique de la région, s'est trouvé réduit à un effort de connaissance mutuelle, à d'excellentes relations humaines, et à un modus vivendi fragile sujet aux intempéries politiques imprévisibles. L'arabité du Liban n'aurait dû être ni chrétienne, ni musulmane, mais la « reconnaissance d'un patrimoine historique de pluralisme religieux » comme médiateur d'une cohésion nationale. La vérité est que tout dialogue est probablement voué à l'échec, tant que les conditions nécessaires pour établir une approche théologique et religieuse n'ont pas été établies, et tant que la communauté musulmane n'a pas pris conscience de ses défections, soit vers l'extrémisme des doctrines exclusives, soit vers l'intégrisme occulté. Admettre que l'Islamisme n'est qu'une variation tronquée de l'Islam demande une réouverture de l'exégèse de la pensée islamique et une intégration de l'histoire à son évolution, dégageant la voie vers une réforme radicale de son entendement. Autrement, on risque ainsi d'ignorer les enjeux d'une entreprise spirituelle fondatrice, seul pilier possible pour renouer avec un Liban conçu pour être un phare de rayonnement sur une région tourmentée par ses démons. Quand le Pape Benoit XVI, durant la conférence de Ratisbonne, avait présenté l'Islam à travers un événement historique comme une religion encourageant la violence, les réactions immédiates n'avaient fait que refléter l'état trouble d'une conscience encore figée dans le passé, incapable de briser le carcan insulaire. La Chrétienté a aussi connu sa descente aux enfers. La religion n'a de valeur que si elle participe à la mutation civilisatrice de ses fidèles. Or ni la chrétienté orientale ni l'Islam levantin dans ses deux dénominations n'avaient pu dénouer les tresses d'un attachement insondable aux rouages du passé. Le confort moral de s'accrocher au cadre religieux pour apaiser les démangeaisons métaphysiques ou pour amoindrir l'impact quotidien reste une louable ambition, mais quand un délire collectif s'empare d'une multitude indomptable, décidée à utiliser la religion comme un bélier naval, on ne peut que douter de la valeur humanitaire de la foi pratiquée. L'infantilisme religieux ne peut aboutir à une maturité intellectuelle capable de pénétrer les engrenages de la modernité.

Le conflit Israélo-palestinien introduit le troisième monothéisme dans l'équation, bien que le Judaïsme moderne, qui n'est peut-être qu'une reconstruction de la religion israélite ancienne, et qui n'en reste pas moins dans la même lignée religieuse, s'impose quand même comme le premier monothéisme. Cependant, la notion d'un Dieu unique n'est pas nécessairement l'apanage de ces trois religions. Tout d'abord, pour des raisons très personnelles, depuis trois mille ans, le pharaon Akhénaton décida de substituer à toutes les divinités égyptiennes, au grand désespoir du clergé de Thèbes, un seul dieu, Aton. L'avance vers le monothéisme venait de faire un premier pas. La pensée théologique et philosophique du Zoroastrisme porteur d'une dualité ontologique, antécédente sinon contemporaine de la Bible hébraïque, semble avoir modulé le parcours religieux des convictions judaïques, d'autant plus que la mythologie biblique aurait trouvé son inspiration dans des légendes mésopotamiennes. Les Hébreux avaient été déportés après la destruction du premier temple, mais à la suite de la destruction du deuxième temple et la chute de Jérusalem aux mains des Romains, une dépopulation des communautés judéennes en aurait résulté. Avec l'apparition de l'État d'Israël sous la tutelle du Sionisme, le Judaïsme, ressuscité des ruines de l'Europe, aurait abouti à une situation de civilité étatique, sans cependant satisfaire la définition d'une civilisation.

Sommes-nous sur une pente civilisationnelle ? Tant que le confessionnalisme domine notre entendement, prêché par un régime dictatorial religieusement perverti, imposé par un absolutisme théocratique, pratiqué par l'ambition aveugle ou la vénalité d'un politicien cupide, toléré par un parti politique enchaîné à ses chimères, et tant que la question palestinienne a la priorité sur la construction d'une nation libanaise, le Liban risque d'échapper à un équilibre civilisateur constructif. Devant le refus de se plier aux exigences d'une république autonome, les divisions ne font que s'amplifier, mais en même temps la loyauté à la nation trouve de nombreux adeptes. Les conflits sont tellement intriqués et complexes, qu'il est difficile de voir un fuseau de lumière dans les dédales des catacombes. Pour un observateur loin des intrications politiques et des enchevêtrements religieux, la seule solution visible est un retour aux sources. Le Liban est incapable de révolution. L'entente, sous une différente forme de cohabitation, serait la seule issue. Quand le peuple est divisé en clans et factions, et que le pouvoir y trouve sa justification, le risque d'une déflagration civile est trop grand. En somme, la société libanaise dans toutes ses communautés n'a pas atteint un niveau permettant une intégration assainie de ses préjugés, concentrée sur la sauvegarde de son patrimoine et de sa nation. On s'est libérés de la tutelle française, on a combattu la tutelle israélienne, on s'est révoltés contre la tutelle syrienne, on s'ingère contre la tutelle iranienne. Il serait temps de défoncer la tutelle de l'ignorance et de pulvériser ses chaines.

« Schadenfreude »

À la suite de son voyage à Rome, et de sa visite au Colisée, Lord Byron, dans son pèlerinage pour séduire l'imagination, assumait dans un poème que les jeux des massacres des gladiateurs n'étaient qu'une opportunité pour une festivité romaine, l'occasion où l'esprit trouvait son divertissement dans le spectacle de la souffrance et le malheur d'autrui. Le terme « Roman Holiday » était né, mais pas le sens recherché par le film du même nom, mettant en présence Audrey Hepburn et Gregory Peck. Le film est un délice.

En français, il est décrit comme une « joie maligne ». Ne dit-on pas « se réjouir du malheur d'autrui » ou même « éprouver un malin plaisir à » ? En anglais, le terme choisi, dérivé de l'ancien grec, est absolument fastidieux : « *epicaricacy* ». Alors c'est le terme allemand qui a été adopté, Schadenfreude et qui décrit le mieux « le plaisir ressenti par une personne, tiré du malheur d'une autre », et par extension, d'un clan, d'une communauté, d'une tribu devant les mésaventures d'un groupe opposé. N'est-ce pas que Voltaire aurait émis la formule si bien connue : « Le malheur des uns fait le bonheur des autres », sans aller trop loin dans l'analyse sous-jacente de cette pathologie humaine, si prévalente dans toutes les cultures, mais encore plus nocive quand elle s'infiltre dans toutes les échancrures de la conscience et s'arme des méandres de la politique.

Dostoïevski avait reconnu la dimension collective de ce sentiment bipolaire, quand, dans « Crime et Châtiment », il décrit la scène de l'attroupement autour d'une victime accidentée. Mais c'est Arthur Schopenhauer qui a délivré le jugement le plus catégorique sur cette tare morale comme étant « un plaisir malicieux dans les malheurs des autres, qui reste le pire trait de la nature humaine. C'est un sentiment qui s'apparente étroitement à la cruauté et qui n'en diffère, à vrai dire, qu'en tant que théorie de la pratique. En général, on peut dire d'elle qu'elle prend la place que doit prendre la pitié, qui est son contraire et la véritable source de toute justice et charité réelle. »

Pendant qu'un certain niveau de « *Schadenfreude* » est commun et acceptable, conforme à un signe des temps, la fréquence de cette « joie maligne » peut indiquer des désordres mentaux ou des troubles de la personnalité. Quand il rejoint la politique, le « *Schadenfreude* » trouve son épanouissement dans la dissémination des infox et des infortunes accidentelles ou suscitées.

Sous ses trois formes distinctes, agression, rivalité, justice, à travers les déclarations politiques, les informations médiatiques, les commentaires publics ainsi qu'à travers le comportement des autorités et des chefs de file, le « Schadenfreude » s'est manifesté avec un brio incomparable, opposant toutes les communautés libanaises dans une valse sonore assourdissante et saccadée, confirmant la nature à facettes multiples de cette déficience morale, si proche finalement d'une psychopathie curable seulement à travers une générosité divine. La réaction individuelle de certains protagonistes affabulés d'une responsabilité tribale ou religieuse, dominée par un imbroglio géopolitique, à la tournure ennemie, mais à l'allure morale, à l'apparence coupable, mais aux intentions indubitables, accompagnées d'un brouillamini rhétorique, considérées comme un dicton céleste, inspirées par une visite chérubine, avait perturbé les ondes électromagnétiques à tel point qu'ils avaient ébranlé les esprits et piraté les consciences. Le résultat allait être le même : une déshumanisation intentionnelle de l'adversité, consistante avec la trajectoire des étapes du « *Schadenfreude* », se soldant par l'expression explicite des tendances sadiques et nocives.

Le dépouillement de la société ou de l'individu de leur humanité ouvre toutes les portes vers la justification d'une victimisation manipulée par la religion, l'idéologie ou l'obsession d'une inimitié, l'esprit de la victime perdant tout intérêt à être pris en considération. Le contact n'est plus possible non pas parce que le dialogue a lieu à deux niveaux différents, mais simplement à cause d'une dysharmonie mentale et l'absence d'une motivation humanitaire. La désintégration sociale irréversible n'est pas loin de suivre cette nonchalance morale.

Déconstruire « *Schadenfreude* » n'est peut-être pas simple ni immédiat. Contrôler la passion des hommes n'est pas chose facile, surtout quand elle est branchée à des démangeaisons métaphysiques, inaccessibles à la raison humaine. Mais la dépouiller de ses fureurs et de ses intempéries serait le début nécessaire. Les répercussions géopolitiques de cette pathologie qui alimente le discours ne pourront jamais être mesurées d'une manière objective, mais n'ayons aucun doute que le Liban continuera à souffrir tant que soumis au dialogue impondérable d'une horde politique et d'une classe médiatique prêchant un discours utopique et dangereusement incohérent, et qui cherchent à gonfler leur autorité par la diffamation et la dépréciation de l'altérité ainsi que par la contorsion de la réalité. « *Anger, fear, aggression. The dark side are they.* » Avait dit Yoda à Luke Skywalker.

Propos sur la négligence

> « Nul ne gouverne innocemment. »
> Saint-Just.

La négligence, la tare humaine la plus subtile, est la politique de l'optimisme. Elle trouve toujours une excuse ; elle ne fait pas de bruit ; elle ne laisse pas de trace et ne constitue pas une infraction à la loi. Elle laisse croire à un meilleur lendemain. Et pourtant, elle a commis bien des crimes. Du crime passionnel au crime politique, des ordures sur le trottoir à l'électricité rationnée, du politicien véreux au propriétaire abusif, de l'éducation malmenée à l'abus médical, de l'accident routier aux inondations diluviennes, le Liban a un bilan déplorable. La notion de la responsabilité est absente du discours. La disposition de l'esprit alourdi par l'infatigable erreur de la complaisance, attiré par l'attrait de l'indécence et de la crédulité, caractérisant un ramollissement de l'orientation critique et l'exigence de la vérité, favorise l'incertitude. Quand l'histoire d'une nation est pavée d'insouciances, que les grincements de l'esprit sont ignorés, que les tiraillements du cœur sont étouffés, quand la seule colline qu'on gravit est celle de l'obscurantisme, les germes du Mal se propagent dans les sillons de la défaite de l'esprit. La négligence est l'absence d'une discipline déontologique intrinsèque.

La capitulation morale accompagne l'histoire du Liban. Profondément ancrée dans les interstices de la conscience, depuis l'initiation à l'assassinat politique, dont les soubassements étaient toujours connus, mais dont l'investigation était toujours ignorée ou négligée, et le crime camouflé, la négligence, applaudie comme une solution, aurait trouvé dans les esprits la complicité d'une filiation. Le soulèvement populaire du 17 octobre 2019, perçu comme une réplique de la Révolution du Cèdre de l'année 2005, n'a même pas ébranlé les consciences ou secoué le joug de l'incurie. Au contraire, un mutisme complice et menaçant, interrompu par une litanie intermittente d'accusations sur un arrière-fond d'actes de sabotage, avait enrobé la gronde populaire d'une camisole corrosive. Il faudrait dire que l'écho de ce soulèvement populaire n'a pas résonné d'une manière effective sur la conscience mondiale, car il manquait l'unanimité de l'esprit et la cohésion sociale nécessaire pour entraîner des répercussions au-delà de l'enceinte immédiate, devant l'absence de décisions existentielles préconisées par le sens moral et la complaisance attachée à un style de vie séducteur.

Quand l'explosion du 4 août 2020 détruisit une partie vitale de la ville de Beyrouth, au beau milieu d'une crise économique et financière sans précédent, et d'une pandémie paralysante, rien d'étonnant de constater que la réaction presque inexistante de l'appareil gouvernemental, timide, et incapable de réagir, suivie du refus de procéder à une investigation menée par un comité international, et le délai à mandater la justice libanaise, allait s'abattre sur la douleur de la population. C'était un constat irréfutable de la paralysie institutionnelle, manipulée par une horde politique incompétente et mentalement inepte, responsable de la fonction publique, dont la capacité cognitive avait été alimentée sur les rives de l'imposture, mais dont le génie politique résidait dans des motivations politiciennes qui se résument dans l'art de manœuvrer rien que pour sauvegarder leurs intérêts personnels. Cette réticence inexplicable à tous les niveaux signifiait que les plus hautes instances gouvernementales étaient prises dans l'étau de la culpabilité, ou tout au moins avaient une connaissance complice des circonstances entourant la mystérieuse et funeste explosion. La classe dirigeante, applaudie par ses courtisans, continuait à agir comme si de rien n'était, jetant le désespoir dans les esprits, secoués par la trahison de l'élite politique libanaise. L'échelle de la négligence s'était amplifiée d'une nouvelle mesure. À cette outrance, s'ajoutait l'erreur de jugement de l'électorat libanais de toutes les tendances, pris dans la tourmente du confessionnalisme, de choisir selon des critères organiques loin de toute rationalité, oubliant toute notion de renaissance nationaliste, retraçant le chemin du pouvoir aux partis politiques dont le régime de démocratie consensuelle avait rendu les institutions de l'État incapables d'autorité. La présence armée du Hezbollah, l'immunisant contre toute intervention judiciaire, avait été acceptée par la plupart des factions, sous le prétexte d'une stratégie de défense contre la possibilité d'une agression israélienne, et avait permis, dans l'intérêt d'une paix civile, l'établissement de prérogatives ministérielles, qui avaient toutes failli à percevoir la catastrophe qui allait s'abattre sur le pays, ou à initier des réformes demandées par les instances internationales. La collaboration indéfectible entre toutes ces confréries normalement antagonistes, mais dont les instincts prédateurs les groupaient tout autour de la corruption, allait finalement aboutir à la désintégration de l'état. La répartition de la négligence, selon des nécessités politiques contre l'intérêt de la nation, avait abouti à l'écroulement complet de la structure sociale. Le Mal se propageait dans ses campagnes, favorisé par un infantilisme culturel et une immaturité de la multitude, privilégié par la corruption, facilité par une milice armée, sans se soucier de l'ampleur de la faillite morale.

Le réveil tardif d'une population engourdie, appauvrie et décimée par une épidémie virale, dans un pays au bord du précipice, avait mis à jour un conflit latent entre deux moralités antagonistes, celle de la paix permanente et celle de la guerre permanente. L'incompatibilité culturelle, loin des intérêts géopolitiques ou économiques, détermine la stratégie de la conflagration.

Les civilisations sont le produit des conquêtes, des croyances, des douleurs et des triomphes. Les livres d'Histoire nous enseignent les exploits et les défaites des personnages dont l'action, à travers leurs visions, leurs guerres et leurs amours, a marqué notre destin, sans mettre en valeur les périodes de paix dissimulée, furtives, mais souvent perturbées par des conflits épars. La paix est ignorée en faveur de l'admiration sans bornes parachutée dans notre subconscient envers les hommes de grande envergure qui ont façonné le monde où nous vivons, par la « force des baïonnettes ». Les hommes de paix, le Christ, Gandhi, Mandela, le Dali Lama, Confucius, sont rares ; les hommes de charité et de bonne volonté, comme l'Abbé Pierre, ou Mère Thérèse, auraient exercé une grande influence, mais sans conséquences historiques ; et d'autres, si nombreux, sont restés anonymes. Les hommes de paix n'ont pu cependant éviter les répercussions inattendues mélangées de violence et de haine qui ont éclaboussé le décor malgré un message dont le contenu reflétait le désir de paix et d'amour. C'est à se demander si une paix est seulement un état d'esprit qui échappe un moment à l'engrenage permanent de la guerre.

La paix est une notion abstraite, une connotation négative, l'absence de violence collective ou personnelle, ou le refus de s'engager dans une agression. On ne construit pas un ministère de la paix. Définir cette paix, c'est vivre dans un esprit d'entente et de coopération ; c'est supporter un processus dynamique, dont la moralité se concentre sur l'édification d'une structure favorable, la construction d'une analyse critique des conflits armés, des guerres civiles, ou de la violence politique, profondément enracinée dans le décor historique, dont les conséquences seraient le substrat de la destruction sociale et civique, et un handicap au développement humain. Les héros de la paix sont rares.

Égalité, justice, droits humains, bien-être sont les conditions indispensables pour une paix durable, soutenus par le rôle civilisateur des religions, en introduisant dans les esprits le rejet du barbarisme et de l'intégrisme, le respect des valeurs morales et spirituelles, à travers l'éducation, les œuvres caritatives et l'établissement d'une structure civique de la société. S'il faut croire Hans Küng, le théologien suisse, « il est impossible d'avoir la paix entre les nations sans la paix entre les religions. »

La paix prônée par les religions a cependant traversé des périodes troubles où l'avenir de l'humanité se balançait entre différentes croyances, et à l'intérieur de celles-ci, entre des convictions opposées. Dans un monde où la notion du Mal avait pris une configuration matérielle, une ombre palpable, alors que la raison humaine rejetait la guerre et que la moralité puisait sa verve dans la légitimité céleste, la protection de la paix demandait une approche pragmatique adaptée à la condition humaine, alliant la raison et un code de comportement moral pour pallier les horreurs inhérentes à l'action guerrière, et définir les limites d'une agression irresponsable. L'épopée hindoue du Mahâbhârata du millénaire av. J.-C. en avait établi le thème principal ; Cicéron en avait déjà considéré la démarche, mais c'était Saint Augustin qui avait développé la doctrine de la Guerre Juste, cherchant à réconcilier l'enseignement chrétien de la non-violence avec la réalité géopolitique. Réduisant encore plus les limites, tout en acceptant les prémisses, Saint Thomas D'Aquin avait exigé le respect de trois conditions : la légitimité de l'autorité ; la justesse de la cause ; le triomphe du bien commun.

Pour éviter une désintégration des fondements de l'éthique, le concept des « mains sales » purifiées par de bonnes intentions ou par un acte de vengeance ou de libération avait été finalement rejeté par l'Église, comme une aberration de l'esprit et de la morale, ne pouvant être accepté comme une formule bénie pour résoudre les conflits et la dysharmonie sociale. Pourtant, le massacre de Sabra et Shatila, les deux camps palestiniens agressés par les milices chrétiennes confirmaient l'irrévocabilité d'un esprit accoutumé à la négligence. Pendant que l'Église rejoignait les temps modernes à travers Vatican II, le monde occidental était traversé par un raz-de-marée laïcisant, disqualifiant les religions de pouvoir maintenir une pénétration sociale ou éthique valable. Une littérature flamboyante athéiste avait germé sur les deux bords de l'Atlantique jetant encore plus de doute sur la nécessité de la religion dans la structure morale de la société. L'usage de la violence ne s'était pas pourtant tari, malgré une ouverture au dialogue et à la modération, introduisant une nouvelle latitude envenimée par la nouvelle question d'Orient, celle de conflits entre des actions anarchistes, les unes supportant la liberté, alors que d'autres voulant renflouer la justice. Le Moyen-Orient de l'ère postcommuniste s'est retrouvé dans la brume, déchiré entre divers courants, tous centrés sur la question Palestinienne, qui allait bouleverser l'équilibre des différentes tendances idéologiques de la région. L'esprit de belligérance accaparait tout naturellement l'imaginaire de la culture prévalente et soumettait l'achèvement social au culte de la guerre permanente.

Cet état d'esprit, permettant l'accession au pouvoir de la médiocrité, avait dévoré le cœur et l'âme de bien de nations, réduisant le peuple à l'esclavage culturel. La présence d'un ennemi enveloppé d'une souveraineté démoniaque devient une obsession destructive incompatible avec l'autonomie d'une nation libérale et démocratique. Ce processus, mécanisé par la corruption de l'éducation, l'entrave à la liberté de la presse, l'autocratie, et l'appel au Jihad interprété comme une plaidoirie idéologique et politique, dont la gamme s'étend depuis les cultes fascistes soi-disant séculiers jusqu'aux mouvements intégristes dans le but de maintenir une cohésion de la motivation et une stratégie commune, est le portail accédant à l'âge du nihilisme moral capable, à travers des slogans et des fantaisies captivantes engagées avec le goût de la foule, de détruire les nations et décimer les peuples.

L'incroyable accumulation de haines et d'aberrations n'est certainement pas unique au Moyen-Orient, et pourtant ce débordement s'est déversé sur tous les continents dans le délire de la globalisation, à la suite des guerres civiles et faillites sociales qui ont secoué la région, sans passer par un système de filtrage intellectuel ou culturel. Cette migration massive apparait plus une invasion qu'un désir de changement, quand on se retrouve sur l'autre bord dans les mêmes dispositions troublantes qui ont forcé le déplacement sans toutefois accepter ses errances ou vouloir corriger ses vicissitudes. Fuir ou quitter devient le substrat de l'instinct de survie et non d'une révolte ou d'un rejet d'une situation dénaturée. Le Moyen-Orient traîne dans le marasme politique et religieux, prisonnier de ses préjudices, inhibé par des croyances figées dans le temps et incapable de s'acclimater à l'algorithme de la modernité.

Le destin de petites nations réduites à un camp de concentration délimité par des fils de barbelés idéologiques protégés par des préceptes religieux périmés, soumises à une avalanche intolérable de conjonctures compromettantes, est plus que jamais incertain. La dualité doctrinale présente dans une même nation ne peut aboutir qu'à une désintégration du pouvoir et de la société et empêche une fusion culturelle, malgré l'association avec le concept artificiellement acquis de l'ennemi échafaudé pour satisfaire l'ambition d'unifier le paradigme national, soumis à un chantage culturel et un transfert mental, sans cependant étaler les ingrédients nécessaires pour expliquer l'inimitié et sans convaincre les esprits alertes de la véracité du manège. Cette notion envisagée pour maintenir la validité d'un dessein belliqueux a certainement été escamotée par la paralysie de toute action nuisible, par la présence d'une barrière indéfectible, par la réalisation que tout acte offensif pouvait déclencher un désastre, par l'improbabilité d'une victoire militaire, par une opposition farouche locale à toute intervention martiale, et par des considérations géopolitiques et économiques imprévisibles. La duplicité du discours ne pouvait que conduire à la déconfiture.

Le Liban a besoin de se réinventer. Les circonstances régionales qui avaient contribué à son essor n'existent plus. Au contraire, le pays offre beaucoup moins maintenant que certains de ses voisins. L'affaiblissement généralisé des pays arabes, leur incapacité d'arriver au stade de puissance régionale, supplanté par la Turquie, Israël et l'Iran, et l'agonie irrévocable de l'Arabisme, rendent son recouvrement, ainsi que celui de la Syrie, encore plus problématique. La dualité antonymique ancestrale et religieuse de l'Islam ajoute une autre entrave à un redémarrage impératif. Ainsi s'explique le rapprochement de certains pays arabes avec Israël, sous la menace d'une révolution islamique expansive déjà omniprésente par ingérence dans les affaires d'État. Convaincus que les mêmes préoccupations existentielles menacent un commun avenir suggérant d'une manière dramatique que l'Islam ou l'Arabisme faisaient face à un péril plus grand, pouvant bousculer la quiétude matérielle et l'hégémonie religieuse, les pays de la Péninsule Arabique ont trouvé opportun de se réfugier sous la cuirasse d'un ancien ennemi. Il en ressort qu'une dispute religieuse est bien plus périlleuse qu'une discorde géopolitique. Ce qui rendrait tout accord impensable, tant que l'Iran voudrait maintenir sa politique d'annihilation et le projet de guerre permanente. D'un régime doctrinaire imposé par des Mollahs, on passe à une dictature militaire endoctrinée par ceux-ci. Concerné par une politique du changement de régime, l'Iran continuera à vouloir encourager une instabilité politique dans les pays arabes. Le fer de lance de cette politique n'est pas le Liban, mais la Syrie, qui a, à son insu, et par sa propre démence, a glissé dans le guêpier iranien pour devenir le pays arabe portant la flamme de la Révolution Iranienne.

Ce déséquilibre régional a certainement affecté la présence chrétienne au Moyen-Orient. Malgré les appels répétés de soutien et de gratification, le Liban pourrait survivre sans ses chrétiens. L'effort déployé par la communauté musulmane dans l'espoir de calmer l'anxiété chrétienne est malheureusement insuffisant, mais surtout inadéquat pour créer le climat favorable à un épanouissement de la culture chrétienne levantine, dont la contribution, au cours des âges, à la culture arabe, était celle qui l'a revêtu de sa spécificité et de son paradoxe unique, sans lesquels son existence n'aurait plus la même saveur. Le concept baptisé « résistance culturelle » continue à lui donner de l'élan. Le dilemme est de savoir si l'Islam poursuit une politique d'apaisement interne et de tolérance envers cette divergence. La Chrétienté a subi une décroissance tragique et irréversible au Levant, et dans certaines régions, elle est devenue invisible. Le monde de la Chrétienté levantine est déjà perdu, mais reste potentiellement viable au Liban, comme en Égypte. Pour le sauvegarder, on devrait faire appel à un « humanisme militant », loin du fanatisme et des mythes, capables de prendre conscience de sa propre âme, de porter la croix et la bannière de la liberté, de l'altérité et de la nation, répondant à la nécessité de sauvegarder le patrimoine du pays, et de comprendre que seul le triomphe de l'Homme pourrait satisfaire le Libanais de continuer à cultiver sa terre.

Le Liban possède des atouts majeurs, dont certains sont éparpillés sur la planète, mais qui ne peuvent pas continuer à être dilapidés par une caste politique crapuleuse et incompétente, protégée par une milice dévouée à servir les intérêts d'une puissance étrangère, et dont la cécité géopolitique a contribué largement à la décomposition du pays. Dans la construction de la nation, la négligence aurait éclipsé tous les péchés capitaux.

L'Empire du mal

S'il faut croire la Bible, l'Homme a confronté le Mal depuis sa genèse. Mais le réveil de la conscience de se voir approprier la nature du Mal a dû attendre l'ère chrétienne pour découvrir ses attributs et apprécier ses risques. Le Mal n'a pas vu pour autant son activité s'amenuiser. Ses différentes facettes, depuis l'acte individuel jusqu'à la collaboration d'un clan ou d'une tribu, ont conservé une mesure limitée, bien que parfois déterminante, comme le drame du 11 septembre. Pendant que Néron et Caligula sont entre autres les personnages monstrueux de l'Histoire, Iago, Macbeth en sont les représentations fictives. La littérature, les productions cinématographiques ont montré une prédilection fervente pour les personnages monstrueux. Seulement, à travers l'acheminement de l'Histoire, le Mal s'est vu prendre une dimension collective, souvent sous la forme d'un empire ou d'une dictature, rendue encore plus obscène, quand soutenue par une idéologie, un crédo ou une chimère.

Devant la montée des nations, le plus souvent appropriées par des identités antagonistes, dont l'ambition primordiale est l'hégémonie et la prospérité, le fonctionnement politique d'une société dépend de son ascendant culturel, scientifique et économique. Le jeu des nations en est le résultat tangible et souvent mal compris, résultant en une cascade de malentendus et de conflits. La capacité du Mal devient encore plus difficile à mesurer.

L'intervention divine, complice ou manifeste, a joué à travers l'Histoire un rôle primordial dans l'avènement de l'Humanité. Complice, à travers des offrandes, des sacrifices, des prières, des oracles ou des bénédictions ; manifeste à travers les Dix Fléaux d'Égypte, le Chrisme du Pont Milvien, ou les Anges de la bataille de Badr. Ces interventions divines, considérées bénéfiques dans la construction d'un Empire, n'ont toujours pas pris une tournure humanitaire, mais au contraire portaient souvent en elles les germes du Mal.

On compte dans l'histoire humaine l'éclosion de 25 Empires du Mal. La notion ainsi adoptée a été popularisée par Ronald Reagan quand il avait considéré l'Union soviétique comme l'Empire du Mal, fidèle au témoignage d'Aleksandr Solzhenitsyn. Mais comme ce dernier avait spéculé, « la frontière qui divise le chemin entre le Bien et le Mal traverse le cœur de chaque homme. » Une autorité intellectuelle et cinématographique aussi importante qu'Oliver Stone avait qualifié son pays, les États-Unis, d'Empire du Mal, miroitant la pensée islamique considérant l'Occident comme « l'ennemi de Dieu », en général connu sous le pseudonyme de « Iblis » ou Satan, l'ange déchu et son adversaire par excellence, comme si les nations islamiques détenaient le trophée de la vertu ou avaient été absoutes par le Tout-Puissant. Contrairement à la Chrétienté où la lutte entre le Bien et le Mal est intériorisée dans le cœur de l'Homme, l'Islam ainsi conçu, inspiré par le Zoroastrisme, considère cette lutte à un niveau cosmique, entre la force suprême et indépendante du Mal et un Dieu dont la première ligne de défense repose sur la ténacité des fidèles, dans un duel tracé par le message d'un Prophète. L'arrière-fond de cette pensée devient plus explicite quand on réalise que cette lutte cosmique n'est qu'une étape conduisant à la suprématie de l'Islam, en préparation de la fin des temps et l'avènement de l'Apocalypse, ainsi mentionnée dans le Coran. Sans aucun doute, à travers l'Histoire, des Nations ou des Empires avaient agi avec la plus grande brutalité et la plus déshonorante des barbaries, mais de là à confondre l'intérêt suprême d'une nation aux dépens du bien-être d'une autre comme une intervention démoniaque et refuser d'accepter une résolution, c'est montrer une incompréhension totale du jeu des nations ; c'est se noyer dans la marmite de l'impotence ; c'est sortir de la marche de l'Histoire ; une attitude qui se reflète d'une manière réductrice sur le détracteur.

Pourtant, historiquement, rien ne prépare à cette haine irrationnelle, portée par des insultes surnaturelles, sinon l'état de confusion où se débat l'esprit dérouté de la masse arabe, engloutie dans l'ignorance et l'incapacité de se mesurer aux valeurs occidentales et à la réussite intellectuelle ou technologique de leurs sociétés, malgré et peut-être à cause du dithyrambe du Prophète. Cette faillite de pouvoir se calibrer vis-à-vis du reste du monde, et en particulier de l'Occident, est une plaie brûlante souillant la psyché islamique. L'abri du culte religieux ou païen est le dôme protecteur spirituel qui a accompagné l'histoire de l'Humanité depuis sa prise de conscience. Cette dichotomie entre la perception de la réalité et l'ambition de la pensée résulte en une émeute interne douloureuse, un déséquilibre émotionnel souvent incontrôlable, qui, devant l'absence d'une autonomie intrinsèque, s'aventure vers des horizons loin des rapports rationnels et humanitaires. Le « malaise arabe » ou « malheur arabe », qualifié ainsi par Samir Kassir, trouve son équilibre dans l'ivresse de la victimisation ainsi que l'obsession d'une menace culturelle, suscitant une attitude agressive et un recours à la violence, les incantations nécessaires pour un exorcisme mental.

Pourtant, nul pays n'a supporté la cause de l'Islam autant que les États-Unis, alors qu'ils restent l'objet de leur plus grande haine, malgré la doctrine du Président Woodrow Wilson, favorisant l'autodétermination des nations arabes ou autres en gestation, contrariée par le colonialisme persistant des puissances européennes du moment. Le blâme de toutes les débâcles arabes repose sur les complots pernicieux du « Grand Satan ». Récemment, au Liban même, la crise économique et financière est interprétée comme une manipulation démoniaque par l'Amérique. Car pour affaiblir le Hezbollah, elle a ruiné le pays. Or le Hezbollah est toujours debout, alors que le reste du pays s'est effondré. Cette perception défavorable, doublée d'un sentiment anti-américain acquis le long d'une longue période d'instabilité, de frustrations et de conflits, repose sur trois conjonctures qui ont chacune bouleversé l'équilibre émotionnel de la masse arabe, dont l'isolement géographique et patriarcal depuis l'antiquité l'avait maintenue dans un état de pureté originelle, l'équivalent d'un sous-développement social et intellectuel, malgré l'affirmation contraire par les promoteurs de la religion musulmane et les efforts spirituels d'un clergé chrétien dont l'éducation est restée primitive. L'âge de l'ignorance se prolongeait indéfiniment. La foi ne semblait pas être suffisante pour achever une autonomie matérielle et un ascendant spirituel capables de remplir les échancrures durant l'Âge de l'Aquarius. Seule, l'adhésion stricte à la religion donnait la fausse impression d'une supériorité ontologique.

L'influence de la doctrine salafiste, l'idéologie politico-religieuse qui est le soubassement des organisations djihadistes, propagée par Sayyid Qutb à travers le monde musulman, en a fait l'un des grands intellectuels du monde islamiste et l'initiateur de l'idéologie dont les répercussions se sont étendues au monde sunnite et chiite. Un changement radical s'était opéré dans les manifestations sociales et vestimentaires, ainsi qu'un retour vers des traditions désuètes, considérées comme nécessaires à l'esprit pratiquant de l'Islam. Sayyid Qutb, qui avait passé deux ans d'études aux États-Unis, avait rejeté la culture occidentale comme nuisible à la santé spirituelle de l'humanité, et incompatible avec l'Islam. L'Amérique fut condamnée comme une « civilisation sans culture », d'autant plus qu'elle supportait la création de l'État d'Israël. Devenue l'incarnation du Mal, considérée comme une menace pour la pureté de l'Islam, tout contact avec cette culture frivole, distante des valeurs spirituelles, pouvait créer un état susceptible de corrompre l'authenticité religieuse. L'Islamisme avait inconsciemment mobilisé les dogmes de l'Islam pour protéger la religion, à travers une « surenchère » religieuse. Combien fragile cette religion qui ne pouvait résister à l'assaut de la modernité ?

Non seulement l'incompatibilité culturelle allait empêcher une intégration sociale, mais aussi le concept démocratique n'avait pas encore trouvé dans l'Islam levantin et la péninsule arabe, un écho favorable. Les droits de la femme, la laïcité, pour ne citer d'autres, sont les deux piliers sine qua non de la démocratie, loin d'être encore acceptés par la tradition islamique. La tendance despotique de l'Islam politique avait favorisé l'alliance avec des régimes totalitaires, depuis le Nazisme jusqu'au Communisme, en attendant l'élaboration du canevas du Troisième Monde qui, en s'alignant sur des philosophies importées ou des idéologies allogènes, éloignait encore plus un rapprochement avec l'Occident. La filiation des partis politiques créés avait suivi une tendance marxiste ou fasciste, contraire aux idéologies libérales plus propices à la démocratie. Une hostilité sous-jacente, inscrite dans la mémoire collective des peuples, envenimée par un monde bipolaire antagoniste, datant d'un temps immémorial, rendait toute parité difficile à achever.

L'Orientalisme, un mouvement littéraire et artistique, qui s'était développé au XVIIIe siècle, à la suite de l'invasion par Bonaparte de l'Égypte, accusé d'avoir popularisé une description culturelle impérialiste, méprisante et déformée de l'Orient, intellectuellement malhonnête et dégradante, permettant ainsi la monopolisation des richesses découvertes, avait ouvert la porte à la période coloniale, réveillant ainsi la nostalgie de « l'Âge d'Or » de l'Andalousie, quand l'Occident avait été soumis, ajoutant à l'animosité le sentiment sécessionniste de la servitude. L'entre-deux-guerres allait voir un démantèlement de l'Empire ottoman par les puissances occidentales, auxquelles venait se joindre la puissance naissante et accablante des États-Unis, la grande gagnante de la Deuxième Guerre mondiale.

Parmi les 12 à 15 minorités ethniques de la région, mis à part la communauté maronite, nul ne put acquérir le privilège d'un état indépendant, malgré l'insistance de la plupart des confréries. Cependant, la France avait trouvé un avantage de permettre aux maronites de créer un état mandataire en 1920, appelé le Grand Liban, du fait de la relation spéciale et durable avec cette communauté et son affinité et son attachement à la langue française. La naissance controversée et tumultueuse du Grand Liban n'est arrivée à terme qu'à la suite de manipulations diplomatiques entre les grandes puissances en état permanent d'adversité compétitive. Pour la France, le Liban était le portail vers le Moyen-Orient et l'Asie. À la fin de la Deuxième Guerre mondiale, la seule autre minorité qui a pu obtenir gain de cause, la minorité juive, supportée par la Grande-Bretagne puis par l'Amérique, allait se heurter contre le refus arabe armé d'une barricade inflexible. Une levée d'armes ouvrant le conflit de 1948 confirmait l'emprise d'Israël. La haine de l'Amérique prenait une tournure définitive, pourtant, c'était un état satellite de l'Union soviétique qui avait fourni les armes nécessaires pour permettre à l'État naissant d'Israël d'éviter la défaite et la mort prématurée. L'exode catastrophique palestinien vers les pays arabes avoisinants, résultant en la honteuse présence de réfugiés entassés dans les camps de la misère humaine pendant des décennies, avait rendu l'hostilité encore plus tenace. La propagande nazie avait dépeint le Sionisme comme une idéologie suspecte de complots et de sacrilèges. La défaite nazie était en quelque sorte une défaite arabe, d'autant plus que les expectations arabes avaient été amplement contrariées.

Durant la crise de Suez, les USA allaient intervenir en faveur de l'Égypte pour empêcher sa défaite, mais quelle était leur déception quand ils ont dû assister ensuite à l'ascension vertigineuse et populaire de Nasser et ensuite à ses nuits de noces avec l'Union soviétique. Mais c'est certainement sa défaite en 1967, et l'humiliation subie par l'honneur arabe, un besoin spirituel nécessaire considéré comme un attribut divin, qui avaient enduit la haine d'une envergure théophanique. La chute brutale de ce pilier moral engendrait des émotions contradictoires et diminutives, nécessitant une expansion cosmique de la rancune et de la colère. Israël est la force du Mal, décidée à conquérir le Moyen-Orient. Plus la défaite est grande, plus l'ennemi accusé d'être responsable a besoin d'avoir une stature transcendante. La haine contre Israël avait ainsi englobé les États-Unis, accusés en outre de supporter des régimes impies et corrompus. Cependant, malgré le support solide et dévoué à la cause sioniste, les États-Unis n'ont jamais dévié vers la délinquance morale. Dans le passé, les conquêtes par les Mongols ou les Ottomans avaient décimé les populations autochtones et les armées, renversé des Empires, saccagé des villes, imposé leur domination, sans pour autant laisser dans la mémoire collective les germes de la haine et de l'inimitié.

La mentalité levantine, prise dans l'étau de l'analphabétisme et de la religion, n'arrive pas à discerner entre l'action politique et le complot. Que l'intérêt d'une nation puisse être opposé au sien n'entre pas dans l'équation. L'ennemi est donc très facile à découvrir, et encore plus facile à en faire un. Ayant vécu sous des régimes dictatoriaux, juste sortis de plus de quatre siècles de domination ottomane répressive, confondu par une période coloniale dont la culture allogène ne pouvait s'acclimater à la nonchalance indigène, le caractère local avait trouvé dans la théorie des complots, non seulement une raison d'expliquer ses misères, mais aussi une excuse pour son incapacité à sortir de sa torpeur intellectuelle. Le compromis prend une dimension dépravante. L'Empire du Mal devient le produit fictif d'une imagination réduite à l'impuissance de la servitude. Bâtir une nation en dehors des limites de la tradition impérieuse devient un anathème. Pris dans l'étau religieux, le Sunnisme libanais s'était rangé tantôt avec le Nassérisme, tantôt avec la Résistance Palestinienne, à la grande déception de leurs concitoyens chrétiens, pendant que le Chiisme libanais trouvait dans l'Iran Khomeyniste la vigueur nécessaire à son sursaut.

L'animosité, pourtant justifiée sur bien de niveaux, légitime sur plusieurs revendications, s'est cependant disséminée à la suite d'une manipulation par des groups à idéologies religieuses ou séculières, centrées sur leur propre intérêt ou leur avancement dans le pouvoir. Tout esprit de bonne volonté s'était noyé dans des considérations opportunistes, empêchant tout dialogue fructueux. L'anti-américanisme présent dans la société, envenimé par un certain discours intellectuel européen, et surtout français, est en fait le résultat de manœuvres intestines locales, plutôt que d'une action amorale des États-Unis. La puissance de l'Amérique, c'est d'être l'héritière de la culture européenne, mais dans un esprit indépendant de ses ancêtres. Connaître et comprendre l'Amérique, c'est d'une importance primordiale pour le bienfait de l'Humanité. La culture américaine, entrainant derrière elle celle du reste de l'Occident est au-delà des préoccupations du moment immédiat. Elle dépasse notre entendement quotidien et tente de percer l'horizon. Cet amalgame en a fait le Prométhée des temps modernes.

Devant les initiatives courageuses des Émirats arabes unis et de l'Arabie Saoudite, il serait ingrat et aveugle de ne pas réaliser que l'Islam politique est en train de subir une révolution centrifuge, désignée par les autorités, acceptée par le peuple et louée par la communauté internationale. C'est la preuve tangible que la question palestinienne avait cessé d'être un problème militarisé arabe or religieux, pour devenir un problème humain et politique qui pourrait être résolu à travers des négociations, nonobstant le rapt par l'Iran de sensibilités arabes, utilisées pour ses propres intérêts, sous le camouflage de négociations thermonucléaires, indépendantes d'un comportement prédateur. Seuls, les systèmes politiques déficients continuent à blâmer l'Occident ou le Sionisme pour les dysfonctionnements et failles des intérêts arabes, pour tout d'abord distraire leur population des problèmes sociaux et de la stagnation économique, et ensuite pour continuer impunément à se servir de cet ennemi de convenance pour rester au pouvoir par la force des baïonnettes. L'épisode du « Printemps Arabe », survenu après l'invasion insipide et pernicieuse de l'Irak par les États-Unis, avait dégénéré en une faillite autoritaire, où certains avaient perdu leur empreinte traditionnelle, alors que d'autres, affaiblis par des conflits internes, glissaient sous une domination encore plus serrée de la méduse iranienne, mais dont la conséquence inattendue était d'engager les Pays du Golfe à chercher refuge dans les « Accords d'Abraham ». La tragédie des pays de la Résistance, pris dans un tourbillon obsessionnel, hypnotisés par l'idéologie de la mort, déterminés à voir Israël disparaitre, continuent à vivre, malgré leurs déboires économiques et militaires, dans un état de fantaisie irrépressible, entrainant leurs populations à croire en une apocalypse triomphante imminente, manœuvrée par une propagande médiatique convaincue de ses bien-fondés.

La notion de l'ennemi, déployée dans l'esprit de la culture et média libanais, repose sur des données collectées par la mémoire globale à travers des siècles où l'homme n'avait pas encore atteint l'Âge de Raison. L'infantilisme politique en est le résultat. La discorde s'est enfoncée dans les cœurs et les esprits et fonctionne comme un vecteur indispensable et incontournable. De l'inimitié muette, proche de l'aphasie mentale suspecte d'une démyélinisation du cerveau, soit par usure, soit par ramollissement, au passage vers l'adversité constructive tempérée ouvrirait le portail vers un nouveau Pacte National absolument nécessaire pour le bien-être de la nation. La formule anticipée n'avait pas réussi à maintenir l'équilibre culturel nécessaire pour une solution durable dans un univers sensible aux intempéries abstraites des religions et des idéologies, et dont la structure identitaire traversait des orages incessants. Le dilemme, actualisé par la politique de la soumission aux préceptes de la « Tutelle du juriste islamique », supporté par une militarisation du discours, pouvant conduire à une nouvelle guerre civile, ne semble pas introduire une solution de compromission, en n'offrant aucun choix entre la liberté de penser et l'incarcération de l'esprit dans le donjon du fanatisme. Tant que les deux pôles de l'intolérance religieuse jouissent d'une autonomie politique et financière, alignés dans une confrontation ontologique avec des répercussions temporelles, nul ne peut garantir une formule pour endiguer les accrochages potentiels dans un univers où le cosmos protège les paramètres de la discorde. Entretemps, les minorités chrétiennes continueront à subir la colère des dieux. Et l'image d'un Liban telle qu'évoquée par ses pères fondateurs serait en train de s'estomper.

Devant un monde en dissolution, mais frigide dans sa démarche, la nostalgie du mythe et de la magie accompagne toujours certaines traditions religieuses imbues de mystères et de notions cachées. Mais seule, une omniscience dénudée des chaînes divinatrices aurait le pouvoir de l'exorcisme salutaire. Devant « la nature ayant perdu son caractère divin », évoquant le sentiment exprimé par Friedrich Schiller, reflétant l'émotion ressentie par une conscience troublée par l'écart existant entre la réalité et l'absolu, la désillusion avait pris alors une dimension collective sous le terme wébérien de « désenchantement du monde », suggérant une connexion avec le dérèglement d'un monde considéré précédemment comme harmonieux et avec le dépouillement de la religion de ses entraves surnaturelles, inspiré entre autres par les Prophéties du Judaïsme ancien qui considérerait l'histoire tangible comme « la parole de Dieu » ; par l'Islam qui avait rejeté la notion de l'Incarnation ; par le Protestantisme, qui avait repoussé les sacrements comme moyen de salut. La culture du « désenchantement du monde », liée au processus de sécularisation et à l'avènement de la modernité, est concomitante au recul de l'adhésion aux religions et à l'attachement aux idéologies répressives, au moins dans les sociétés occidentales.

La culture n'est pas nécessairement associée avec l'éducation et la connaissance ou ignorante des contraintes du sacré, mais matérialise la synthèse des valeurs et idées héritées à travers le commerce des âges. Ni la culture ni l'éducation ne sont un rempart contre la barbarie, quand l'esprit est conquis par une idéologie religieuse ou séculière, comme il a été prouvé par l'ascendance du Nazisme ou de l'Islamisme, mais autant par les « volontaires » du 11 septembre. « La culture est ce qui reste quand on a tout oublié » aurait suggéré quelqu'un. Pendant que la religion donne souvent un sens à la vie, ou incarne un refuge dans les moments difficiles, la culture encadrée par celle-ci est la fonctionnalité spirituelle qui oriente les catégories stratifiées de l'esprit vers l'intégration sociale et la démarche intellectuelle. Mis à part l'intoxication dogmatique manœuvrée par une idéologie totalitaire, toute passivité résignée à une autorité pourrait orienter la conscience vers « la servitude volontaire », telle qu'elle avait été envisagée par Étienne de la Boétie au XVIe siècle. L'endoctrinement institutionnalisé, répandu dans les milieux sectaires, perturbe l'harmonie sociale. Sans l'autonomie de la culture, indépendante de l'idolâtrie, la liberté de penser sera compromise Plus que toute autre chose, la culture selon Nietzsche, « c'est avant tout une unité de style qui se manifeste dans toutes les activités d'une nation. ». En un mot, « *a way of life* », compatible avec l'esprit d'un peuple.

La promiscuité géopolitique entre le monde musulman et l'occident allait augmenter la séparation culturelle entre les deux protagonistes. L'analphabétisme ininterrompu et largement répandu dans les sociétés islamiques rendait toute approche laborieuse, accentuée par la faillite du Nationalisme Arabe, à travers ses deux versions, Nassériste ou Baathiste, supplanté par l'intégrisme islamique sunnite perçu comme une menace régionale. Celui-ci fut contrebalancé par la surenchère de la théocratie iranienne, prenant en charge à travers sa domestication de « l'axe de la résistance » la lutte contre Israël, noyautant avec son idéologie intégriste, le cœur et l'esprit du monde arabe. Le sunnisme politique a répondu par la flambée de l'islamisation ethnologique des sociétés concernées. L'État islamique n'en est que l'ultime glorification, confirmant la primauté religieuse immuable dans la psyché arabe. La nostalgie du passé, à travers une immersion exclusivement religieuse, rendait encore plus difficile la modernisation de l'esprit. Un aspect de l'illettrisme, « l'*Umiyyah* ou virginité spirituelle », signifiant une éducation limitée à la religion, prévalente dans les milieux cléricaux codifiés comme les Ulémas, mais autant dans la population en général, concédant une emprise dogmatique énorme à des autorités spirituelles célébrées, rendait une entente encore plus difficile à achever. Ce n'est pas pour suggérer que l'analphabétisme est exclusivement limité à une religion ou à une communauté. Loin de là. L'histoire nous met en contact avec deux révolutions culturelles qui avaient changé la face du monde : le rejet du mythe par la philosophie grecque et l'abandon de l'emprise spirituelle de l'orthodoxie de la religion chrétienne à travers la Réforme et la Renaissance.

La faillite d'arriver à un accord politique, ou d'agencer une solution économique, alors que la société grouillait de politiciens chevronnés, de lutins financiers, ainsi que d'une tradition médiatique ostentatoire, ne semblait inquiéter personne. L'univers prépondérant de la corruption, de la tyrannie et de la hantise, résistant à une intrusion corrective, flottait au-delà de l'espace accessible. Cette aliénation implicite, contrôlable seulement par une influence coercitive, semblait irréductible. Plusieurs accords, financiers ou politiques, avaient traversé un intervalle historique de plusieurs décades, sans toutefois arriver à une phase définitive.

Il serait donc grand temps de conclure qu'une double culture antinomique, dysfonctionnelle ne pourra jamais achever une symbiose conceptuelle. La culture arabo-islamique favorisant une orientation vers l'abstraction, évidente par son art, la calligraphie et le concept de Dieu, sensible aux idéologies et aux causes aléatoires, à tendance totalitaire, branchée sur le passé, ainsi incapable de résoudre les conflits immanents, protège son épistémè par une distanciation vis-à-vis d'exigences capables de défigurer sa colonisation des esprits. La culture arabo-chrétienne, fragilisée par son manque de cohésion et une dilution numérique disproportionnée, ainsi que par une formation à cheval entre l'Orient et l'Occident, accrochée à la religion comme à une bouée de sauvetage, corrompue par la nécessité de survivre et la jouissance de la liberté, avait failli à solidifier les ponts nécessaires vers une intégration durable. Nonobstant, la persona libanaise séculière, dont l'actualité a été testée à maintes reprises, mais dont la contribution est restée timide, peut-être la seule constante d'un travail ardu, construite à travers le temps en dépit des dissensions et des conflits, est certainement la base primordiale d'une culture identitaire libérée des contraintes collectives. La culture chrétienne a été graduellement sensibilisée par la laïcité, sans nécessairement perdre sa foi. Selon Fethi Benslama, le psychiatre français d'origine tunisienne, un athéisme inconscient est plus répandu qu'on ne voudrait le croire dans les milieux musulmans, ressenti à la suite du renouveau désiré par le « Printemps Arabe », comme l'atteste un vers dans un poème d'un auteur tunisien : « Quand le peuple veut vivre, le Destin doit plier. »

Le multiculturalisme disséminé, potentiellement coupable d'une désintégration sociale, trouve dans le chaos une opportunité de se déployer en isolant chacune de ses composantes dans une sphère restreinte indépendante de toute harmonie constructive. L'amalgame de plusieurs cultures cherchant à trouver un modus vivendi tout en essayant de s'éliminer mutuellement relève d'un Quichotisme doublé de pactes faustiens autodestructifs, manipulé par la tyrannie et le mensonge. L'explosion du 4 août n'est que la réalité d'une projection suicidaire provoquée par un imaginaire désarçonné par l'accumulation de malaises et de convulsions insoutenables. Pour éviter une crise existentielle, avant même de considérer une solution politique d'entente ou économique de sauvetage, une révolution culturelle motivée par la sauvegarde de la nation, inspirée par une cohésion intellectuelle portée par un humanisme sous-jacent, loin des idéologies religieuses ou prétendues laïques, indépendantes des pièges communautaires, serait le ciment de la nation.

Est-il encore possible de rapprocher les capacités cognitives de deux cultures antagonistes, divisées par une perception hétérogène de la cosmogonie, traduite par des traditions, des coutumes, des impératifs, et des croyances discordantes ? L'appel à l'humanisme ne semble ni déterminant ni primordial. Blâmer le Léviathan, le conflit avec Israël ou la tragédie palestinienne serait gommé des siècles d'incessants déboires, de faillites militaires et sociales, du refus d'accepter l'apport du siècle des Lumières, laissant l'imagination nourrir un univers dystopique inaccessible, source d'une plus pénible schizomanie. L'Empire du Mal aurait pris le visage des Empires babylonien, assyrien ou perse, de nations communistes, du Nazisme, de régimes despotiques, mais aussi s'était camouflé sous le couvert de l'Inquisition ou d'Al-Qaeda, alors qu'il est omniprésent dans nos vies quotidiennes et se cache surtout dans le cœur des hommes, protégé par l'ignorance, le fanatisme, la cupidité, contrôlé par des déités mortes et enterrées depuis des siècles, aux dépens des valeurs de l'altérité. Quand il prend une dimension souterraine, et se manifeste par une action furtive en s'engageant dans le terrorisme psychologique ou conventionnel, la paralysie de l'esprit devient elle-même l'arme de la docilité.

L'asymétrie militariste rend tout rapprochement difficile ou sujet à un processus de victimisation, capable de modifier d'une manière irréversible le paysage culturel libanais. Une conviction profonde accapare l'esprit persuadé de la rectitude du paradigme de l'hostilité permanente, rendant toute négociation presque superflue. Déformé par une litanie de méprises et de désaccords, il n'arrive pas à s'échapper au carcan de la mésentente. Un long processus d'acculturation serait nécessaire pour aboutir à un terrain d'entente propice à abandonner la culture de la guerre en faveur de la culture de la paix.

« Par-delà le bien et le mal »

La nation libanaise a toujours été une vue de l'esprit. Le Liban s'est construit à l'instar de ses citoyens, dirigé par une élite tribale, religieuse et sociale, des chefs de clan, puis des chefs de guerre, mal équipés pour construire une République. Un arrangement qu'on avait cru viable, mais qui était en fait l'intégration du féodalisme imprégné de croyances religieuses à cheval entre la politique et le militarisme, à l'appartenance tribale, garante de l'unité et de la survie, allait sombrer dans une culture insulaire qui allait défaire l'entente. L'évolution culturelle de la population fut handicapée par l'amarrage confessionnel de la mentalité. Le seul qui avait acquis la conscience d'une vision intégrale et discerné une solution viable, était le Président Fouad Chehab, qui malheureusement s'était vu nié le privilège de la réhabilitation étatique par une ébauche maladroite d'un coup d'État malheureux, puis par les abus de la Résistance Palestinienne, ainsi que par l'incapacité des politiciens libanais, tiraillés par des considérations existentielles, atteints de cécité politique, de comprendre la place du Liban dans l'Histoire. Tant que nous vivons avec nos mythes, nous sommes condamnés à nous répéter. Le Logos des Philosophes avait détrôné les dieux du mont Olympe.

On parle de la 3e République, de Fédéralisme, d'un pouvoir décentralisé, d'un sommet international, de neutralité, de cantonisation, comme on avait parlé d'une sécession, une idée vibrante et populaire durant la période malheureuse de la guerre civile, mais complètement écartée par l'intervention israélienne et solidement gommée par le mandat syrien dont la présence abusive allait corrompre toute notion de loyauté à la nation et rendre toute entente inachevable. Le calvaire libanais suivait un chemin parallèle, mais à rebours de la déchristianisation qui écumait le monde occidental, en partie dû à l'inertie intellectuelle de ses dirigeants chrétiens, préoccupés par des notions fantaisistes pour bâtir une nation, sans toutefois absorber l'impact des changements radicaux qui bouillonnaient dans la région ou le monde. Secoué par la présence menaçante et prolongée d'un monde bipolaire, dominé par deux superpuissances militaires dont l'adversité pouvait pulvériser la planète, le secours occidental allait se faire de plus en plus rare, et de moins en moins efficace, malgré la chute du mur de Berlin.

Nul ne voulait d'un Liban dominé par l'anarchie et le chaos, une source d'instabilité sociale et politique qui pouvait se déverser au-delà de ses frontières. La solution syrienne était proposée, car disponible à courte distance, répondant aux ambitions refoulées d'une succession de régimes syriens à politique variable, mais toujours prêts à offrir leur patronage, conscients d'avoir dans leur giron des éléments fidèles à la politique syrienne, essentiellement colonialiste, sachant que les frontières syro-libanaises n'avaient jamais été finalisées, et qu'une ambassade syrienne n'avait jamais été considérée. L'occupation syrienne avait pour but inavoué d'incorporer le territoire libanais dans son giron. La Syrie, qui avait joué sur les adversités interconfessionnelles ainsi qu'à l'intérieur même des confessions pour maintenir son hégémonie, avait vu, durant sa guerre civile, une flambée d'absolutisme religieux féroce, plus connecté à la barbarie qu'à la religion. L'ingérence de la Syrie dans le marécage libanais avait contaminé le prétendu sécularisme de l'autorité syrienne d'une couche épaisse de clanisme religieux, essentiellement tourné vers la communauté chiite pro-iranienne, d'ailleurs prévalent depuis l'alliance tacite de la Syrie avec l'Iran. La Syrie, connue pour étant le noyau dur de l'Arabisme, mais toujours jouant sur plusieurs fronts pour protéger une autonomie d'action et de choix, tout en gardant un simulacre de loyauté envers la Nation Arabe, avec l'arrière-pensée de collecter les fonds nécessaires pour le maintien de sa prétendue économie de guerre, avait élaboré un plan de s'éloigner effectivement de son contexte arabe, et de se joindre au projet ambitieux de l'Iran, celui de déployer la Révolution islamique à travers le Moyen-Orient, un dessein ancestral perse déjà manifeste depuis les guerres médiques, datant de la rivalité Gréco-Perse. Déjà, la duplicité du régime syrien avait été ressentie durant la guerre Iranienne et irakienne, quand la Syrie suppléait l'Iran en armes et munitions, pour ensuite, quand la guerre civile syrienne avait débuté, désenchaîner les éléments de Daech de ses prisons, pour ensuite faire appel aux mercenaires armées de l'Iran de lui venir en aide, et ainsi causer une migration massive du peuple syrien sunnite et chrétien, et ouvrir l'espace devant l'appropriation iranienne de la terre syrienne, causant un changement de la moule populaire, et par ce biais, devenir une plus grande menace pour le Liban, en œuvrant pour la réalisation du croissant chiite. L'histoire antique et médiévale de la Syrie en avait fait un centre névralgique de l'Islam naissant et conquérant.

L'histoire tourmentée du Liban et son acheminement vers un avenir incertain nous imposent un moment de réflexion et un long silence devant l'incertitude d'un parcours jalonnée de pièges. Cent ans de cohabitation, et l'architecture définitive du pays est toujours aléatoire, soumise à des hypothèses invérifiables et souvent inconcevables.

Trois vérités émergent de cette confusion : le changement démographique ne favorise plus un équilibre de minorités ; la divergence culturelle est non seulement intransigeante, mais surtout antithétique ; un terrain favorable pour les conflits géopolitiques et des guerres par procuration reste dans la balance. Une entente nécessiterait l'équation d'un nouvel algorithme purifié des coordonnées incohérentes et asymétriques. Or, une démarche opérationnelle logique pour achever une résolution satisfaisante est pratiquement impossible devant les tiraillements mélodramatiques, imbus d'idéologies séculières ou religieuses, dont on cherche à encombrer l'empreinte informatique.

Plusieurs formules ont été avancées pour trouver une solution à l'entité libanaise, mais aucune n'adresse les spécificités inhérentes à sa complexité. Toutes ces combinaisons, bien réussies ailleurs, ne donnent aucune garantie de succès sur le sol libanais. La constitution libanaise copiée sur la 3e République française n'avait abouti qu'au désastre qu'on connaît. Les amendements décrochés à Taïf puis à Doha, tout d'abord extorqués à l'exutoire d'une défaite, ensuite par des menaces voilées n'avaient adressé que des considérations gouvernementales, dans le style du jeu des chaises musicales, sans adresser le contenu idéologique de l'entente. Croire que la répartition des sièges et des postes-clés allait satisfaire les exigences abstraites diverses, expose un infantilisme intellectuel et un pédantisme narcissique, accrochés à la rapacité innée dans l'esprit des politiciens libanais, faisant semblant d'ignorer les cassures fondamentales d'une société enchevêtrée dans le canevas de déclarations futiles et de mensonges mystifiants, mais complaisante dans son sort par dessein ou par désinvolture. L'inévitable imbroglio ajoute un labyrinthe d'incertitudes et de doutes dans la descente vers les enfers. On parle d'un système fédéral, ou d'une décentralisation économique et sociale, mais toujours autour d'un gouvernement central qui garde les atouts de l'État, pour éviter d'admettre la nécessité d'une séparation identitaire des différentes factions qui, pour le moment, déclarent toujours que le Liban est leur patrie. La survie de la Chrétienté libanaise dépend de sa présence dans une région autonome et homogène. Les Chrétientés de l'Irak, de la Syrie, de la Turquie, et même de la Palestine, dispersées dans un marécage agité où l'air manque et où l'on risque de mourir d'asphyxie, auraient vu un exil massif, réduisant leur présence à un maigre contingent et une diminution dramatique de leur présence. Aucun doute que cette démarche demande des dispositions complexes et élargies, la garantie des bonnes intentions avoisinantes, comme l'engagement de la non-ingérence dans les affaires internes des divers cloisonnements. Cependant, cet esprit séparatiste signifie indirectement que la confiance ne règne pas, qu'il faudrait admettre la faillite de la cohabitation et surtout de l'intégration, qu'il faudrait accepter une territorialité amoindrie et renoncer à un héritage culturel plus intégral. Compter sur une formule fédérale ou une décentralisation administrative qui porteraient une garantie sécuritaire solide et permanente ne pourrait, sans tutelle internationale, offrir l'ouverture nécessaire à une paisible accommodation.

L'histoire du Moyen-Orient, depuis les conquêtes arabes suivies de l'Islamisation de la société, soit par conversion forcée ou utilitaire, soit par délitement à la suite de conflits, de politique despotique ou de désaffection, en passant par les différentes périodes chronologiquement déterminantes, tout d'abord, les hérésies Chrétiennes, soumises à l'hostilité de Byzance, les Invasions Arabes aboutissant à la domination musulmane durant le règne des Omeyyades, puis des Abbassides, suivis des Croisades, puis de la dévastation mongole, la chute de Constantinople et l'hégémonie ottomane durant plus de six siècles, les guerres planétaires du XXe siècle, dissimulant des génocides opportunistes, l'établissement d'États-nations orientés vers une religiosité du pouvoir, camouflant en général une dictature accommodante, n'a pas favorisé la permanence d'une culture chrétienne dans la région. Les temps modernes ont ajouté leur propre contingent de misères en allumant des chaudrons religieux politiquement antagonistes, en établissant un état juif et un état à prééminence chrétienne au beau milieu de la « *Mare Islamica* », compliquée par une résurgence du conflit sunnite-chiite, vieux de plus de mille ans, et d'une guerre civile politico-religieuse sunnite, déchirant le tissage de la région en plusieurs charpentes inconciliables.

Alors que les communautés musulmanes, à tour de rôle, s'acharnent à vouloir imposer leur volonté sur le Liban, devant une communauté chrétienne affaiblie et divisée, essoufflée par une onéreuse responsabilité, le souci principal qui devrait préoccuper notre entendement, serait de trouver la formule qui éviterait une désintégration du pays. Comment peut-on prévenir un dépeuplement chrétien du Liban, pendant qu'on admet unanimement que la présence chrétienne est indispensable pour un Liban d'exister, cependant sans déployer les efforts nécessaires et suffisants pour soutenir cette invocation ? Devant les manipulations politiques, les législatures électorales, et les tractations suprématistes, la sincérité de ce sentiment reste aléatoire. Serait-ce surtout un moyen de marchandage avec l'Occident, toujours intéressé par le sort de ce segment de la population. Comment en est-on arrivé là ?

Le 28 avril, 2016, sur les planches de la *Columbia University*, à New York, Viggo Mortensen, délivra le discours d'Albert Camus traduit en anglais que celui-ci avait lu dans le même auditoire 70 ans plus tôt sur « La Crise de l'Homme ». Le 28 mars 1946, Albert Camus, invité par les relations culturelles du Ministère des Affaires étrangères, délivra son discours dont les thèmes se concentraient sur le déclin moral de l'humanité et la promotion de la paix. Il avait alors 32 ans. Malmené par la douane, car suspect d'une affiliation au parti communiste, il ne fut libéré qu'après l'intervention du consulat français. L'audience, 4 à 5 fois le nombre en général vu pour un discours en français, s'attendait à une excursion littéraire dans l'existentialisme, mais fut surprise par une lecture prophétique et troublante, soulignant les craintes les plus profondes et les défis les plus implacables dans un appel dont l'urgence résonnait encore 70 ans plus tard, et qui avait nécessité la retransmission du discours traduit par une personnalité importante de l'industrie du spectacle.

« … Les Hommes… ont eu à vivre dans la plus déchirante des contradictions. Car ils sont entrés, dans la guerre, comme on entre en Enfer, s'il est vrai que l'Enfer est le reniement. Ils n'aimaient ni la guerre ni la violence ; ils ont dû accepter la guerre et exercer la violence. » La Crise de l'Homme, c'est « le sentiment d'indifférence » devant sa propre décadence. La victoire ou la résolution d'un conflit n'absout pas l'erreur de l'engagement, car « le venin n'a pas disparu. » Depuis bientôt mille ans, les harangues militarisées des Croisades et du Djihad avaient déjà utilisé les discours idéologiques pour avancer un discours belligérant, ou gagner l'opinion. Avec le discours de George Bush, à la suite de l'attentat du 11 septembre, ou les exhortations de Bin Laden au Djihad, on retrouve la même thématique supportant un paradigme d'ingérence culturelle ou de menace existentielle, permettant une agression capable de restaurer une autonomie identitaire. La violence, qu'elle soit physique ou morale, cimente les identités en démarquant les valeurs antagonistes et les conditions de coexistence.

« La Crise de l'Homme » est ressentie d'une manière encore plus intense et plus perturbante au Moyen-Orient, et particulièrement au Liban. Les idéologies séculières ou religieuses, les dictatures, les théocraties, parrainées par la philosophie hégélienne de l'histoire, « selon laquelle l'humanité se dirige selon des voies rationnelles vers un univers définitif », adeptes de la vérité historique révélée ou inspirée, prise dans l'étau du destin, se seraient engagées, pour maintenir leur hégémonie ou confirmer l'appel de l'oracle, dans les labyrinthes des conflits, des complots, des meurtres, de la terreur, soutenus par les mensonges et la démagogie. Le fanatisme politisé s'était approprié l'imagination libanaise. La cupidité, l'ambition politique, la volonté de puissance avaient englouti l'esprit dans le raz-de-marée de la débâcle. C'est ainsi qu'un univers sombre et funèbre avait remplacé le visage lumineux des matins. L'Homme a été sacrifié en faveur de notions abstraites et révolues par des forces politiques en quête de puissance et de notoriété, déballant leur venin pernicieux, accumulant le butin étalé sur la route des conquêtes.

Pour reconstruire le Liban, il faudrait tout d'abord reconstruire *l'Homo Libanicus*, un spécimen qui se fait de plus en plus rare, et dont les vestiges dispersés à travers le monde, avides de liberté et de justice, sont la preuve de la vitalité de l'espèce. La soif de notoriété, accédée avec aisance à travers une ascension politique, avait rendu *l'Homo Libanicus* esclave de sa vénalité et de sa restriction mentale. Retrouver les valeurs valables et nécessaires aidant à accéder à la rationalité ne peuvent renaître que d'une volonté commune d'abandonner les valeurs perverties où avaient succombé les bourreaux de la raison en se dévouant à la servitude. Car en exaltant le culte de l'abstraction, ils se sont barricadés contre tout dialogue. Le visage de l'homme devrait porter les rides du sourire, refléter le goût de la liberté. L'exil avait offert l'harmonie nécessaire.

Reconstruire la nation libanaise sur des bases solides, dont les piliers seraient la Libanité, la Laïcité, la Neutralité, ne pourra se faire sans le rejet des mythes qui avaient chaperonné le Liban tout au long de son itinéraire, parodié ses triomphes et profané ses douleurs. Quand la politique se mettra au service de la nation, et tant que la nation ne sera pas mutilée pour servir une cause apatride, quoique légitime, ou que les criminels ne seront plus protégés et les crimes camouflés, l'essence d'une entente pourrait aboutir à une perspective où la passion de la justice prédominerait.

La Libanité consisterait à délimiter l'identité libanaise, telle que définie par son unité géographique et linguistique, sa culture diversifiée, son héritage millénaire, ainsi que par son arabité et sa vocation politique en rejetant toute autre loyauté ou appartenance, et en considérant toute autre idéologie comme antinomienne. L'intégration culturelle, sans laquelle une Libanité authentique ne pourrait jamais exister, serait impossible à achever dans un environnement dédié aux exigences religieuses et dogmatiques ou dévoué aux idéologies séparatistes. Malgré toutes les tentatives de dialogue interreligieux, la validité et l'unité intellectuelle du monothéisme, aucun rapprochement dogmatique significatif n'a pu être établi entre les différentes croyances, pénétrées par une suspicion irréductible, handicapées par les dissensions religieuses à l'intérieur même de chaque dénomination. On ne peut appartenir à une nation et promouvoir une culture incompatible avec son essence.

La Laïcité est absolument nécessaire pour éliminer toute tentation d'utiliser le paravent de la religion pour bâtir ou défendre une structure politique. Pourquoi ajouter l'effluve d'un paradigme à niveaux multiples susceptible de semer la discorde tout en dégradant la cohérence des fondements, définie par un courant de pensée. Le temps où le pouvoir de l'Église et le discours islamique avaient une prééminence sacrée sur les décisions politiques est nécessairement révolu, car générateur de troubles et de divergences. L'Islam, encore accroché à cet anachronisme, appréhende une révision de ses traditions. En réduisant la religion à un niveau individuel, on en fait une perspective personnelle et intime, qui n'aurait plus le pouvoir d'intervenir dans la gestion du gouvernement. En l'effaçant de l'industrie politique, on lui rend justice. Elle sera jugée selon sa vraie valeur spirituelle, alors qu'elle atteint un niveau plus proche du divin. L'éducation selon l'Ancien Testament, reprise par le Coran et le Hadith, intégrant le pouvoir temporel à une volonté divine, a cémenté l'intégrisme et l'identité absolutiste. Essentiellement, la désacralisation de la politique devrait commencer dans les conjonctures électorales où la représentation ne sera plus basée sur l'appartenance communautaire, mais simplement sur la méritocratie, à travers un système politique et moral qui cultive la vertu individuelle, et impose la règle de la vertu dans les instances gouvernementales.

L'Internationalisation de la crise libanaise, et par son biais, la Neutralité du pays, serait la seule planche de salut. L'ultime effort de rejeter tous les mythes et adopter une certitude cartésienne. Les forces qui cherchent à faire échouer ce projet sont énormes et bien équipées. Malheureusement, certaines sont aveuglées par leurs ambitions, rendues plus venimeuses par un discours médiatique myope ou importé. Contrairement à Richard III, les Libanais veulent une nation, au lieu d'un cheval, mais la nation semble leur échapper. Comme le peuple juif disséminé et errant, la diaspora libanaise aurait-elle une terre où retourner ? » Nous autres, civilisations, nous savons maintenant que nous sommes mortelles. » Avait écrit Paul Valéry. La Neutralité, une passion célébrée durant différentes étapes de la République Libanaise, mais jamais respectée. Est-il possible de croire que ce projet n'est autre chose qu'une traversée vers des rivages utopiques ? Le Liban est-il prêt à ce grand saut vers une nouvelle aube ? Et s'il n'a pas le courage ou la volonté de le faire, risque-t-il la désintégration ? La pénurie intellectuelle, l'absence d'une inclinaison vers un dialogue rationnel, la maladresse diplomatique, une symphonie d'inaptitudes qui souligne les dangers qui s'étaient abattus sur le pays déjà au bord de la ruine, dévalisé par ses politiciens, rançonné par ses bienfaiteurs, kidnappé par Hezbollah, trahi par ses dirigeants, sacrifié sur l'autel de la cupidité, abandonné par ses anciens amis, sont les indices retentissants de la turpitude d'une classe politique inepte et obscène incapable d'accepter la responsabilité ou l'erreur, et d'une autorité titulaire dont l'esprit emphatique, perdu dans ses propres tergiversations, incapable de comprendre l'erreur tragique de son engagement, et inapte à annuler sa dette, et qui a continué impassible, la traversée de la rivière vers les ténèbres, après avoir collecté les pièces de monnaie couvrant les yeux fermés des mortels pris à leur propre piège. Certains avaient même déclaré la mort du Liban : le Liban est mort, et vous l'avez tué, faisant écho à l'admonition de Nietzsche, quand il avait prophétisé l'impensable.

Il est certain qu'une image du Liban avait cessé depuis longtemps d'être celle de la légende, le tableau captivant d'un panorama emblématique, porteur de culture et d'altruisme. Avec amertume, il faudrait admettre que l'islamisation de la société, par conviction ou par procréation, avait rendu le paysage lugubre et indomptable. Le refus collectif de se rendre à l'évidence avait porté atteinte à sa crédibilité. Son comportement d'enfant gâté avait chassé l'aile protectrice. Sa conduite amorale avait laissé des cicatrices encore béantes, impossible à combler. La violence avait choqué ses admirateurs et les avait éloignés. Il est certain qu'on a cherché à l'accaparer pour en faire un vassal, ou qu'on a voulu le tuer pour éliminer un messager de liberté et de paix, encombrant dans un Moyen-Orient encore en proie à ses démons et à ses fantaisies, pris dans l'étau de dynasties autocratiques cherchant à récupérer le prestige mal compris du peuple arabe, d'un militarisme matamore résolu à prendre en main les rênes du pouvoir sur les ailes d'un Nationalisme fossoyeur, et de minorités tribales, subtils caméléons de l'opportunisme politique et religieux. Et sur l'autre rive, Il y a Israël.

L'avenir du pays est incertain et ouvert à des spéculations intangibles. Sa désintégration n'est pas seulement une projection de l'imagination, mais pourrait devenir une réalité inévitable. Apparemment, un plan européen à peine élaboré avait considéré dans les années 2014 ou 15, la solution d'une immigration massive chrétienne d'un Moyen-Orient qui d'ailleurs s'est déjà dépeuplé de ses chrétiens, mais avait été écartée à la suite de l'intervention du Vatican, qui considère toujours que la notion de coexistence symbolisée par le Liban est importante dans le dialogue interreligieux Chrétiens-Musulmans. Le problème réside dans l'approche au dialogue.

Au cours des siècles, la religion a pris une dimension identitaire, alors que la culture s'est universalisée. On s'est réfugié dans la culture pour secourir diverses religions de leur antagonisme, à tel point qu'on a préféré éliminer la religion du discours constitutionnel pour permettre une plus grande intégration du peuple dans une nation soumise à diverses identités souvent religieuses. L'évolution d'une nation pourrait-elle se faire en s'associant seulement à l'un des pôles d'un esprit compartimenté. Pourrait-elle s'épanouir alors que, présente dans sa structure innée, réside une dualité adverse provoquée par la bifurcation de la spiritualité et de la logique ? Doit-on succomber à la polarité entre Athènes et Jérusalem, raison ou révélation ? Le XIIIe siècle fut une plaque tournante dans l'évolution intellectuelle des religions monothéistes.

Inspiré par Platon, et le jeu des ombres, saint Augustin avait enraciné dans la pensée, la notion de la dualité créative, le royaume temporel et le royaume spirituel, le conflit entre la foi et la raison, mais écartant le Logos grec, désarmé par l'imperfection des lois de la nature, et la nécessité à l'homme de suivre la volonté de Dieu, il avait voulu soumettre le pouvoir temporel à la loi divine, Dieu étant l'armature de la politique, la source du pouvoir n'étant autre que la création même, ouvrant ainsi la porte à la théocratie, sinon à la suprématie de l'Église sur les princes et les rois. Durant plus d'un millénaire, l'Église allait dominer le discours politique. Quatre siècles plus tard, l'Islam fondateur allait suivre les mêmes principes augustiniens, tout en négligeant le recours à la raison guidée par la foi dans la compréhension de Dieu. Allah est devenu une notion abstraite, démesurée, inabordable et incompréhensible, résumée par ce verset du Coran : « Si tous les arbres de la terre étaient des plumes et les océans de l'encre, les paroles d'Allah ne pourraient être épuisées. »

Avec la découverte de la philosophie d'Aristote, Thomas d'Aquin chercha à réconcilier la raison et la foi dans la conceptualisation de Dieu, mais suivant différentes émanations, la Vérité n'étant pas entièrement accessible par la raison, la connaissance devenait cependant essentielle dans l'élan intellectuel de la Foi, en quête de la Vérité. L'Hellénisation aristotélicienne de la pensée orientait la Chrétienté vers une nouvelle dimension, adoptant le concept essentiel du Logos, la liberté de penser, comprenant toute la gamme des relations humaines et divines comme l'herméneutique des textes religieux, l'indépendance d'agir, l'humanisme de l'esprit, ouvrant la porte à la Renaissance d'y puiser ses ambitions pédagogiques. La pensée juive, encouragée par les traductions de la littérature arabe en langue hébraïque, ou l'inverse, s'était infiltrée dans la philosophie occidentale, et devenait l'intermédiaire entre la culture de l'Est et celle de l'Ouest. Cependant, l'Islam avait choisi de fermer, avec l'édit de Ibn Taymiyah, la pensée musulmane à tout contentieux, toute interprétation ou tout progrès intellectuel, tout en rejetant les efforts d'Averroès d'introduire la raison helléniste dans l'interprétation du dogme islamique, en brûlant son œuvre et en le condamnant à l'exil. La parole de Dieu ne pouvait être modifiée, et si sa parole ne pouvait être comprise, c'est parce que Dieu est inaccessible à l'entendement humain.

La pensée chrétienne, à travers l'Église, malmenée par une histoire lourde d'erreurs et d'abus, par la Réformation, par la Renaissance, par les Révolutions françaises et bolchéviques, la Déchristianisation de la société et le scandale de la pédophilie, a cependant montré une résilience admirable à soutenir les assauts de la modernité, tout en gardant la capacité intellectuelle d'entrer en dialogue, tout d'abord dans son propre sein, et ensuite avec d'autres religions et dénominations.

L'Islam semble immuable, et quoique tempéré par un besoin instinctif de l'algorithme occidental dans certaines collectivités, où l'on voit une nouvelle orientation politique et une ouverture palpable vers d'autres religions, en discordance avec l'Islam levantin, où plusieurs tendances se confrontent en quête d'hégémonie, on ne peut parler d'une réforme fondamentale de l'Islam, ou d'une refonte de ses traditions, au moins les plus socialement incisives. L'Islam occidental, ou européen, transplanté par l'immigration, mais aussi présent à travers une progéniture abondante et éduquée, avait débuté sous l'influence de la mosquée subventionnée par les pétrodollars. Actuellement, à la suite d'épisodes choquants et brutaux, imputés à l'aspect ambigu de la religion, cet Islam cherche à prendre une nouvelle orientation, en établissant une fortification monastique protégeant un Islam autochtone induit d'une nouvelle identité encore anonyme et sans autre envergure, tout en s'isolant intellectuellement de l'Islam d'origine, compromis par son implication dans des actes terroristes et figé dans une dimension ondulée aussi insolite que les dunes du désert. L'Islam reste muet sur tout conciliabule, et ne s'aventure dans la délibération que pour justifier une barbarie ou une violence, ou nier une relation causale, décidé à camoufler les racines du mal par des arguments opaques qui cultivent l'intérêt dogmatique. L'ouverture sociale partielle et limitée des pays du Golfe, visible par une modernisation citadine, voluptueuse et unidimensionnelle, devrait être le tremplin vers une intégration culturelle dans l'humanisme international, capable d'être partagé avec les différentes couches rebelles de la société islamique, et qui représenterait une opportunité d'alléger la pesanteur d'un passé révolu. Sera-t-elle suivie d'une réforme religieuse, témoignant de la validité civilisatrice de ce mouvement vers l'esprit dominant ce siècle, loin de l'intolérance doctrinaire et l'absolutisme théocratique, encore répandus et acclamés, encouragés par une foule d'idéologies opportunistes et parasites ? La présente disposition intellectuelle de l'homme levantin, encombré de ses préjugés et désorienté par ses religions, va plutôt continuer pour bien longtemps à faire échouer cet ultime dessein.

Assistons-nous à un déclin irréversible ? La décadence du monde des religions monothéistes a commencé quand on a attribué à Dieu trois divinations séparatistes, annexées selon les impératifs concomitants et à qui on a conféré des directives autonomes et contradictoires. Un antagonisme destructif avait germé d'entre les méandres du dialogue. Pour sortir de cette impasse, on a déclaré la mort de Dieu, sans toutefois achever une harmonie synaptique. Au contraire, les régimes athées ont dépassé en cruauté et barbarie tout le registre carnassier des religions. Les dictatures idéologiques ont subjugué la religion à leurs ambitions, et utilisé son pouvoir pour accéder à l'occulte, sinon à la domination mystique des foules et l'exaltation des démons de l'idolâtrie. Le Liban, initialement caractérisé par un esprit libéral et ouvert, mais tourmenté durant des décennies par une hydre religieuse qui, tordant ses têtes serpentines, s'était accouplée avec sa culture et son caractère, chancelle vers un comportement autocratique, encouragé par une entité à double appartenance, mais dont la loyauté est unipolaire, ainsi que par une autorité exécutive compromise et médiocre.

Le déclin moral du Libanais n'a pas de date fixe ou heure précise. Il ne peut non plus être associé à un événement spécifique, mais la dénonciation de sa spécificité, le reniement de son autonomie intellectuelle, la divinisation de la politique, en le voulant comme partie intégrante du monde arabe, alors que ce même monde n'avait pas encore découvert sa dimension, ni encore accédé à une intégralité idéologique, sont les soubassements de sa décadence. Le Liban ne peut certainement pas nier son arabité, et ne le voudrait pas. Au contraire, sa participation à la culture arabe, à travers ses gens de lettres, ses écrivains, ses journalistes, ses poètes, ses innovations culturelles, dans le monde du théâtre et de la chanson, devrait être une source de fierté et d'orgueil. La culture arabe fait partie intégrante de son héritage, depuis que la première imprimerie fut établie en 1610 dans le Couvent de Saint Antoine à Qozhaya dans la vallée Sacrée de Kadisha, en arrivant jusqu'aux grands intellectuels du XXe siècle, qui allait voir l'apogée international d'un écrivain de la montagne libanaise. Les moines, devant l'interdiction par les autorités turques d'imprimer leurs livres religieux en langue arabe, considérée comme une langue sainte et transmise seulement par écrit manuel, avaient imprimé le premier livre en langue arabe, le Livre des Psaumes, en utilisant le subterfuge de l'alphabet syriaque, pour camoufler le texte arabe. La Nahda, ou la Renaissance Arabe, stimulée par une cohorte d'écrivains libanais, exilés en Égypte, devrait à elle seule témoigner de l'Arabité de la culture libanaise. L'Arabité est la matrice régionale du Liban, alors que la Francophonie en est sa dimension universelle. L'une sans l'autre réduirait le Liban à un squelette anonyme et insignifiant, dont la structure serait falsifiée et compromise.

Malheureusement, l'univers arabe avait subi une mutation unidimensionnelle à travers la langue, diversifiée en plusieurs dialectes et prononciations, et, mais centrée autour de l'Islam, alors que le Judaïsme et la Chrétienté avaient de tout temps occupé la terre du Moyen-Orient, bien avant l'avènement de l'Islam. Celui-ci, frustré de n'avoir pas obtenu une satisfaisante résolution à la suite de la collaboration avec les alliés durant la Première Guerre mondiale, et convaincu d'avoir été dupé par un comportement favorisant des minorités religieuses, alors que les différentes conquêtes des siècles précédents, les invasions mongoles, la chute des Abbassides, les Croisades, la Reconquista, la campagne de Napoléon en Égypte, la chute de l'Empire ottoman, avaient donné à la société arabe un arrière-gout amer de vivre dans une modalité apatride sans aucune possibilité d'autodétermination et la conjoncture de pouvoir évoluer indépendamment de toute autre influence, avait besoin pour survivre du concept de l'Empire. *L'Ummah* avait cessé d'être l'unique lien nécessaire pour la cohésion islamique. L'association avec une entité politique était absolument indispensable pour la survie de la religion. Toujours à contre-courant de l'histoire, alors que tous les grands Empires avaient été démantelés ou ébranlés, ou comme l'Empire Tsariste, renversé par une révolution, les Arabes cherchaient à s'unir en s'organisant autour d'un royaume basé à Damas, mais à leur grande déception, devant un monde géopolitique en évolution, les Alliés avaient d'autres priorités à considérer.

La politique de l'endiguement de l'Union soviétique allait donner à l'Empire ottoman le moyen de se relever de la défaite en devenant la première ligne de défense occidentale, mais dans un contexte séculier, reléguant les Arabes considérés incapables de s'autogouverner, à construire leurs sociétés divisées en états indépendants et autonomes. La question d'Orient, qui avait occupé une grande partie de l'histoire du XIXe siècle, trouvait encore une grande audience dans les conflits du XXe. Les États, ainsi créés par l'accord de Sykes-Picot, allaient plonger la région dans un état d'instabilité permanente, malgré la présence de régimes autocratiques, encombrés par une telle tendance paranoïaque vis-à-vis de leur sécurité qu'ils fomentaient constamment des dérèglements sécuritaires pour justifier leur despotisme, sans oublier les épisodes pénibles des coups d'État, des révolutions, des assassinats, les guerres avec Israël, et les guerres civiles fratricides. Cherchant à vouloir s'imposer par n'importe quel moyen, déçu par une performance médiocre, perturbé par l'ascendant de la minorité juive de la Palestine ou la minorité chrétienne du Liban, l'Islam, convaincu d'avoir été dépouillé de ses droits, dirigeait sa colère contre l'intrusion de ces deux cultures monothéistes dans son territoire religieux.

Au Liban, une démocratie consensuelle, acclamée encore comme une formule unique capable de favoriser la coexistence et le dialogue, allait dominer la gouvernance du pays. Toute démocratie, étant donné sa nature tolérante, laisse échapper un certain niveau d'anarchie et de tapage, mais quand la population manque une fusion idéologique et civique, incapable de maintenir un équilibre autonome, le chaos devient institutionnalisé et la désobéissance politisée. Préconiser une gouvernance à travers une entente communautaire comme la seule valable relève de l'hypocrisie et de la malhonnêteté, dont le but serait de maintenir un statu quo favorable à la manipulation étatique. Malgré une capitulation désastreuse et évidente, on fait encore appel à cette même culture pour établir une formule de cohabitation basée sur une décentralisation du pouvoir civique, qui éventuellement pourrait muter en une structure fédérale. On oubliait que cette même démocratie avait dégénéré en une politique de la répartition confessionnelle du capital national, personnel ou collectif, non seulement dans le partage du pouvoir, mais aussi avait servi à subordonner le budget de l'État aux besoins communautaires, la justice à la criminalité, les positions gouvernementales à l'homme de main, l'économie à l'opprobre, l'électricité à la déliquescence, l'éducation à l'ignorance et le pays aux transactions mercantiles. À la fin de la guerre civile, le Maronitisme politique s'est égaré dans les antichambres du pouvoir ; le Sunnisme politique, décapité de son autonomie, s'est fourvoyé dans l'atermoiement et l'incertitude ; le Chiisme politique, s'accrochant à une sacralité désorientée, s'est découvert une vocation imaginaire. La Crise de l'Homme était à son apogée.

Sans adhérer à une idéologie saine et transparente, sans adopter les trois piliers d'un nouveau Liban, nul ne pourra garantir l'avenir. Si l'on considère que le Liban avait vu le jour sous l'impulsion de l'action maronite, il serait temps d'assister à un réveil de cet esprit pionnier et constructeur. Les antagonismes maronites, sous forme de guerre ou d'adversité, ont été plus nuisibles que l'occupation syrienne, la présence palestinienne ou l'infiltration iranienne. Quoi que fasse le Liban, une période de décantation méditative serait nécessaire pour retrouver un équilibre acceptable. Sans aucun doute, la libanisation de la société a pris une envergure telle qu'elle pourrait renverser les données négatives, imposées par le Pacte de la Résistance, qui considère Israël comme un ennemi, sans fournir des preuves concrètes de l'adversité. Décidément, une paix avec Israël pourrait avoir des bénéfices salutaires, comme cela avait déjà été découvert par un grand nombre de pays arabes, ainsi que par les autorités palestiniennes. En d'autres termes, la politique de la Résistance, comme celle de la Syrie d'avant 2011, impose un lourd fardeau sur le petit pays fragile, qui a déjà subi les affres de l'intransigeance et de l'inaptitude. Kidnapper politiquement une victime faible avec si peu d'excédent ne pourrait aider à recouvrer un butin substantiel. L'accord sur les frontières maritimes, dans le but de commencer l'extraction des dépôts énergétiques si nécessaires à la fonction de la vitalité mondiale, signalerait le début de relations plus conformes entre les états de la région, éloignant la perspective de l'action militaire et de l'agression néfaste. L'incapacité mentale de l'axe de la Résistance l'avait conduit à croire qu'il possédait l'équivalent d'une potion magique au pouvoir miraculeux. L'écho de la propagande vocale, projetant la certitude de la victoire, avait résonné dans un espace morne aussi aride que le désert. Une politique taillée selon des considérations fantaisistes ne peut mener qu'à la ruine. Et n'importe quel esprit éveillé comprendrait que même la Syrie avait finalement souffert par l'imposition d'une politique dont elle n'avait ni les moyens humains ni la capacité économique. La guerre civile a détruit pratiquement tous ses atouts, et en a fait une satrapie iranienne ou au mieux une base russe. Le Hezbollah non plus ne semble réaliser qu'une politique supportée par la mendicité, le trafic de la drogue, le blanchiment d'argent, le commerce illégal ne pourrait avoir le souffle long et serait destinée à la faillite. « *Quo Vadis?* » Aurait demandé l'Apôtre Pierre. « Où nul ne voudrait suivre » aurait été la réponse. Plus qu'un changement de régime ou une restructuration étatique, le Liban pour survivre, a besoin de revaloriser sa culture.

Le dernier paragraphe de « La Peste », vaincue finalement par des efforts humains, l'équivalent d'un dernier accord, ou d'une nouvelle entente se termine ainsi : « … que le bacille de la peste ne meurt ni ne disparait jamais…. et que, peut-être, le jour viendrait où, pour le malheur et l'enseignement des hommes, la peste réveillerait ses rats et les enverrait mourir dans une cité heureuse. »

Au-delà d'une optique étroite et insipide, le Liban peut être reconstruit, mais à moins que la Crise de l'Homme, dont l'esprit traîne sa lourde incapacité, perturbé par le délire d'un confessionnalisme envahissant et l'indigence d'un idéologisme despotique en déni de la réalité, ne soit résolue, rien n'est moins sûr de revoir le Phoenix renaître de ses cendres et récupérer ses ailes éparpillées.

Table des matières

« Les légendes sont des rêves inachevés »	7
Le Liban, une naissance dans la tourmente	17
Le procès	27
Le mythe des deux négations	97
Le mythe du Liban-message	103
Le mythe de l'essentialisme	107
Le mythe de la liberté d'expression	115
Mythe de l'arabisme	121
Réflexion sur les identités	129
Considérations sur l'enfer	133
Le mythe de l'idolâtrie	147
Réflexions sur la moralité	157
Les liaisons dangereuses	161
Le mythe de l'identité religieuse	179
Le mythe de l'identité libanaise	187
Considérations sur la violence	193
Le mythe de l'ennemi allégorique	205
Considérations sur la « banalité du mal »	211
Le défi du multiculturalisme	215
Le choc des civilisations	227
« Schadenfreude »	233
Propos sur la négligence	237
L'Empire du mal	247
« Par-delà le bien et le mal »	263

STRUCTURES ÉDITORIALES DU GROUPE L'HARMATTAN

L'Harmattan Italie
Via degli Artisti, 15
10124 Torino
harmattan.italia@gmail.com

L'Harmattan Hongrie
Kossuth l. u. 14-16.
1053 Budapest
harmattan@harmattan.hu

L'Harmattan Sénégal
10 VDN en face Mermoz
BP 45034 Dakar-Fann
senharmattan@gmail.com

L'Harmattan Congo
219, avenue Nelson Mandela
BP 2874 Brazzaville
harmattan.congo@yahoo.fr

L'Harmattan Cameroun
TSINGA/FECAFOOT
BP 11486 Yaoundé
inkoukam@gmail.com

L'Harmattan Mali
ACI 2000 - Immeuble Mgr Jean Marie Cisse
Bureau 10
BP 145 Bamako-Mali
mali@harmattan.fr

L'Harmattan Burkina Faso
Achille Somé – tengnule@hotmail.fr

L'Harmattan Togo
Djidjole – Lomé
Maison Amela
face EPP BATOME
ddamela@aol.com

L'Harmattan Guinée
Almamya, rue KA 028 OKB Agency
BP 3470 Conakry
harmattanguinee@yahoo.fr

L'Harmattan Côte d'Ivoire
Résidence Karl – Cité des Arts
Abidjan-Cocody
03 BP 1588 Abidjan
espace_harmattan.ci@hotmail.fr

L'Harmattan RDC
185, avenue Nyangwe
Commune de Lingwala – Kinshasa
matangilamusadila@yahoo.fr

NOS LIBRAIRIES EN FRANCE

Librairie internationale
16, rue des Écoles
75005 Paris
librairie.internationale@harmattan.fr
01 40 46 79 11
www.librairieharmattan.com

Librairie des savoirs
21, rue des Écoles
75005 Paris
librairie.sh@harmattan.fr
01 46 34 13 71
www.librairieharmattansh.com

Librairie Le Lucernaire
53, rue Notre-Dame-des-Champs
75006 Paris
librairie@lucernaire.fr
01 42 22 67 13